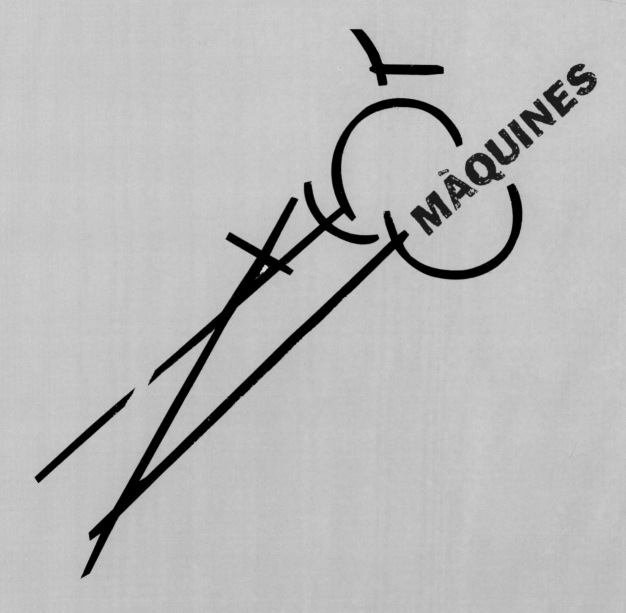

CENTRO ATLÁNTICO DE ARTE MODERNO

Las Palmas de Gran Canaria

19 setembre ■ 19 novembre 2000

FUNDACIÓ "LA CAIXA"

Palma

21 desembre 2000 ■ 4 febrer 2001

CENTRO ATLANTICO DE ARTE MODERNO
CABILDO DE GRAN CANARIA

Fundació "la Caixa"

AGRAÏMENTS

El Centro Atlántico de Arte Moderno de Las Palmas de Gran Canaria, la Fundació "la Caixa" i la comis·sària de l'exposició volen agrair la generosa col·laboració de les següents institucions, galeries i persones:

Aperture Foundation Inc., Paul Strand Archive, Nova York.
Bauhaus-Archiv, Museum für Gestaltung, Berlín.
Col·lecció d'Art Contemporani, Fundació "la Caixa", Barcelona.
Fondation Le Corbusier, París.
George Eastman House, Rochester.
IVAM Instituto Valenciano de Arte Moderno, Generalitat Valenciana.
Kunsthaus Zürich, Graphische Sammlung, Zurich.
Metropolitan Museum of Art, Nova York.
Moderna Museet, Estocolm.
Museo di Arte Moderna e Contemporanea di Trento e Revereto.
Museo Fortunato Depero, Revereto.
Museo Thyssen-Bornemisza, Madrid.
Philadelphia Museum of Art, Philadelphia.
Rose Art Museum, Brandeis University, Waltham.
Staatliche Museen zu Berlin, Kunstbibliotek, Berlín.
Stiftung Hans Arp und Sophie Taeuber-Arp e.V., Rolendseck.
Theaterwissenschaftliche Sammlung, Universatät zu Köln, Colònia.
The Warhol Museum, Pittsburg.

Claudia Gian Ferrari, Studio di consulenza per il '900 italiano, Milà.
Faggionato Fine Arts, Londres.
Galerie Berinson, Berlín.
Galerie Gmurzynska, Colònia.
Galería Monika Sprüth, Colònia.
Galerie Valentien, Stuttgart.
Ubu Gallery, Nova York.
Zabriskie Gallery, Nova York.

Condes de Floridablanca
José Manuel Álvarez Enjuto
Enmanuel Guigon
Josep Vincent Monzó
Luigi Cavadini
Francisco Calvo Serraller
Eric Michaud
Jean Jacques Lebel
Giovanni Lista

i a totes les persones que s'han estimat més romandre a l'anonimat i que han fet possible aquest projecte.

El continu estudi i l'anàlisi dels processos de creació del segle XX constitueix un dels principals eixos d'actuació del CAAM. Des d'aquesta premissa, **MÀQUINES** ens semblà una mostra que encaixava a la perfecció amb l'espai; ja que suposa una oportunitat immillorable per a explorar la creació nascuda després de l'enorme salt tecnològic que suposà la mecanització del treball.

El CAAM es converteix així en una finestra des d'on albirar les divergents reaccions de la creació europea davant el nou escenari creat arran de la Revolució Industrial del segle dinou, on l'home i les màquines eren concebuts en els mateixos termes.

MÀQUINES ofereix a tots els ciutadans la possibilitat d'apropar-se a l'original panorama creatiu de principis de segle, regit per unes renovades relacions de l'art amb la tècnica, així com un seguiment de l'evolució temàtica fins els nostres dies, quan aquests instruments mecànics són tractats, sovint, de manera anecdòtica.

Gonzalo Angulo
PRESIDENT DEL CENTRO ATLÁNTICO DE ARTE MODERNO

La revolució industrial del segle XIX creà un nou escenari social, polític i ideològic. La màquina assolí una significació desconeguda fins aquest moment i afavorí una renovada relació de l'art amb la tècnica.

En aquesta exposició el CAAM suma el seu esforç per a difondre la creació plàstica apareguda a partir d'aquest moment històric, mostrant a les seves sales una forma d'art multidisciplinar, que s'estén per tot el segle XX i on la màquina té un protagonisme específic.

Les reaccions artístiques davant de la nova dinàmica urbana, que incorporà la mecanització del treball, foren múltiples i molt dispars: des de l'entusiasme del Purisme, la Bauhaus, el Constructivisme i el Futurisme; a l'angoixa del Surrealisme o l'actitud crítica del Dadaisme.

Totes aquestes tendències s'han ajuntat a **MÀQUINES**, exposició que ofereix a l'espectador un recorregut global pel que ha suposat per a l'art del segle XX el gran avenç tecnològic de la industrialització.

Martín Chirino
DIRECTOR DEL CENTRO ATLÁNTICO DE ARTE MODERNO

El *Dictionnaire des Sciences des Arts et des Métiers* de Denis Diderot i Jean Le Ron d'Alembert conté les primeres imatges de màquines de la història moderna. Per a cada ofici, el *Dictionnaire* reprodueix un gravat on la fàbrica o el taller apareixen com el teatre on es desenvolupa l'activitat industrial. Tot seguit, una sèrie de làmines mostren amb detall els diferents instruments i utensilis. Aquesta idea de la fàbrica com a teatre serví de model per a l'art posterior. El segle XIX creà una èpica del treball, amb escenes dramatitzades de mines i alts forns, encara que sense renunciar a un alt contingut didàctic. En el seu llibre *Pintura i maquinisme*, Marc Le Bot recorda el destí de moltes escultures i murals de tema industrial: quan les màquines quedaven desfasades, es considerava que les pintures deixaven de respondre a les necessitats pedagògiques o publicitàries que les havien suscitat, s'eliminaven i deixaven en el seu lloc altres de noves.

L'aparició de la fotografia i del cinema modificà completament la percepció del treball i del món industrial. Enfront de la metàfora del teatre, sorgiren noves representacions que mostraven l'efecte de la industrialització sobre la consciència humana: imatges dinàmiques, abstraccions mecàniques, fenòmens lluminosos que formaven un teixit discontinu de sensacions. Les màquines obsoletes ja no s'eliminaven dels quadres. Al contrari: servien de model als artistes per a expressar el funcionament de la imaginació o del desig.

L'exposició **MÀQUINES** vol mostrar la nova sensibilitat envers les màquines que acompanyà el naixement de la utopia moderna i el seu revers, la reacció de molts creadors davant la deshumanització del treball massificat. Des dels futuristes que varen creure incondicionalment en el progrés tècnic, fins al Dadaisme que sorgí com a negació total de la societat industrial, passant per les màquines de funcionament psíquic -les cèlebres "machines célibataires" surrealistes- o la fascinació per la tecnologia del Constructivisme, el Funcionalisme i la Nova Objectivitat. L'exposició abasta fins la segona meitat del segle XX. A partir de 1960 el Pop Art i el Conceptual projecten una mirada nostàlgica i irònica cap el passat, en un moment en què els països desenvolupats es preparaven per a una nova era postindustrial.

La Fundació "la Caixa" vol agrair la col·laboració del Centro Atlántico de Arte Moderno, que ha permès que l'exposició **MÀQUINES** es presenti a Palma i també destacar la tasca duta a terme per la comissària Marga Paz.

Lluís Monreal Agustí
DIRECTOR GENERAL DE LA FUNDACIÓ "LA CAIXA"

ÍNDEX

MÀQUINES
fora de servei

Marga Paz

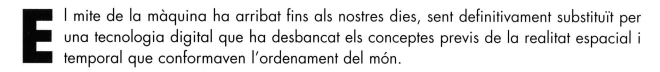

El mite de la màquina ha arribat fins als nostres dies, sent definitivament substituït per una tecnologia digital que ha desbancat els conceptes previs de la realitat espacial i temporal que conformaven l'ordenament del món.

Contemplant la història es poden observar els modes en què s'ha anat adaptant als avatars dels diversos temps, adoptant aspectes diferents que han estat condicionats per l'esdevenir de la civilització.

MÁQUINAS
fuera de servicio

Marga Paz

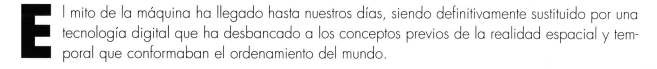

El mito de la máquina ha llegado hasta nuestros días, siendo definitivamente sustituido por una tecnología digital que ha desbancado a los conceptos previos de la realidad espacial y temporal que conformaban el ordenamiento del mundo.

Contemplando la historia se puede observar los modos en que se ha ido adaptando a los avatares de los diversos tiempos, adoptando aspectos diferentes que han estado condicionados por el devenir de la civilización.

Al domini d'una nova realitat virtual que ha reemplaçat els vells conceptes s'hi ha traslladat tot allò que passa –des de l'economia a la cultura– tal com apareix descrit pel cinema, en una imatge paroxística, a la recent pel·lícula de ciència-ficció, *The Matrix* (1999), en què l'ésser humà es troba reduït a un pur generador d'energia que serveix per alimentar una realitat que té lloc en la virtualitat dels ordinadors.

Des d'**Aristòtil**, a qui s'atribueix el més antic llibre escrit sobre enginyeria, i especialment en el Segle de les Llums, allò *mecànic* ha estat utilitzat pels filòsofs com a símbol i metàfora; fins i tot, a vegades, com a al·legoria, o, més bé, com a mirall de la humanitat.

Però també ha estat un símbol d'allò *diví*, si així es concep a qui regeix els destins de la terra amb la impersonalitat i eficàcia que universalment varen ser atribuïts a les màquines, especialment a partir de la Revolució Industrial.

En el segle XIX, les màquines varen aparèixer a l'art com una de les conseqüències de la irrupció de la Revolució Industrial, que va transformar radicalment l'aparença del món existent. Va donar lloc a un escenari nou en tots els àmbits –econòmic, social, polític i ideològic– dels resultats del qual, com és lògic, varen sorgir-ne també unes relacions noves de l'art amb la tècnica.

Al dominio de una nueva realidad virtual que ha reemplazado los viejos conceptos se ha trasladado todo aquello que sucede –desde la economía a la cultura– tal como aparece descrito por el cine en una imagen paroxística en la reciente película de ciencia-ficcion: *The Matrix* (1999), donde el ser humano se encuentra reducido a un puro generador de energía que sirve para alimentar una realidad que tiene lugar en la virtualidad de los ordenadores.

Desde **Aristóteles** –a quien se atribuye el mas antiguo libro escrito sobre ingeniería– y especialmente en el *Siglo de las Luces*, lo *mecánico* ha venido siendo utilizado por los filósofos como símbolo y metáfora; incluso, en ocasiones, como alegoría, o más bien como un espejo de lo humano.

Pero también ha sido un símbolo de lo *divino,* si así se concibe a aquél que rige los destinos de la tierra con la impersonalidad y eficacia que universalmente fueron atribuidas a las máquinas, especialmente a partir de la *Revolución Industrial.*

En el siglo XIX las *máquinas* aparecieron en el arte como una de las consecuencias de la irrupción de la *Revolución Industrial,* que transformó radicalmente la apariencia del mundo existente. Dio lugar a un escenario nuevo en todos los ámbitos –económico, social, político e ideológico– de cuyos resultados, como es lógico, surgieron también unas relaciones nuevas del arte con la técnica.

Esta revolución tecnológica decimonónica tuvo su culminación en la denominada "Edad de la máquina", en los años veinte, cuando se crearon una enorme cantidad de nuevas máquinas –coches, aero-

Aquesta revolució tecnològica decimonònica va tenir la culminació en l'anomenada "edat de la màquina", en els anys vint, quan es varen crear una enorme quantitat de noves màquines –cotxes, aeroplans, fàbriques, cadenes de muntatge, il·luminació artificial, electrodomèstics, ponts, trens, autopistes, màquines fotogràfiques, etc.– que varen transformar radicalment l'aspecte tant de les ciutats com de tota la naturalesa.

Les reaccions davant de la modernització i la mecanització generalment sempre varen adoptar dos aspectes contraposats; mentre que per als ferms defensors del progrés posseïen la capacitat de dur a terme la *utopia*, per contra, per als *antimaquinistes* eren els potencials agents destructors de la *humanitat*.

Dos pols oposats que ja havien aparegut reflectits a la literatura vuitcentista; per un costat a les novel·les de **Juli Verne**, com *Vint mil llegües de viatge submarí* (1870), en què es posa de manifest aquesta creença en els beneficis aportats pels avenços de la ciència i la tecnologia per als temps futurs i, en el costat oposat, el pessimisme enfront d'aquest futur en què l'home estaria dominat per la màquina, com es manifestava a l'obra *Erewhon* de **Samuel Butler** (1872).

Tanmateix, una de les consideracions més interessants va ser la que **Deleuze** i **Guattari** proposaven al llibre *L'Antièdip*, en què consideraven l'obra d'art com una "màquina desit-

planos, fábricas, cadenas de montaje, iluminación artificial, electrodomésticos, puentes, trenes, autopistas, máquinas fotográficas, etc.– que transformaron radicalmente el aspecto tanto de las ciudades como de toda la naturaleza.

Las reacciones frente a la modernización y la mecanización generalmente siempre adoptaron dos aspectos contrapuestos: mientras que para los firmes defensores del progreso poseían la capacidad de llevar a cabo la *utopía*, por el contrario, para los *anti-maquinistas* eran los potenciales agentes destructores de lo *humano*.

Dos polos opuestos que ya habían aparecido reflejados en la literatura decimonónica: por un lado, en las novelas de Julio Verne –como en *Veinte mil leguas de viaje submarino* (1870)–, en las que se pone de manifiesto esta creencia en los beneficios procurados por los avances de la ciencia y la tecnología para los tiempos futuros; y el lado opuesto, el pesimismo en ese futuro en que el hombre estaría dominado por la máquina que se manifestaba en la obra *Erewhon* de **Samuel Butler** (1872).

Sin embargo, una de las consideraciones más interesantes fue la que **Deleuze** y **Guattari** proponían en su libro *El Antiedipo*, donde consideraban a la obra de arte como una "máquina deseante". Estas son pequeñas máquinas con las que el hombre "puebla" las grandes máquinas sociales y técnicas, como muestran las películas de **Buster Keaton**: "Las máquinas deseantes al funcionar no cesan de estropearse, no funcionan más que estropeadas. El arte a menudo utiliza esta propiedad creando verdaderos fantasmas de grupo que cortocircuitan la producción social con una producción

—Señor —dijo el capitán Nemo, mostrándome los instrumentos colgados de las paredes de su camarote-, he aquí los aparatos exigidos por la navegación del Nautilus. Al igual que en el salón, los tengo aquí bajo mis ojos, indicándome mi situación y mi dirección exactas en medio del océano. Algunos de ellos le son conocidos, como el termómetro que marca la temperatura interior del Nautilus; el barómetro, que pesa el aire y predice los cambios de tiempo; el higrómetro, que registra el grado de sequedad de la atmósfera; el storm-glass, cuya mezcla, al descomponerse, anuncia la inminencia de las tempestades; la brújula, que dirige mi ruta; el sextante, que por la altura del sol me indica mi latitud, los cronómetros, que me permiten calcular mi longitud y, por último, mis anteojos de día y de noche que me sirven para escrutar todos los puntos del horizonte cuando el Nautilus emerge a la superficie de las aguas.

—Son los instrumentos habituales del navegante y su uso me es conocido —repuse—. Pero hay otros aquí que responden sin duda a las particulares exigencias del Nautilus. Ese cuadrante que veo, recorrido por una aguja inmóvil ¿no es un manómetro?

—Es un manómetro, en efecto. Puesto en comunicación con el agua, cuya presión exterior indica, da también la profundidad a la que se mantiene mi aparato.

—¿Y esas sondas, de una nueva clase?

—Son unas sondas termométricas que indican la temperatura de las diferentes capas de agua.

—Ignoro cuál es el empleo de esos otros instrumentos.

—Señor profesor, aquí me veo obligado a darle algunas explicaciones. Le ruego me escuche.

El capitán Nemo guardó silencio durante algunos instantes y luego dijo:

—Existe un agente poderoso, obediente, rápido, fácil, que se pliega a todos los usos y que reina a bordo de mi barco como dueño y señor. Todo se hace aquí por su mediación. Me alumbra, me calienta y es el alma de mis aparatos mecánicos. Ese agente es la electricidad.

—¡La electricidad! —exclamé bastante sorprendido.

—Sí, señor.

—Sin embargo, capitán, la extremada rapidez de movimientos que usted posee no concuerda con el poder de la electricidad. Hasta ahora la potencia dinámica de la electricidad se ha mostrado muy restringida y no ha podido producir más que muy pequeñas fuerzas.

—Señor profesor, mi electricidad no es la de todo el mundo, y eso es todo cuanto puedo decirle.

—Bien, no insisto, aun cuando me asombre tal resultado. Una sola pregunta, sin embargo, que puede no contestar si la considera usted indiscreta. Pienso que los elementos que emplee usted para producir ese maravilloso agente deben gastarse pronto. Por ejemplo, el cinc ¿cómo lo reemplaza usted, puesto que no mantiene ninguna comunicación con tierra?

—Responderé a su pregunta. Le diré que en el fondo del mar existen minas de cinc, de hierro, de plata y de oro, cuya explotación sería ciertamente posible. Pero yo no recurro a ninguno de estos metales terrestres, sino que obtengo del mar mismo los medios de producir mi electricidad.

—¿Del mar?

—Sí, señor profesor, y no faltan los medios de hacerlo. Yo podría obtener la electricidad estableciendo un circuito entre hilos sumergidos a diferentes profundidades, a través de las diversas temperaturas de las mismas, pero prefiero emplear un sistema más práctico.

—¿Cuál?

—Usted conoce perfectamente la composición del agua marina. En cada mil gramos hay noventa y seis centésimas y media de agua, dos centésimas y dos tercios aproximadamente de cloruro sódico, y muy pequeñas cantidades de cloruros magnésico y potásico, de bromuro de magnesio, de sulfato de magnesio y de carbonato cálcico. De esa notable cantidad de cloruro sódico contenida por el agua marina extraigo yo el sodio necesario para componer mis elementos.

—¿El sodio?

—En efecto. Mezclado con el mercurio forma una amalgama que sustituye al cinc en los elementos Bunsen. El mercurio no se gasta nunca. Sólo se consume el sodio, y el mar me lo suministra abundantemente. Debo decirle, además, que las pilas de sodio deben ser consideradas como las más enérgicas y que su fuerza electromotriz es doble que la de las pilas de cinc.

—Comprendo bien, capitán, la excelencia del sodio en las condiciones en que usted se halla. El mar lo contiene. Bien. Pero hay que fabricarlo, extraerlo. ¿Cómo lo hace? Evidentemente, sus pilas pueden servir para tal extracción, pero, si no me equivoco, el consumo de sodio necesitado por los aparatos eléctricos habría de superar a la cantidad producida. Ocurriría así que consumiría usted para producirlo más del que obtendría.

—Por esa razón es por la que no lo extraigo por las pilas, señor profesor. Simplemente, empleo el calor del carbón terrestre.

—¿Terrestre?

—Digamos carbón marino, si lo prefiere —respondió el capitán Nemo.

—¿Acaso puede usted explotar yacimientos submarinos de hulla?

—Así es y habrá de verlo usted. No le pido más que un poco de paciencia, puesto que tiene usted tiempo para ser paciente. Recuerde sólo una cosa: que yo debo todo al océano. El produce la electricidad, y la electricidad da al Nautilus el calor, la luz, el movimiento, en una palabra, la vida.

—Pero no el aire que respira…

—¡Oh!, podría fabricar el aire que consumimos, pero sería inútil, ya que cuando quiero subo a la superficie del mar. Si la electricidad no me provee del aire respirable, sí acciona, al menos, las poderosas bombas con que lo almacenamos en depósitos especiales, lo que me permite prolongar por el tiempo que desee, si es necesario, mi permanencia en las capas profundas.

—Capitán, no tengo más remedio que admirarle. Ha hallado usted, evidentemente, lo que los hombres descubrirán sin duda algún día, la verdadera potencia dinámica de la electricidad.

—Yo no sé si la descubrirán —respondió fríamente el capitán Nemo—. Sea como fuere, conoce usted ya la primera aplicación que he hecho de este precioso agente. Es él el que nos ilumina con una igualdad y una continuidad que no tiene la luz del sol. Mire ese reloj, es eléctrico y funciona con una regularidad que desafía a la de lo mejores cronómetros. Lo he dividido en veinticuatro horas, como los relojes italianos, pues para mí no existe ni noche, ni día, ni sol ni luna, sino únicamente esta luz artificial que llevo hasta el fondo de los mares. Mire, en este momento son las diez de la mañana.

—En efecto.

—Aquí tiene otra aplicación de la electricidad, en ese cuadrante que sirve para indicar la velocidad del Nautilus. Un hilo eléctrico lo pone en comunicación con la hélice de la corredera, y su aguja me indica la marcha.

JULIO VERNE
Veinte mil leguas de viaje submarino

– Senyor – va dir el capità Nemo, mostrant-me els instruments penjats de les parets de la seva cabina – vet aquí els aparells exigits per a la navegació del Nautilus. Igual que a la sala, els tinc aquí sota els meus ulls, indicant-me la situació i la direcció exactes enmig de l'oceà. Alguns d'ells li són coneguts, com el termòmetre, que marca la temperatura interior del Nautilus; el baròmetre, que pesa l'aire i prediu els canvis de temps; l'higròmetre, que registra el grau de sequedat de l'atmosfera; el storm-glass, la mescla del qual en descompondre's, anuncia la imminència de les tempestes; la brúixola, que dirigeix la ruta; el sextant, que per l'altura del sol indica la latitud, els cronòmetres, que permeten de calcular la longitud i, finalment, els binocles que m'ajuden a escrutar tots els punts de l'horitzó quan el Nautilus emergeix a la superfície de les aigües.

- Són els instruments habituals del navegant i conec el seu ús - vaig respondre – Però n'hi ha d'altres aquí que, sens dubte, responen a les particulars exigències del Nautilus. Aqueix quadrant que veig, solcat per una agulla immòbil, no és un manòmetre?

– És un manòmetre, en efecte. En comunicació amb l'aigua, indica la seva pressió exterior i marca també la profunditat a la qual es manté l'aparell.

– I aqueixes sondes d'una nova classe?

– Són unes sondes termomètriques que indiquen la temperatura de les diferents capes d'aigua.

– Desconec quin és l'ús d'aquests altres instruments.

– Senyor professor, aquí em veig obligat a donar-li algunes explicacions. Li prec que m'escolti.

– El capità Nemo romangué en silenci durant alguns instants i després digué:

– Existeix un agent poderós, obedient, ràpid, fàcil, que s'adapta a tots els usos i que regna a bord del meu vaixell com a amo i senyor. Aquí tot es fa mitjançant la seva intervenció. Em dóna llum, m'escalfa i és l'ànima dels meus aparells mecànics. Aquest agent és l'electricitat.

– L'electricitat! vaig exclamar amb sorpresa.

– Sí, senyor.

– No obstant, capità, l'extremada rapidesa de moviments que vostè posseeix no concorda amb el poder de l'electricitat. Fins ara la potència dinàmica de l'electricitat s'ha mostrat molt restringida i no ha pogut produir més que forces molt petites.

– Senyor professor, la meva electricitat no és la de tothom, i això és tot quant puc dir-li.

– Bé, no insistesc, encara que m'astori aquest resultat. No obstant això, una sola pregunta, que pot no contestar si vostè la considera indiscreta. Pens que els elements que vostè empra per a produir aquest meravellós agent s'han de gastar aviat. Per exemple, el zinc, com el substitueix vostè, ja que no manté cap comunicació amb terra?

– Contestaré a la seva pregunta. Li diré que en el fons del mar existeixen mines de zinc, de ferro, d'argent i d'or, l'explotació de les quals seria certament possible. Però jo no utilitz cap d'aquests metalls terrestres, sinó que prenc del mar mateix els mitjans per a produir la meva electricitat.

– Del mar?

– Sí, senyor professor, i no falten els mitjans de fer-ho. Jo podria obtenir l'electricitat establint un circuit entre fils submergits a diferents profunditats, a través de les diverses temperatures d'aquestes, però preferesc utilitzar un sistema més pràctic.

– Quin?

– Vostè coneix perfectament la composició de l'aigua marina. Cada mil grams contenen noranta-sis centèsimes i mitja d'aigua, dues centèsimes i dos terços, aproximadament, de clorur sòdic, i moltes petites quantitats de clorurs magnè-

sics i potàssics, de bromur de magnesi, de sulfat de magnesi i de carbonat càlcic. D'aquesta notable quantitat de clorur sòdic continguda en l'aigua marina extrec el sodi necessari per compondre els meus elements.

– El sodi?

– Efectivament. Mesclat amb el mercuri forma una amalgama que substitueix el zinc en els elements Bunsen. El mercuri no es consumeix mai. Tan sols es consumeix el sodi, i el mar me'l subministra amb abundància. He de dir-li, a més, que les piles de sodi han de ser considerades com les més enèrgetiques, i que la seva força electromotriu és doble que la de les piles de zinc.

– Comprenc bé, capità, l'excel·lència del sodi en les condicions en què es troba vostè. El mar el conté. Bé. Però cal fabricar-lo, extreure'l. Com ho fa? Evidentment, les seves piles poden servir per a l'extracció, però, si no m'equivoc, el consum de sodi necessari per als aparells elèctrics hauria de superar la quantitat produïda. Així succeiria que vostè consumiria en la seva producció més del que n'obtendria.

– Per aquest motiu no l'extrec amb les piles, senyor professor. Simplement, utilitzo la calor del carbó terrestre.

– Terrestre?

– Diguem-ne carbó marí, si s'ho estima més – respongué el capità Nemo.

– Tal vegada vostè pot explotar jaciments submarins d'hulla?

– Sí, i vostè ho veurà. No li demano més que una mica de paciència, ja que vostè té temps per ser pacient. Recordi únicament una cosa: jo ho dec tot a l'oceà. Ell produeix l'electricitat, i l'electricitat dóna calor al Nautilus, també llum, moviment, en una paraula, la vida.

– Però no l'aire que respira...

– Oh! podria fabricar l'aire que consumim, però seria inútil, ja que quan vull pujo a la superfície del mar. Si l'electricitat no em proveeix de l'aire respirable, sí acciona, al menys, les poderoses bombes amb les quals l'emmagatzemam en dipòsits especials, la qual cosa em permet de perllongar el temps que vulgui, si cal, la meva estada a les capes profundes.

– Capità, no tinc altre remei que admirar-lo. Vostè ha trobat, evidentment, allò que els homes algun dia descobriran sens dubte, la

La cambra de màquines

vertadera potència dinàmica de l'electricitat.

– Jo no sé si la descobriran – contestà fredament el capità Nemo – Sigui com sigui, vostè ja coneix la primera aplicació que he fet d'aquest agent. És el que ens il·lumina amb una igualtat i una continuïtat que no té la llum del sol. Miri aquest rellotge, és elèctric i funciona amb una regularitat que desafia la dels millors cronòmetres. L'he dividit en vint-i-quatre hores, com els rellotges italians, ja que per a mi no existeix ni nit, ni dia, ni sol, ni lluna, sinó únicament aquest llum artificial que duc fins al fons dels mars. Miri, en aquest moment són les deu del matí.

– En efecte.

– Aquí té una altra aplicació de l'electricitat, en aquest quadrant que serveix per a indicar la velocitat del Nautilus. Un fil elèctric el posa en comunicació amb l'hèlix de la corredora, i l'agulla m'indica la marxa.

JULI VERNE/ *Vint mil llegües de viatge submarí*

jant". Aquestes són petites màquines amb què l'home "pobla" les grans màquines socials i tècniques, com mostren les pel·lícules de **Buster Keaton**: "Les màquines desitjants en funcionar no cessen d'espanyar-se, no funcionen més que espanyades. L'art a vegades utilitza aquesta propietat creant vertaders fantasmes de grup que curt circuiten la producció social amb una producció desitjant, i introdueixen una funció de desarreglament en la reproducció de màquines tècniques (...) L'artista és el senyor dels objectes; integra en el seu art objectes espanyats, cremats, desarreglats per tornar-los al règim de les màquines desitjants, en les quals el desarreglament, en rompre's, forma part del funcionament mateix." **[1]**

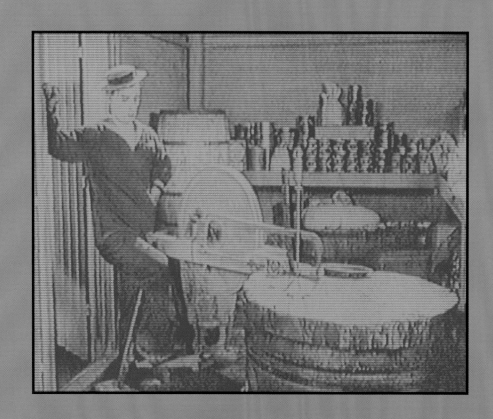

BUSTER KEATON, *El navegant,* 1925

Prenguem el nom de "màquina celibatària" per a designar aquesta màquina que succeeix a la màquina paranoica i a la màquina miraculosa, i que forma una nova aliança entre les màquines desitjoses i el cos sense òrgans, per al naixement d'una nova humanitat o d'un organisme gloriós. Ve a ser el mateix que dir que el subjecte és produït com a una resta, al costat de les màquines desitjants, o que ell mateix es confon amb aquesta tercera màquina productiva i la reconciliació residual que realitza: síntesi conjuntiva de consum sota la forma fascinada d'un "Llavors era això!"

Michel Carrouges aïlla, sota el nom de "màquines celibatàries", un cert nombre de màquines fantàstiques que descobrí a la literatura. Els exemples que invoca són molt variats i, a primera vista sembla que no poden situar-se sota una mateixa categoria: la Marie mise à nu… de Duchamp, la màquina de La colònia penitenciària de Kafka, les màquines de Raymond Roussel, les del Surmâle de Jarry, algunes màquines d'Edgar Poe, la Eve future de Villiers, etc. No obstant, els trets que creen la unitat, d'importància variable segons l'exemple considerat, són els següents: en primer terme, la màquina celibatària dóna fe d'una antiga màquina paranoica, amb els seus suplicis, les seves ombres, la seva antiga Llei. Nogensmenys, no és una màquina paranoica. Tot i la diferència d'aquesta darrera, els seus mecanismes, carro, tisores, agulles, imants, ràdios. Àdhuc en els suplicis o en la mort que provoca, manifesta quelcom nou, un poder solar. En segon lloc, aquesta transfiguració no pot explicar-se pel caràcter miraculós que la màquina deu a la inscripció que inclou, encara que, efectivament, inclogui les majors inscripcions (cf. el registre col·locat per Edison a L'Eva futura). Existeix un

consum actual de la nova màquina, un plaer que podem qualificar d'autoeròtic o millor dit, d'automàtic, en el qual es contreuen les núpcies d'una nova aliança, nou naixement, èxtasi enlluernador com si l'erotisme alliberàs altres poders il·limitats.

La qüestió es converteix en: què produeix la màquina celibatària? què es produeix a través d'ella? La resposta sembla ser: quantitats intensives. Hi ha una experiència esquizofrènica de les quantitats intensives en estat pur, en un punt quasi insuportable -una misèria i una glòria celibatàries sentides en el punt més alt, com un clam suspès entre la vida i la mort, una sensació de pas intensa, estats d'intensitat pura i crua desposseïts de la seva figura i de la seva forma. Sovint es parla d'al·lucinacions i de deliri; però la dada al·lucinadora (veig, escolt) i la dada delirant (pens…) pressuposen un Jo sent més profund, que proporcioni l'objecte a les al·lucinacions i el contingut al deliri del pensament. Un "sent que em convertesc en dona", "que em convertesc en Déu", etc., que no és ni delirant ni al·lucinador, però que projectarà l'al·lucinació o interioritzarà el deliri. Deliri i al·lucinació són secundaris respecte de l'emoció veritablement primària que, en un principi, no sent més que intensitats, esdevenir i passes.

GILLES DELEUZE I FÈLIX GUATTARI
L' Antiedip Capitalisme i esquizofrènia

Tomemos el nombre de «máquina célibe» para designar esta máquina que sucede a la máquina paranoica y a la máquina milagrosa, y que forma una nueva alianza entre las máquinas deseantes y el cuerpo sin órganos, para el nacimiento de una nueva humanidad o de un organismo glorioso. Viene a ser lo mismo decir que el sujeto es producido como un resto, al lado de las máquinas deseantes, o que él mismo se confunde con esta tercera máquina productiva y la reconciliación residual que realiza: síntesis conjuntiva de consumo bajo la forma fascinada de un «¡Luego era eso!»

Michel Carrouges aisló, bajo el nombre de «máquinas célibes», un cierto número de máquinas fantásticas que descubrió en la literatura. Los ejemplos que invoca son muy variados y a simple vista parece que no pueden situarse bajo una misma categoría: la Mariée mise à nu… de Duchamp, la máquina de La Colonia penitenciaria de Kafka, las máquinas de Raymond Roussel, las del Surmâle de Jarry, algunas máquinas de Edgar Poe, la Eve future de Villiers, etc. Sin embargo, los rasgos que crean la unidad, de importancia variable según el ejemplo considerado, son los siguientes: en primer lugar, la máquina célibe da fe de una antigua máquina paranoica, con sus suplicios, sus sombras, su antigua Ley. No obstante, no es una máquina paranoica. Todo la diferencia de esta última, sus mecanismos, carro, tijeras, agujas, imanes, radios. Hasta en los suplicios o en la muerte que provoca, manifiesta algo nuevo, un poder solar. En segundo lugar, esta transfiguración no puede explicarse por el carácter milagroso que la máquina debe a la inscripción que encierra, aunque efectivamente encierre las mayores inscripciones (cf. el registro colocado por Edison en La Eva futura).

Existe un consumo actual de la nueva máquina, un placer que podemos calificar de auto-erótico o más bien de automático en el que se contraen las nupcias de una nueva alianza, nuevo nacimiento, éxtasis deslumbrante como si el erotismo liberase otros poderes ilimitados.

La cuestión se convierte en: ¿qué produce la máquina célibe? ¿qué se produce a través de ella? La respuesta parece que es: cantidades intensivas. Hay una experiencia esquizofrénica de las cantidades intensivas en estado puro, en un punto casi insoportable —una miseria y una gloria célibes sentidas en el punto más alto, como un clamor suspendido entre la vida y la muerte, una sensación de paso intensa, estados de intensidad pura y cruda despojados de su figura y de su forma. A menudo se habla de las alucinaciones y del delirio; pero el dato alucinatorio (veo, oigo) y el dato delirante (pienso…) presuponen un Yo siento más profundo, que proporcione a las alucinaciones su objeto y al delirio del pensamiento su contenido. Un «siento que me convierto en mujer», «que me convierto en Dios», etc., que no es ni delirante ni alucinatorio, pero que va a proyectar la alucinación o a interiorizar el delirio. Delirio y alucinación son secundarios con respecto a la emoción verdaderamente primaria que en un principio no siente más que intensidades, devenires, pasos.

GILLES DELEUZE Y FELIX GUATTARI
El Antiedipo Capitalismo y esquizofrenia

Si el robot es para el inconsciente el objeto ideal que los resume a todos, no es simplemente porque sea el simulacro del hombre en su eficiencia funcional, sino que, aun siendo esto, no es lo bastante perfecto como para ser el doble del hombre, y sigue siendo, a pesar de ser como el hombre, muy evidentemente un objeto y por ello, un esclavo. El robot es siempre, en el fondo, un esclavo. Puede tener todas las cualidades, salvo una, que constituye la soberanía del hombre: el sexo. Es en este límite donde ejerce su fascinación y su valor simbólico. Mediante su polifuncionalidad da testimonio del imperio fálico del hombre sobre el mundo, pero, da testimonio al mismo tiempo, puesto que está controlado, dominado, regido, asexuado, de que este falo es esclavo, de que esta sexualidad está domesticada y carece de angustia: no queda más que una funcionalidad obediente, encarnada (valga la expresión) en un objeto que se le parece, que somete al mundo pero está sometido a mí: conjurada esa parte amenazadora de mí mismo de la cual me puedo enorgullecer como me enorgullecería de un esclavo todopoderoso a mi imagen y semejanza.

Advertimos de dónde viene la tendencia a llevar a todo objeto hasta la etapa del robot. Es allí donde cumple su función psicológica inconsciente. Es allí donde llega a su fin. Pues el robot no tiene evolución posible. Está fijado en la semejanza con el hombre y en la abstracción funcional a toda costa. Es también el fin de una sexualidad genital activa, pues la sexualidad proyectada en el robot está neutralizada, descebada, conjurada, fijada también en el objeto que ella fija. Abstracción narcisista: el universo de la ciencia-ficción es un universo asexuado.

El robot es interesante por más de un concepto todavía. Porque es el fin mitológico del objeto, reúne en sí todos los fantasmas que pueblan nuestras relaciones profundas con el entorno.

Si el robot es esclavo, el tema del esclavo está ligado siempre, hasta en la leyenda del aprendiz de brujo, al de la rebelión. La rebelión del robot, en cualquier forma que sea, no es rara en los relatos de ciencia-ficción. Está siempre implícita. El robot es como el esclavo, muy bueno y muy pérfido a la vez, muy bueno como la fuerza encadenada, muy malo como la que se desencadena. Ahora bien, el hombre, como el aprendiz de brujo, tiene buenas razones para temer la resurrección de esta fuerza a la que ha conjurado o encadenado a su imagen. Pues esta fuerza es su propia sexualidad; que se vuelve entonces contra él, y a la cual le tiene miedo. Liberada, desencadenada, rebelde, la sexualidad se convierte en el enemigo mortal del hombre: es lo que expresan las múltiples e imprevisibles variaciones de los robots, su mutación maléfica o simplemente la angustia de esta conversión brutal que es siempre posible. El hombre, entonces, choca con las fuerzas más profundas de sí mismo y se ve enfrentado a su doble, dotado de su propia energía, cuya aparición como dice la leyenda, significa la muerte. Insurrección de las energías fálicas esclavizadas, tal es el sentido de la perfidia mecánica de los robots (a la vez que significa el trastorno funcional del ambiente). En este momento aparecen en los relatos dos soluciones: o bien el hombre doma las fuerzas "malas", y todo vuelve a circunscribirse al orden "moral", o bien las fuerzas encarnadas en el robot se destruyen a sí mismas, llevando el automatismo hasta el suicidio. El tema del robot que pierde su desequilibrio, de la autodestrucción del robot, es común también en la ciencia-ficción y corolario del de la rebelión. Un apocalipsis secreto de los objetos, del Objeto, nutre la pasión del lector. Se siente uno tentado a equiparar esta peripecia a una condenación moral del carácter luciferino de la ciencia: la técnica consuma su propia perdición y el hombre vuelve a la buena naturaleza.

JEAN BAUDRILLARD
El sistema de los objetos

Si el robot és per a l'inconscient l'objecte ideal que els resumeix tots, no és simplement perquè sigui el simulacre de l'home en la seva eficiència funcional, sinó que, encara que és això, no resulta tan perfecte com per a ser el doble de l'home, i continua essent, a pesar de ser com l'home, molt clarament un objecte i, per això mateix, un esclau. El robot és sempre, en el fons, un esclau. Pot tenir totes les qualitats, llevat d'una, que constitueix la sobirania de l'home: el sexe. És en aquest límit on exerceix la seva fascinació i el seu valor simbòlic. Mitjançant la seva polifuncionalitat testimonia l'imperi fàl·lic de l'home sobre el món, però, al mateix temps també testimonia, ja que està controlat, dominat, rígid, asexuat, que aquest fal·lus és esclau, que aquesta sexualitat està ensinistrada i mancada d'angoixa: no resta més que una funcionalitat obedient, encarnada (valgui l'expressió) en un objecte que se li assembla, que sotmet el món però que està sotmès a mi: conjurada aquesta part amenaçant de mi mateix, de la qual em puc enorgullir de la mateixa manera que m'enorgulliria d'un esclau totpoderós fet a la meva imatge i semblança.

Advertim d'on ve la tendència a portar tot objecte fins a l'etapa del robot. És allà on complix la seva funció psicològica inconscient. És allà on arriba a la seva finalitat. Doncs, el robot no té evolució possible. Està fixat en la semblança amb l'home i en l'abstracció funcional sobretot. És també la fi d'una sexualitat genital activa, car la sexualitat projectada en el robot està neutralitzada, desencebada, conjurada, fixada també en l'objecte que ella fixa. Abstracció narcisista: l'univers de la ciència-ficció és un univers asexuat.

El robot és interessant encara per més d'un concepte. Perquè és la finalitat mitològica de l'objecte, reuneix en si mateix tots els fantasmes que poblen les nostres relacions profundes amb l'entorn.

Si el robot és esclau, el tema de l'esclau està lligat sempre, des de la llegenda de l'aprenent de bruixot fins al de la rebel·lió. La rebel·lió del robot, en qualsevol forma que sigui, no és estranya en els relats de ciència-ficció. Està sempre implícita. El robot és com l'esclau, molt bo i molt pervers a la vegada, molt bo com a força encadenada, molt dolent com a força que es desencadena. Ara bé, l'home, com l'aprenent de bruixot, té bones raons per a témer la resurrecció d'aquesta força que ha conjurada o encadenada a la seva imatge. Doncs aquesta força és la seva pròpia sexualitat, que llavors es torna contra ell, i a la qual té por. Alliberada, desencadenada, rebel, la sexualitat es converteix en l'enemic mortal de l'home: és el que expressen les múltiples i imprevisibles variacions dels robots, llur mutació malèfica o, simplement, l'angoixa d'aquesta conversió brutal que sempre és possible. L'home, llavors, xoca amb les forces més profundes de si mateix i es veu enfrontat al seu doble, dotat de la seva pròpia energia, l'aparició de la qual com diu la llegenda, significa la mort. Insurrecció de les energies fàl·liques esclavitzades, aquest és el sentit de la perfídia mecànica dels robots (al mateix temps significa el trastorn funcional de l'ambient). En aquest moment apareixen en els relats dues solucions: o bé l'home ensinistra les forces "negatives", i tot torna a circumscriure's a l'ordre "moral", o bé les forces encarnades en el robot es destrueixen elles mateixes, portant l'automatisme fins el suïcidi. El tema del robot que perd el seu desequilibri, de l'autodestrucció del robot, és comú també a la ciència-ficció i corol·lari del de la rebel·lió. Un apocalipsi secret dels objectes, de l'Objecte, nodreix la passió del lector. Hom se sent temptat a equiparar aquesta peripècia a una condemnació moral del caràcter luciferí de la ciència: la tècnica consuma la seva pròpia perdició i l'home torna a la naturalesa bona.

Jean Baudrillard
El sistema dels objectes

El cos de les màquines: autòmats, robots i replicants

El semblant fantàstic, i, per tant, irracional, va aparèixer juntament amb el de racionalitat, tot reflectint-ne els aspectes més ocults i obscurs. Això va convertir les màquines en un cos que es va transfigurar en lloc de sublimació, d'idealització, en què l'encarnació de desitjos podia ser duta a terme, però també podia arribar a convertir-se en la personificació de l'angoixa, els terrors i les pors.

Entre els nombrosos antecedents d'aquest fetitxisme maquinista cal destacar-ne les mostres següents; l'autòmat Olympia, que va inspirar el ballet *Coppélia* basat en el conte d' **E.T.A. Hoffmann** titulat *L'home de l'arena* (1817); l'encontre amorós entre un paraigües i una màquina de cosir de *Les Chants de Maldoror* (1868-70) del **comte de Lautréamont**; la invenció de l'Andreida, de nom Hadaly, que significa ideal, de l'*Eva futura* (1885) de **Villiers de L'Isle-Adam**; i també el monstre creat per Mary Shelley a *Frankenstein* (1871) que es va considerar un símbol d'aquest vessant que tenen també les màquines de ser productores de terror a causa del seu caràcter amenaçador.

Els grecs ja havien utilitzat aquesta propietat de materialitzar-se en el que varen denominar "miracles", que eren aquells enginyosos mecanismes que produïen espectaculars efectes

deseante, e introducen una función de desarreglo en la reproducción de máquinas técnicas (…) El artista es el señor de los objetos; integra en su arte objetos rotos, quemados, desarreglados para devolverlos al régimen de las máquinas deseantes, en las que el desarreglo, el romperse, forma parte del propio funcionamiento". [1]

El cuerpo de las máquinas: autómatas, robots y replicantes

El semblante fantástico –y por lo tanto irracional– apareció también junto al de la racionalidad, reflejando sus aspectos más ocultos y oscuros. Esto convirtió a las máquinas en un cuerpo que se transfiguró en lugar de sublimación, de idealización, donde la encarnación de deseos podía ser llevada a cabo, pero también pudiendo llegar a convertirse en la personificación de la angustia, los terrores, y los miedos.

Entre los numerosos antecedentes de este fetichismo maquinista son ejemplos a destacar: la autómata *Olympia* que inspiró el ballet *Coppélia* basado en el cuento de E.T.A. Hoffmann titulado *El hombre de la arena* (1817); el encuentro amoroso entre un paraguas y una máquina de coser de *Les Chants de Maldoror* (1868-70) del **conde de Lautréamont**; la invención de la *Andreida* de nombre Hadaly –que significa ideal– de la *La Eva futura* (1885) de **Villiers de L'Isle-Adam**; y también el monstruo creado por **Mary Shelley** en su *Frankenstein* (1871) que se consideró un símbolo de esa vertiente que tienen también las maquinas de ser productoras de terror debido a su carácter amenazador.

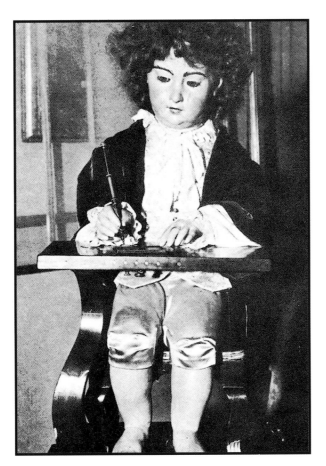

especials en els teatres i en els temples, con són ara, portes que s'obrien per l'efecte de l'aire calent, vaixelles que s'omplien i es buidaven automàticament, objectes que apareixien i desapareixien, etc.

Però, per damunt de tots aquells enginys, aquell que sens dubte despertava més poderosament la imaginació de la gent era l'autòmat, pel qual varen ser seduïts, fruint-ne de les enlluernadores habilitats, els bizantins i els àrabs, els seus grans creadors originaris.

En el Segle de les Llums, l'existència d'aquests artefactes simuladors de la humanitat es va correspondre amb les preocupacions filosòfiques típiques d'aquells temps.

Los griegos ya habían utilizado esta propiedad de materializarse en los que denominaron "milagros", que eran aquellos ingeniosos mecanismos que producían espectaculares efectos especiales en los teatros y en los templos, entre los que podían verse: puertas que se abrían por el efecto del aire caliente, vasijas que se llenaban y vaciaban automáticamente, objetos que aparecían y desaparecían, etc.

Pero sobre todos aquellos ingenios, aquel que sin duda despertaba más poderosamente la imaginación de las gentes era el *autómata*, por el que ya fueron seducidos, disfrutando de sus asombrosas habilidades, los bizantinos y los árabes, quienes se contaron entre sus originarios grandes creadores.

En el *Siglo de las Luces*, la existencia de tales artefactos simuladores de lo humano se correspondió con las preocupaciones filosóficas típicas de aquellos tiempos. Entonces fue cuando **Julien La Mattrie** (1747-48) venía a explicar en su libro *L'Homme machine* que tanto el hombre como los seres vivos en general debían ser considerados como máquinas.

Con el correr del tiempo el heredero natural del autómata fue el *robot*, que hizo su aparición en la década de los veinte en la obra *R.U.R* de **Karel Capek** donde aparece la primera factoría de fabricación de robots en serie.

Por causa de la serielización que les hacía perder su individualidad, dejaron de ser aquellos seres mecánicos semi-mágicos pero personalizados —el monstruo de Frankenstein, la *Olympia* de

Al llegar al último tramo de la escalera, oyó un estrépito espantoso en la habitación de Spalanzani, producido por repetidos golpes en el suelo y las paredes, y luego choques metálicos, percibiéndose en medio de aquella barahúnda dos voces que proferían tremendas imprecaciones: "¡Quieres soltar, miserable, infame! ¿Te atreves a robarme mi sangre y mi vida?" "¡Yo hice los ojos!" "¡Y yo los resortes del mecanismo!" "¡Vete al diablo!" "¡Llévese tu alma Satanás, aborto del Infierno!"

He aquí lo que decían aquellas dos voces formidables, que eran las de Spalanzani y de Coppelius. Nataniel, fuera de sí, descargó un puntapié en la puerta y, se precipitó en la habitación, en medio de los combatientes. El Profesor y el italiano Coppola se disputaban con furia una mujer, el uno tiraba de ella por los brazos, y el otro por las piernas. Nataniel retrocedió horrorizado al reconocer la figura de Olimpia; luego, con furia salvaje, quiso arrancar a su amada de manos de los rabiosos combatientes, pero en el mismo instante, Coppola, dotado de fuerza hercúlea, obligó a su adversario a soltar la presa, gracias a una vigorosa sacudida; luego, levantando la mujer con sus nervudos brazos, descargó tan rudo golpe en la cabeza del Profesor, que el pobre hombre, completamente aturdido, fue a caer al suelo a tres pasos de distancia, rompiendo con su caída una mesa llena de frascos, redomas, alambiques e instrumentos. Coppola se cargó a Olimpia al hombro y desapareció, profiriendo una carcajada diabólica; hasta el fin de la escalera oyóse el choque de las piernas de Olimpia contra los peldaños, el cual producía un ruido semejante al de unas castañuelas.

Al ver la cabeza de Olimpia en el suelo, Nataniel reconoció con espanto una figura de cera, y pudo ver que los ojos, que eran de esmalte, se habían roto. El desgraciado Spalanzani yacía en medio de numerosos fragmentos de vidrio, que le habían ocasionado sangrientas heridas en los brazos, en el rostro y en el pecho.

Recuperándose, dijo: "¡Corre detrás de él! ¡Corre! ¿Qué dudas?... Coppelius, Coppelius, me has robado mi mejor autómata... en el que he trabajado más de veinte años... he puesto en este trabajo mi vida entera, yo he hecho la maquinaria, el habla, el paso..., los ojos... pero yo te he robado los ojos..., maldito... condenado... ¡Vete en busca de él... tráeme a Olimpia... aquí tienes tus ojos!"

Nataniel vio a sus pies, efectivamente, dos ojos sangrientos que le miraban con fijeza. Spalanzani los recogió y se los arrojó al estudiante, tocándole con ellos en el pecho. Apenas sintió su contacto, Nataniel poseído de un acceso de locura, comenzó a gritar, diciendo las cosas más incoherentes: "¡Hui... hui... hui! ¡Horno de fuego... horno de fuego!... ¡Revuélvete, horno de fuego! ¡Divertido.., divertido! ¡Muñeca de madera, muñeca de madera, vuélvete!", y precipitándose sobre el Profesor, trató de estrangularle. Y lo hubiera hecho si en aquel instante, al oír el ruido, los vecinos no hubieran acudido y se hubieran apoderado de su persona; fue preciso atarle fuertemente para evitar una desgracia. Segismundo, aunque era muy tuerte, apenas si pudo sujetar al loco furioso. Mientras, gritaba, con una voz espantosa: "Muñeca de madera, vuélvete!", y se pegaba puñetazos. Finalmente, varios hombres pudieron hacerse con él, le sujetaron y le ataron. Todavía se oían sus palabras como si fueran los rugidos de un animal, y de este modo fue conducido a un manicomio.

Antes que, ¡oh amable lector!, continúe refiriéndote lo que sucedió al infeliz Nataniel, voy a decirte, pues me imagino que te interesarás por el diestro mecánico y fabricante de autómatas Spalanzani, que se restableció al poco tiempo y fue curado de sus heridas. Mas, apenas se halló en estado de resistir el traslado a otro punto, fuéle preciso abandonar la Universidad, pues todos los estudiantes que tenían conocimiento de la burla de que Nataniel acababa de ser víctima, habían jurado vengarse terriblemente del mecánico italiano, por haber abusado, sirviéndose de un maniquí, de la confianza de personas tan honorables, pues nadie (excepto algunos estudiantes muy listos) había podido percatarse, ni sospechar nada.

¿Podía, acaso, resultar sospechoso que Olimpia, según decía un elegante que acudía a los tés, ofendiendo todas las conveniencias, hubiera bostezado? En primer lugar, dijo el elegante, había ocultado la maquinaria que crujía, etc... El Profesor de poesía y retórica tomó una dosis de rapé, estornudó y dijo gravemente: "Honorables damas y caballeros. ¿no se dan cuenta de cuál es el quid del asunto? ¡Todo es una alegoría... una absoluta metáfora!... ¡Ya me entienden!... ¡Sapienti sat!"

Pero muchos señores respetables no se conformaron con esto; la historia del autómata había echado raíces y ahora desconfiaban hasta de las figuras vivas. Y para convencerse enteramente de que no amaban a ninguna muñeca de madera, muchos amantes exigían a la amada que no bailase ni cantase a compás, y que se detuviese al leer, que tejiera, que jugase con el perrito, etc., y sobre todo que no se limitase a oír, sino que también hablase y que en su hablar se evidenciase el pensamiento y la sensibilidad. Los lazos amorosos se estrecharían más, pues de otro modo se desataban fácilmente. "Esto no puede seguir así", decían todos. En los tés, ahora se bostezaba para evitar sospechas.

Como hemos dicho, Spalanzani tuvo que huir para evitar un proceso criminal, por haber engañado a la sociedad con un autómata. Coppola también desapareció.

E.T.A. Hoffmann
El hombre de la arena

En arribar al darrer tram de l'escala, escoltà un soroll espantós a l'habitació de Spalanzani, produït per repetits cops al terra i a les parets, i després xocs metàl·lics, sentint-se enmig d'aquell guirigall dues veus que llançaven tremendes imprecacions: "Vols amollar, miserable, infame! T'atreveixes a furtar-me la sang i la vida?" "Jo vaig fer els ulls!" "I jo els ressorts del mecanisme!" "Vés-te'n al dimoni!" "Què Satanàs s'emporti la teva ànima, avortament de l'infern!".

Això és el que deien aquelles dues veus formidables, que eren les de Spalanzani i de Coppelius. Nataniel, fora de sí, descarregà una puntada de peu a la porta i es precipità a l'habitació, enmig dels combatents. El Professor i l'italià Coppola es disputaven amb fúria una dona, un l'estirava pels braços i l'altre per les cames. Nataniel retrocedí horroritzat en reconèixer la figura d'Olímpia; després, amb fúria salvatge, va voler arrabassar la seva estimada de les mans dels rabiosos combatents, però en aquell mateix moment, Coppola, dotat d'una força hercúlia, obligà el seu adversari a amollar la presa, gràcies a una vigorosa sacsejada; després, aixecant la dona amb els seus braços nervats, descarregà un cop tan rude en el cap del Professor que, el pobre home, completament atordit, caigué al terra a tres passes de distància, trencant en la caiguda una taula plena de flascons, fioles, alambins i instruments. Coppola carregà Olímpia a l'espatlla i desaparegué, proferint una diabòlica rialla; fins el final de l'escala s'escoltà el xoc de les cames d'Olímpia contra els graons, el qual produïa un renou semblant al d'unes castanyetes.

En veure el cap d'Olímpia en terra, Nataniel reconegué espantat una figura de cera, i va veure que els ulls, que eren d'esmalt, s'havien trencat. El desgraciat Spalanzani jeia enmig de nombrosos fragments de vidre, que li havien causat ferides sagnants en els braços, en el rostre i en el pit.

Recuperant-se, digué: "Corre darrera meu! Corre! Què dubtes?... Coppelius, Coppelius, m'has robat el meu millor autòmat... en el que he treballat més de vint anys... he posat en aquesta feina la meva vida sencera, jo he fet la maquinària, la parla, el caminar..., els ulls... però jo t'he robat els ulls..., maleït... condemnat... Vés a cercar-lo... porta'm l'Olímpia... aquí tens els teus ulls!"

Nataniel va veure als seus peus, efectivament, dos ulls sagnants que el miraven fixament. Spalanzani els recollí i els llançà a l'estudiant, ferint-lo amb ells al pit. Només en sentir el seu contacte, Nataniel posseït per un accés de follia, començà a cridar, dient les coses més incoherents: "Ui... ui...ui! Forn de foc... forn de foc!... Regira't, forn de foc! Divertit..., divertit! Nina de fusta, nina de fusta, torna't!", i llançant-se sobre el Professor, tractà d'estrangular-lo. I ho hagués fet si en aquell instant, en sentir renou, no haguessin acudit els veïns i s'haguessin apoderat de la seva persona; va

ser necessari fermar-lo ben fort per a evitar una desgràcia. Segismund, encara que era molt fort, quasi no va poder subjectar el foll furiós. Mentre, cridava, amb una veu espantosa: "Nina de fusta, torna't!", i es pegava cops de puny. Finalment, alguns homes pogueren fer-se amb ell, el subjectaren i el fermaren. Encara s'escoltaven les seves paraules com si fossin els bramuls d'un animal, i d'aquesta manera va ser conduït a un manicomi.

Abans que, oh, amable lector!, continuï contant-te el que succeí a l'infeliç Nataniel, vaig a dir-te, doncs m'imagín que t'interessaràs pel destre mecànic i fabricant d'autòmats Spalanzani, que es va restablir en poc temps i que fou curat de les seves ferides. Però, només en trobar-se en estat de resistir el trasllat a un altre punt, li va caldre abandonar la Universitat, ja que tots els estudiants que tenien coneixement de la burla de la qual Nataniel havia estat víctima, havien jurat venjar-se terriblement del mecànic italià, per haver abusat, servint-se d'un maniquí, de la confiança de persones tan honorables, car ningú (exceptuant alguns estudiants molt vius) havia pogut adonar-se, ni sospitar res.

Podia, tal vegada, resultar sospitós que Olímpia, segons contava un elegant que anava als tes, ofenent totes les conveniències, hagués badallat? En primer lloc, digué l'elegant, havia amagat la maquinària que cruixia, etc... El Professor de poesia i retòrica prengué una dosi de rapè, esternudà i digué amb gravetat: "Honorables dames i cavallers, no s'adonen de quin és el quid de l'assumpte? Tot és una al·legoria... una absoluta metàfora!... Ja m'entenen!... Sapienti sat!"

Però molts de senyors respectables no s'acontentaren amb això; la història de l'autòmat havia arrelat i ara desconfiaven fins i tot de les figures vives. I per a assegurar-se completament que no estimaven a cap nina de fusta, molts amants exigien a l'estimada que no ballàs ni cantés a compàs, i que s'aturàs en llegir, que teixís, que jugués amb el canet, etc. i, sobretot, que no es limitàs a escoltar, sinó que també parlàs i que en la seva parla s'evidenciàs el pensament i la sensibilitat. Els llaços amorosos s'estrenyerien més, doncs d'altra manera es desfeien fàcilment. "Això no pot seguir així", deien tots. En els tes, ara es badallava per a evitar les sospites.

Com hem dit, Spalanzani hagué de fugir per a evitar un procés criminal, per haver enganat la societat amb un autòmat. Coppola també desaparegué.

E.T.A. HOFFMANN
L'home de l'arena

Edison desciñó el velo que Hadaly llevaba en la cintura y dijo:

La Andreida se compone de cuatro partes:

"1.° El sistema-viviente interior, que abraza el equilibrio, la facultad de andar, la voz, el gesto, los sentimientos, las expresiones futuras del rostro, el movimiento regulador íntimo o, mejor dicho, el ALMA.

"2.° El mediador plástico, o sea, la cubierta metálica aislada de la carne y de la epidermis, que es una armadura de articulaciones flexibles donde se apoya y fija todo el sistema interior.

"3.° La carne ficticia superpuesta y adherida al mediador que remeda los rasgos y las líneas del cuerpo-tipo, con su fragancia propia y personal, con los relieves de la osamenta, los repujados venenosos, la musculatura, la sexualidad y todas las proporciones corporales.

"4.° La epidermis, con todos los detalles de color, porosidad, líneas, esplendor de sonrisa, inconscientes mohínes de expresión, fiel y exacto movimiento labial en las pronunciaciones; la cabellera y el sistema velloso; el conjunto ocular, con la individualidad de la mirada y los sistemas dental y ungueal.

Edison pronunció estas palabras con el monótono deje con que se expone un teorema de geometría del cual el quod erat demostrandum estaba virtualmente encerrado en la proposición. Al escuchar aquella voz, lord Ewald presumía que el ingeniero no sólo iba a resolver teóricamente los problemas que suscitaban aquellas afirmaciones monstruosas, sino que quizá los tuviese ya resueltos y se dispusiera a probarlos.

El noble inglés, impresionado por la entereza terrible del electrólogo, sintió, al oír el enunciado sorprendente, que todo el hielo de la ciencia le llegaba al corazón. Sin embargo, no interrumpió,. pues era un hombre de gran serenidad. La voz de Edison se hizo mucho más grave y melancólica.

No he de daros ninguna sorpresa, milord. ¿Para qué? La realidad, como veréis, es suficientemente maravillosa para que quiera rodearla de otro misterio ajeno al suyo. Seréis testigo de la infancia de un ser ideal, puesto que vais a asistir a la explicación del organismo íntimo de Hadaly. ¿En qué Julieta podría efectuarse análogo examen sin que Romeo se desmayara?

"En verdad, si los amantes pudiesen ver de una manera retrospectiva los comienzos positivos de la amada y su forma cuando empezó a moverse, su apasionamiento se abismaría en una sensación en que lo lúgubre lucharía con lo absurdo y lo inimaginable.

"La Andreida, en sus primeros momentos, no ofrece la horrorosa impresión que da el espectáculo del proceso vital de nuestro Organismo. Todo en ella es rico, ingenioso y alarmante. Mirad.

Apoyó el escalpelo en un aparato central colocado a la altura de las vértebras cervicales de la Andreida.

En este punto reside el centro de la vida de los humanos. Es el sitio de donde arranca la médula espinal. Un pinchazo aquí basta para mataros al instante, pues los nervios que rigen nuestra respiración se reúnen precisamente en este lugar, y la más leve lesión produce la asfixia. Para que veáis que he respetado el ejemplo de la Naturaleza, os muestro que los dos inductores aislados en este punto corresponden con el funcionamiento de los pulmones de oro de la Andreida.

"Examinemos los grandes rasgos de este organismo; luego os iré dando detalles.

"El misterio emanado de estos discos metálicos hace que el calor, el movimiento y la fuerza queden repartidos en el cuerpo de Hadaly por las redes de hilos brillantes; imitaciones exactas de nuestros nervios, nuestras arterias y nuestras venas. Por medio de esos pequeños discos de vidrio que se interponen entre la corriente y los haces de hilos, el movimiento empieza o termina en uno de los miembros o en toda la persona. Aquí está un motor electromagnético de los más poderosos reducido en sus proporciones y gravedad, donde todos los inductores se juntan.

"El legado de Prometeo, la chispa, corre alrededor de esta varilla mágica y produce la respiración al inducir una corriente en este imán colocado entre los senos, que atrae la lámina de níquel unida a las esponjas metálicas. Esa hoja vuelve a su posición primitiva por la regular interposición de este aislador. He previsto los profundos suspiros que la tristeza arranca al corazón. Dado el carácter dulce y taci-

turno de Hadaly, no ha de serle ajeno tal encanto. Las mujeres saben que es fácil la imitación de estos suspiros melancólicos. Todas las comediantas los venden por docenas y resultan de lo más perfectos.

"He aquí los dos fonógrafos de oro, inclinados en ángulo cuyo vértice es el centro del tórax: éstos son los pulmones de Hadaly. Se transmiten uno a otro las hojas metálicas de sus armoniosas charlas como los cilindros de la imprenta se van cediendo los rollos de papel. Una tira de estaño contiene horas enteras de conversación, en la cual van incluidas las ideas de los más grandes poetas, de los más sutiles metafísicos y los novelistas más profundos de este siglo, a los cuales me he dirigido y, a peso de oro, les he sacado todas sus maravillas inéditas.

"Por eso digo que Hadaly sustituye una inteligencia por la inteligencia antonomástica.

"Mirad las dos imperceptibles agujas de acero templado al pasar por las estrías de los cilindros que dan vueltas gracias al movimiento incesante creado por la chispa misteriosa. Están esperando la voz de miss Alicia. Sin que ella lo sepa, la aprehenderán cuando recite, como insigne comedianta, escenas incomprensibles de papeles misteriosos y desconocidos, en la función donde Hadaly encarne para siempre.

"Debajo de los pulmones está el cilindro donde quedarán inscritos los gestos, la gentileza, las expresiones del rostro y las actitudes del ser adorado. Es un cilindro semejante a esos de las cajas de música y de los organillos, que están erizados de púas metálicas, y, así como por un cálculo musical se reproducen las notas de un baile o de un fragmento de ópera por la disposición de los dientes vibrátiles respecto del peine armónico, así el cilindro en cuestión, bajo otro peine que comunica con todos los nervios de la Andreida, impone los gestos,. el donaire, las expresiones del rostro y las actitudes de la mujer que encarnamos en la Andreida. El inductor de este cilindro, es, como si dijéramos, el gran simpático del sorprendente fantasma.

"Contiene el antedicho cilindro la producción de setenta movimientos generales. Es, aproximadamente, el número del que puede disponer una mujer bien educada. Nuestros movimientos, excepto en los nerviosos o convulsivos, son casi siempre los mismos; las diversas situaciones de la vida los matizan y hacen que parezcan diferentes. He calculado, después de descomponer los derivados, que veintisiete o veintiocho movimientos constituyen una rara personalidad. Por otra parte, recordemos que una mujer que gesticula mucho es un ser insoportable. He procurado sorprender tan sólo los movimientos armónicos, desechando cuantos fueran chocantes e inútiles.

"El mismo movimiento que el fluido engendra une los pulmones de oro de Hadaly con su gran simpático. Una veintena de horas de sugestivos diálogos están grabados en esas hojas de una manera indeleble por medio de la galvanoplastia, y por otra parte sus correspondencias expresivas están inscritas en las púas del cilindro, incrustadas con un micrómetro. El movimiento de los fonógrafos, combinado con el del cilindro, debe lograr una simultaneidad homogénea de la palabra con el gesto, los movimientos labiales, la mirada y el claroscuro de la expresión sutil.

"De esa manera, el conjunto queda regulado a la perfección, pues, aunque es más difícil mecánicamente que inscribir una melodía y su acompañamiento en el cilindro de un organillo, es cuestión de paciencia de calculo diferencial y de poder aumentativo de las lentes el establecer la apetecida concordancia.

VILLIERS DE L'ISLE ADAM
La Eva futura

Edison descenyí el vel que Hadaly duia a la cintura i digué:

- L'Andreida es compon de quatre parts:

"1r. El sistema-vivent interior, que abraça l'equilibri, la facultat de caminar, la veu, el gest, els sentiments, les expressions futures del rostre, el moviment regulador íntim, o millor dit, l'ÀNIMA.

"2on. El mediador plàstic, o sigui, la coberta metàl·lica aïllada de la carn i de l'epidermis, que és una armadura d'articulacions flexibles on es recolza i fixa tot el sistema interior.

"3r. La carn fictícia superposada i adherida al mediador que imita els trets i les línies del cos-tipus, amb la seva fragància pròpia i personal, amb els relleus de l'ossada, els repujats venosos, la musculatura, la sexualitat i totes les proporcions corporals.

"4rt. L'epidermis, amb tots els detalls de color, porositat, línies, esplendor de somriure, inconscients ganyotes d'expressió, fidel i exacte moviment labial a les pronunciacions; la cabellera i el sistema pelós; el conjunt ocular, amb la individualitat de la mirada i els sistemes dental i unguial.

Edison pronuncià aquestes paraules amb el deix monòton amb què s'exposa un teorema de geometria, del qual el quod erat demostrandum estava virtualment tancat a la proposició. En sentir aquella veu, lord Ewald presumia que l'enginyer no tan sols resoldria teòricament els problemes que suscitaven aquelles afirmacions monstruoses, sinó que tal vegada els tendria ja resolts i es disposaria a provar-los.

El noble anglès, impressionat per l'enteresa terrible de l'electròleg, sentí, en escoltar l'enunciat sorprenent, que tot el gel de la ciència li arribava al cor. No obstant, no interrompé, ja que era un home d'una gran serenitat. La veu d'Edison es va fer molt més greu i malenconiosa.

No us he de donar cap sorpresa, milord. Per a què? La realitat, com veureu, és prou meravellosa com perquè vulgui encerclar-la d'un altre misteri aliè al seu. Sereu testimoni de la infantesa d'un ésser ideal, ja que assistireu a l'explicació de l'organisme íntim d'Hadaly. A quina Julieta podria efectuar-se un examen anàleg sense que Romeu es desmaiés?

"Vertaderament, si els amants poguessin veure d'una manera retrospectiva els principis positius de l'estimada i la seva forma quan començà a moure's, el seu apassionament s'abismaria en una sensació, on el que és lúgubre lluitaria amb el que és absurd i inimaginable.

"L'Andreida, en els seus primers moments, no ofereix l'horrorosa impressió que dóna l'espectacle del procés vital del nostre Organisme. Tot en ella és ric, enginyós i alarmant. Mirau.

Recolzà l'escalpel en un aparell central col·locat a l'altura de les vèrtebres cervicals de l'Andreida.

En aquest punt resideix el centre de la vida dels humans. És el lloc d'on parteix la medul·la espinal. Una punxada aquí basta per a matar-vos tot d'una, ja que els nervis que regeixen la nostra respiració es reuneixen precisament en aquest lloc, i la més lleu lesió produeix l'asfixia. Perquè vegeu que he respectat l'exemple de la Naturalesa, us enseny que els dos inductors aïllats en aquest punt corresponen amb el funcionament dels pulmons d'or de l'Andreida.

"Examinem els grans trets d'aquest organisme; després us en donaré detalls.

"El misteri emanat d'aquests discs metàl·lics fa que la calor, el moviment i la força quedin repartits en el cos d'Hadaly per les xarxes de fils brillants; imitacions exactes dels nostres nervis, les nostres artèries i les nostres venes. Mitjançant aquests petits discs de vidre que s'interposen entre el corrent i els feixos de fils, el moviment comença o acaba en un dels membres o en tota la persona. Aquí hi ha un motor electromagnètic dels més poderosos reduït en les seves proporcions i gravetat, on tots els inductors s'ajunten.

"El llegat de Prometeu, la guspira, corre a l'entorn d'aquesta vareta màgica i produeix la respiració en induir un corrent en aquest imant col·locat entre la pitrera, que atrau la làmina de níquel unida a les esponges metàl·liques. Aquesta fulla torna a la primitiva posició per la regular interposició d'aquest aïllant. He previst els profunds sospirs que la tristor arrenca del cor. Al caràcter dolç i taciturn d'Hadaly, aquest encanteri no ha de ser-li estrany. Les dones saben que és fàcil la imitació d'aquests sospirs malenconiosos. Totes les comediantes els venen per dotzenes i resulten ben perfectes.

"Fins aquí els dos fonògrafs d'or inclinats en angle, el vèrtex del qual és el centre del tòrax: aquests són els pulmons d'Hadaly. Es transmeten l'un a l'altre les fulles metàl·liques de les seves harmonioses converses com els cilindres de la impremta es cedeixen els rotlles de paper. Una tira d'estany conté fulles senceres de conversa, on van incloses les idees dels més grans poetes, dels més subtils metafísics i dels novel·listes més profunds d'aquest segle, als quals m'he adreçat i, a pes d'or, els he tret totes les seves meravelles inèdites.

"Per això dic que Hadaly substitueix una intel·ligència per la intel·ligència antonomàstica.

"Mirau les dues imperceptibles agulles d'acer trempat quan passen per les estries dels cilindres, que giren gràcies al moviment incessant creat per la guspira misteriosa. Esperen la veu de miss Alícia. Sense que ella ho sàpiga, l'aprehendran quan reciti, com a insigne comedianta, escenes incomprensibles de papers misteriosos i desconeguts, a la funció on Hadaly encarni per a sempre.

"Sota els pulmons està el cilindre on quedaran inscrits els gests, la gentilesa, les expressions del rostre i les actituds de l'ésser adorat. És un cilindre semblant als de les caixes de música i dels orguenets, que estan eriçats de pues metàl·liques, i així com per un càlcul musical, es reprodueixen les notes d'un ball o d'un fragment d'òpera, per la disposició de les dents vibràtils respecte de la pinta harmònica, així l'esmentat cilindre, sota altra pinta que comunica amb tots els nervis de l'Andreida, imposa els gestos, la gràcia, les expressions del rostre i les actituds de la dona que encarnam a l'Andreida. L'inductor d'aquest cilindre és, com si diguéssim, el gran simpàtic del sorprenent fantasma.

"L'esmentat cilindre conté la producció de setanta moviments generals. És, aproximadament, el nombre que pot disposar una dona ben educada. Els nostres moviments, llevat dels nerviosos o convulsius, són quasi sempre els mateixos; les diverses situacions de la vida els matisen i fan que semblin diferents. He calculat, després de descompondre els derivats, que vint-i-set o vint-i-vuit moviments constitueixen una rara personalitat. D'altra banda, recordem que una dona que gesticula molt és un ésser insuportable. He procurat copsar únicament els moviments harmònics, rebutjant els xocants i inútils.

"El mateix moviment que el fluid engendra uneix els pulmons d'or d'Hadaly amb el seu gran simpàtic. Una vintena d'hores de suggestius diàlegs estan gravades en aquestes fulles d'una manera indeleble mitjançant la galvanoplàstia, i d'altra banda, les seves correspondències expressives estan inscrites a les pues del cilindre, incrustades amb un micròmetre. El moviment dels fonògrafs, combinat amb el del cilindre, ha d'aconseguir una simultaneïtat homogènia de la paraula amb el gest, els moviments labials, la mirada i el clarobscur de l'expressió subtil.

"D'aquesta manera, el conjunt queda regulat perfectament, doncs, encara que és més difícil mecànicament que inscriure una melodia i l'acompanyament en el cilindre d'un orguenet, és qüestió de paciència, de càlcul diferencial i de poder augmentatiu dels lents, l'establir la desitjada concordança.

VILLIERS DE L'ISLE ADAM
L'Eva futura

Una tarda em trobava assegut al meu laboratori; el sol s'acabava de pondre, i la lluna sortia per la banda del mar; no havia llum suficient, i romania sense fer res, pensant si havia de suspendre la feina fins el dia següent o afanyar-me en acabar-la. I així estant, les meves reflexions prengueren un rumb que em dugué a considerar les conseqüències del que estava fent. Tres anys abans m'havia embrancat de la mateixa manera, creant un dimoni la inigualable barbàrie del qual em desolà el cor, omplint-lo dels més amargs remordiments. Ara estava a punt de crear un altre ésser les inclinacions del qual igualment ignorava; i aquesta dona podia arribar a ser mil vegades més malvada que el seu company, i gaudir en l'homicidi i la desgràcia. Ell havia jurat abandonar la proximitat de l'home i amagar-se en els deserts, però ella no; i ja que, amb tota probabilitat, es convertiria en un animal pensant i racional, podia negar-se a complir un compromís acordat abans de la seva creació. Àdhuc podien arribar a avorrir-se mútuament; l'ésser que ja vivia odiava la seva pròpia deformitat; no arribaria a concebre un odi encara més gran quan la tingués davant dels seus ulls en forma femenina? I ella, a la vegada, podria allunyar-se d'ell amb fàstic, i cercar la bellesa superior de l'home; tal vegada l'abandonés, deixant-lo altra vegada sol, i exasperat per la provocació que suposava que l'abandonés algú de la seva mateixa espècie.

Encara que partissin d'Europa i anassin a viure als deserts del Nou Món, una de les primeres conseqüències d'aquests afectes que tant desitjava el dimoni serien els fills, i per la terra es propagaria una raça de dimonis que podrien reduir la mateixa existència de l'espècie humana a una condició precària i plena d'horror. Tenia dret, en benefici propi, a desfermar aquesta maledicció sobre les generacions venidores? Abans m'havia deixat commoure pels sofismes de l'ésser que havia creat; ara, per primera vegada, se'm revelà amb tota claredat la maldat de la meva promesa; em vaig estremir en pensar que les èpoques futures me maleirien per haver estat el seu assot, l'egoisme del qual no havia vacil·lat en comprar la seva pròpia pau al preu, tal vegada, de l'existència de tota la humanitat.

Em vaig estremir; i el cor se m'aturà quan, en aixecar els ulls, vaig veure el dimoni a la finestra, il·luminat per la lluna. Un somriure arrugà els seus llavis en trobar-me complint el treball que ell mateix m'havia assignat. Sí; m'havia seguit en els meus viatges; havia vagat pels boscos, s'havia ocultat a les coves, o havia cercat aixopluc en els grans paratges deshabitats; i ara venia a comprovar els meus progressos i a reclamar el compliment de la meva promesa.

En mirar-lo vaig descobrir en el seu rostre una expressió de malvolença i de traïció inconcebibles. Vaig pensar, amb una sensació de vertigen, en la meva promesa de crear altre ésser com ell, i tremolant de ràbia, vaig destrossar el cos en què ara estava ocupat. En veure'm destruir la criatura, de la futura existència de la qual depenia la seva felicitat, el desgraciat llan-

çà un udol de diabòlica desesperació i venjança, i desaparegué.

Vaig sortir de l'habitació, vaig tancar la porta i em vaig prometre solemnement no tornar a iniciar mai més aquest treball; després, amb passes vacil·lants, em vaig dirigir a la meva cambra. Estava sol; no tenia ningú que m'ajudàs a dissipar el malestar que sentia i que m'alleugerés la insuportable opressió que em produïen els més terribles pensaments.

Vaig romandre algunes hores vora la finestra contemplant el mar: estava quasi immòbil, ja que els vents havien calmat, i tota la naturalesa descansava sota l'esguard plàcid de la lluna. Uns quants vaixells de pesca clapejaven l'aigua, i de tant en tant l'oratge suau em feia arribar les veus dels pescadors que es cridaven uns als altres. Sentia el silenci, malgrat que quasi no tenia consciència de la seva extraordinària profunditat; fins que la meva oïda captà sobtadament un xipolleig de rems prop de la riba, i una persona botà a terra prop de casa meva.

Pocs minuts després vaig sentir cruixir la porta, com si algú tractàs d'obrir-la amb suavitat. Em vaig estremir de cap a peus; vaig tenir el pressentiment de qui era, i vaig sentir desigs de despertar als camperols que vivien en una cabana no lluny de la meva; però em va vèncer aqueixa sensació d'impotència que tan sovint acompanya els malsons angoixosos, quan hom lluita per fugir d'un perill imminent i sent que està clavat al terra.

Després vaig sentir renou de passes en el corredor; s'obrí la porta i aparegué el desgraciat a qui tant temia. Tancà la porta, s'acostà cap a mi i digué amb veu sufocada:

Has destruït l'obra que havies començat; què pretens? T'atreveixes a rompre la teva promesa? He suportat el sofriment i la misèria; he abandonat Suïssa amb tu; he recorregut les ribes del Rin, les illes dels saücs i els cims de les seves muntanyes. He viscut durant mesos en els paratges despoblats d'Anglaterra i en els deserts d'Escòcia. He suportat fatigues incalculables, el fred i la fam; i t'atreveixes ara a destruir les meves esperances?

Vés-te'n! Romp la meva promesa; mai més crearé altre ésser com tu, amb la teva mateixa deformitat i malvolença!

MARY W. SHELLEY
Frankenstein o el modern Prometeu

Una tarde, me encontraba sentado en mi laboratorio; el sol se había puesto, y la luna salía por el mar; no había luz suficiente, y estaba sin hacer nada, pensando si debía suspender el trabajo hasta el día siguiente o apresurarme a terminarlo. Y estando así, mis reflexiones tomaron un rumbo que me llevó a considerar las consecuencias de lo que estaba haciendo. Tres años antes me había enfrascado de la misma manera, creando un demonio cuya inigualable barbarie me había desolado el corazón, llenándolo de los más amargos remordimientos. Ahora estaba a punto de crear otro ser cuyas inclinaciones ignoraba igualmente; y esta mujer podía llegar a ser mil veces más malvada que su compañero, y gozarse en el homicidio y la desdicha. Él había jurado abandonar la proximidad del hombre y ocultarse en los desiertos, pero ella no; y dado que con toda pro-

babilidad se convertiría en un animal pensante y racional, podía negarse a cumplir un compromiso acordado antes de su creación. Incluso podían llegar a aborrecerse mutuamente; el ser que ya vivía odiaba a su propia deformidad; ¿no llegaría a concebir un odio aún mayor cuando la tuviera ante sus ojos en forma femenina? Y ella, a su vez, podría apartarse de él con repugnancia, y buscar la belleza superior del hombre; tal vez lo abandonase, dejándole nuevamente solo, y exasperado por la provocación que suponía el que le abandonase alguien de su misma especie.

Aun cuando se marcharan de Europa y se fueran a vivir a los desiertos del Nuevo Mundo, una de las primeras consecuencias de esos afectos que tanto ansiaba el

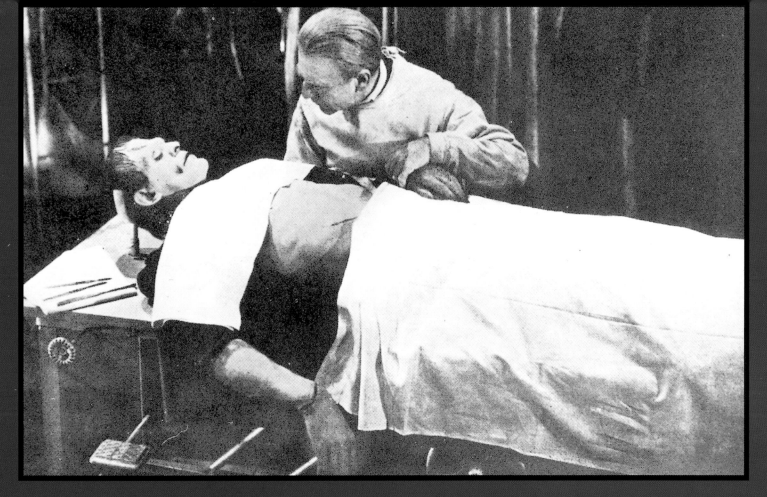

JAMES WHALE, *Frankenstein*, 1931

demonio serían los hijos, y por la tierra se propagaría una raza de demonios que podría reducir la misma existencia de la especie humana a una condición precaria y llena de horror. ¿Tenía yo derecho, por propio beneficio, a desatar esta maldición sobre las generaciones venideras? Antes me había dejado conmover por los sofismas del ser que había creado; ahora, por primera vez, se me reveló con toda claridad la maldad de mi promesa; me estremecí al pensar que las épocas futuras me maldecirían por haber sido su azote, cuyo egoísmo no había vacilado en comprar su propia paz al precio, quizá, de la existencia de toda la humanidad.

Me estremecí; y el corazón se me paralizó cuando, al alzar los ojos, vi al demonio en la ventana, iluminado por la luna. Una sonrisa arrugó sus labios al encontrarme cumpliendo el trabajo que él me había asignado. Sí; me había seguido en mis viajes; había vagado por los bosques, se había ocultado en las cavernas, o había buscado cobijo en los grandes parajes deshabitados; y ahora venía a comprobar mis progresos y a reclamar el cumplimiento de mi promesa.

Al mirarle descubrí en su rostro una expresión de malevolencia y de traición inconcebibles. Pensé, con una sensación de vértigo, en mi promesa de crear otro ser como él, y temblando de ira, destrocé el cuerpo en el que ahora estaba ocupado. Al verme destruir la criatura de cuya futura existencia dependía su dicha, el desdichado profirió un aullido de diabólica desesperación y venganza y desapareció.

Salí de la habitación, cerré la puerta y me prometí solemnemente no volver a reanudar jamás este trabajo; luego, con pasos vacilantes, me dirigí a mi aposento. Estaba solo; no tenía a nadie que me ayudase a disipar el malestar que sentía y me aliviase de la insoportable opresión que me producían los más terribles pensamientos.

Permanecí varias horas junto a la ventana contemplando el mar: estaba casi inmóvil, pues los vientos habían amainado, y toda la naturaleza descansaba bajo la mirada plácida de la luna. Unas cuantas embarcaciones de pesca moteaban el agua, y de cuando en cuando la brisa suave hacía llegar hasta mí las voces de los pescadores que se llamaban unos a otros. Sentía el silencio, aunque apenas tenía conciencia de su extraordinaria profundidad; hasta que mi oído captó súbitamente un chapoteo de remos cerca de la orilla, y una persona saltó a tierra cerca de mi casa.

Pocos minutos después oí crujir la puerta, como si alguien tratase de abrirla con suavidad. Me estremecí de pies a cabeza; tuve el presentimiento de quién era, y sentí deseos de despertar a los campesinos que vivían en una cabaña no lejos de la mía; pero me venció esa sensación de impotencia que tan frecuentemente acompaña a las pesadillas angustiosas, cuando uno pugna por huir de un peligro inminente y siente que está clavado en el suelo.

Luego oí ruido de pasos en el pasillo; se abrió la puerta y apareció el desdichado a quien tanto temía. Cerró la puerta, se acercó a mí y dijo con voz sofocada:

Has destruido la obra que habías empezado; ¿qué es lo que pretendes? ¿Te atreves a romper tu promesa? He soportado el sufrimiento y la miseria; he abandonado Suiza contigo; he recorrido las riberas del Rin, las islas de los sauces y las cimas de sus montes. He vivido durante meses en los parajes despoblados de Inglaterra y en los desiertos de Escocia. He soportado fatigas incalculables, el frío y el hambre; ¿y te atreves ahora a destruir mis esperanzas?

¡Vete! Rompo mi promesa; ¡jamás crearé otro ser como tú, con tu misma deformidad y malevolencia!

MARY W. SHELLEY
Frankenstein o el moderno Prometeo

Aleshores va ser quan **Julien La Mattrie** (1747-48) considerava, en el llibre *L'Homme machine*, que tant l'home com els éssers vius en general havien de ser considerats com a màquines.

Amb el pas del temps, l'hereu natural de l'autòmat va ser el robot, que va aparèixer en la dècada dels vint en l'obra *R.U.R* de **Karel Capek**, en què es descriu la primera factoria de fabricació de robots en sèrie.

A causa de la serialització que els feia perdre la seva individualitat, varen deixar de ser aquells éssers mecànics semimàgics, però personalitzats –el monstre de Frankenstein, l'Olympia de Hoffman, la Hadaly de Villiers de L'Isle Adam– que varen ser les encarnacions maquíniques en què es va dur a terme la materialització dels desitjos humans, i que tant varen abundar en les arts i el pensament del segle XIX. **[2]**

La seva diferència estava en la finalitat amb què els dos varen ser concebuts; en el món modern –igual que la naturalesa havia estat revelada per la indústria– l'objectiu de l'autòmat seguia sent fidel a la vella idea de la imitació de la naturalesa, i per tant encara vinculada a allò màgic; el del robot es regia pel domini de la nova tecnologia, que era estrictament racional, funcional i productiva.

Hoffmann, o la *Hadaly* de Villiers de L'Isle Adam– que fueron las encarnaciones maquínicas donde se llevó a cabo la materialización de los deseos humanos, y que tanto abundaron en las artes y el pensamiento del siglo XIX. [2]

Su diferencia radicaba en la finalidad con que ambos fueron concebidos: en el mundo moderno –al igual que la naturaleza había sido relevada por la industria– el objetivo del *autómata* seguía siendo fiel a la vieja idea de la imitación de la naturaleza, y por tanto todavía vinculada a lo mágico; el del robot se regía por el dominio de la nueva tecnología, que era estrictamente racional, funcional y productiva.

Uno de los ejemplos clave para dilucidar en que medida esta fascinación por los *humanoides* fue evolucionando en el siglo XX, fue sin duda la película de **Fritz Lang** *Metrópolis* (1926). En esta obra se volvió a llevar a cabo una operación que consiste en vincular máquina y sexualidad, que es fundamental para la conciencia cultural moderna –aunque no exclusiva de esta época como demostraron Diderot y Descartes.

Debido a su carácter específico de fuerza fuera de control, el *sexo* se convertía, a través de la figura del robot llamado *María*, en una amenaza destructora para la racionalidad y la tecnología. Como dice Peter Wollen: "(...) la película gira en torno al paso del temor a una tecnología fuera de control al de una sexualidad (femenina) fuera de control. Cuando se suaviza el flujo anarco-histérico de la sexualidad femenina y la bruja robot que lo provocó arde en la hoguera, los propietarios y los

HELENA. No hi ha res sobre això en els llibres de text.

DOMAIN (Aixecant-se). Els llibres de text estan plens de publicitat pagada i de fems. Per exemple, diu allà que un ancià inventà els Robots. Però fou el jove Rossum qui tengué la idea de fer màquines de treball vives i intel·ligents. El que diuen els llibres de text sobre els esforços conjunts dels dos grans Rossum no és més que un conte de fades. Solien discutir abrivadament. L'ancià ateu no tenia la menor idea sobre temes industrials i la fi de tot això fou que el jove Rossum el tancà en un laboratori i allà el deixà perdent el temps amb les seves monstruositats mentre ell començava el treball des de la posició d'un enginyer. El vell Rossum el maleí i abans de morir aconseguí dos horrors fisiològics. Després, un dia el trobaren mort en el laboratori. I aquesta és tota la història.

HELENA. I que succeí amb el jove?

DOMAIN. Bé. Tothom que ha estudiat anatomia ha entès immediatament que l'home és massa complicat i que un bon enginyer podria fer-lo més senzill. D'aquesta manera el jove Rossum començà a recompondre l'anatomia i tractà de veure què podia eliminar o què podia simplificar. En resum ... però, no s'avorreix amb tot això, senyoreta Glory?

HELENA. No. Ben al contrari, em sembla increïblement interessant.

DOMAIN. De manera que el jove Rossum es va dir a si mateix: un home és quelcom que, per exemple, se sent feliç, toca el violí, li agrada passejar i, de fet, vol fer moltes coses que no són realment necessàries.

HELENA. Oh!

DOMAIN. Esperi un moment. No són necessàries quan, diguem, se li demana que teixeixi o que compti. Vostè toca el violí?

HELENA. No.

DOMAIN. Quina llàstima. Però una màquina que treballa no ha de voler tocar el violí, no ha de sentir-se feliç, no ha de voler fer un munt de coses. Un motor de benzina no ha de tenir borles ni adornaments, senyoreta Glory. I fabricar treballadors artificials és el mateix que fabricar motors. El procés ha de ser simple i el producte de la millor qualitat des del punt de vista pràctic. Quin treballador creu vostè que és millor des del punt de vista pràctic?

HELENA. El millor? Tal vegada el més honrat i el que treballi més.

DOMAIN. No, el més barat. Aquell que tengui menys necessitats. El jove Rossum inventà un treballador les necessitats del qual eren mínimes. Rebutjà tot allò que no contribuïa directament al progrés del treball. D'aquesta manera, rebutjà tot allò que fa que l'home resulti més car. De fet, rebutjà l'home i creà el Robot. Estimada senyoreta Glory, els Robots no són persones. Mecànicament són més perfectes que nosaltres, tenen una intel·ligència molt desenvolupada, però no tenen ànima. Ha vist vostè alguna vegada un Robot per dintre?

HELENA. Molt graciós. No.

DOMAIN. Molt ordenat i molt senzill. Un treball realment formós. No té massa coses però tot està en perfecte ordre. El que produeix un enginyer assoleix un major grau de perfecció que allò que produeix la naturalesa.

HELENA. Hom suposa que l'home és un producte de la naturalesa.

DOMAIN. Pitjor encara. La naturalesa no té ni la mínima idea sobre enginyeria moderna. Creu vostè que el jove Rossum volgué realitzar el paper de la naturalesa?

JOSEF I KAREL CAPEK
R.U.R. (Rossum's Universal Robots)

HELENA. No hay nada al respecto en los libros de texto.

DOMAIN (Levantándose). Los libros de texto están llenos de publicidad pagada y de basura. Por ejemplo, dice allí que los Robots los inventó un anciano. Pero fue el joven Rossum quien tuvo la idea de hacer máquinas de trabajo vivas e inteligentes. Lo que los libros de texto dicen sobre los esfuerzos conjuntos de los dos grandes Rossums no es más que un cuento de hadas. Solían mantener tremendas trifulcas. El anciano ateo no tenía ni la menor idea sobre temas industriales y el final de todo ello fue que el joven Rossum lo encerró en un laboratorio y allí lo dejó perdiendo el tiempo con sus monstruosidades mientras él iniciaba el trabajo desde la posición de un ingeniero. El viejo Rossum lo maldijo y antes de morir consiguió dos horrores fisiológicos. Luego, un día lo encontraron muerto en el laboratorio. Y esta es toda la historia.

HELENA. ¿Y qué pasó con el joven?

DOMAIN. Bien. Todo el que ha estudiado anatomía ha entendido inmediatamente que el hombre es demasiado complicado y que un buen ingeniero podría hacerlo más sencillo. De modo que el joven Rossum empezó a recomponer la anatomía y trató de ver de qué podía prescindir o qué podía simplificar. En resumen ... pero, ¿no la aburre todo esto, Srta. Glory?

HELENA. No. Por el contrario, me parece increíblemente interesante.

DOMAIN. De modo que el joven Rossum se dijo: un hombre es algo que, por ejemplo, se siente feliz, toca el violín, le gusta dar paseos y, de hecho, quiere hacer un montón de cosas que no son realmente necesarias.

HELENA. ¡Oh!

DOMAIN. Espere un momento. Que no son necesarias cuando, digamos, se le pide que teja o que cuente. ¿Toca usted el violín?

HELENA. No.

DOMAIN. Es una pena. Pero una máquina que trabaja no debe querer tocar el violín, no debe sentirse feliz, no debe hacer un montón de otras cosas. Un motor de gasolina no debe tener borlas ni adornos, Srta. Glory. Y fabricar trabajadores artificiales es lo mismo que fabricar motores. El proceso debe ser de lo más simple y el producto de la mejor calidad desde el punto de vista práctico. ¿Qué trabajador cree usted que es el mejor desde el punto de vista práctico?

HELENA. ¿El mejor? Tal vez el que sea más honesto y trabaje más.

DOMAIN. No, el más barato. Aquél que tenga menores necesidades. El joven Rossum inventó un trabajador cuyas necesidades eran mínimas. Rechazó todo aquello que no contribuía directamente al progreso del trabajo. De este modo, rechazó todo aquello que hace que el hombre resulte más caro. De hecho, rechazó al hombre e hizo el Robot. Mi querida Srta. Glory, los Robots no son personas. Mecánicamente son más perfectos que nosotros, tienen una inteligencia muy desarrollada, pero carecen de alma. ¿Ha visto usted alguna vez un Robot por dentro?

HELENA. Muy gracioso. No.

DOMAIN. Muy ordenado y muy sencillo. Un trabajo realmente hermoso. No tiene demasiadas cosas pero todo está en perfecto orden. Lo que produce un ingeniero alcanza un mayor grado de perfección que lo que produce la naturaleza.

HELENA. Se supone que el hombre es un producto de la naturaleza.

DOMAIN. Peor aún. La naturaleza no tiene ni la mínima idea sobre ingeniería moderna. ¿Cree usted que el joven Rossum trató de desempeñar el papel de la naturaleza?

JOSEF Y KAREL CAPEK
R.U.R. (Rossum's Universl Robots)

Un dels exemples clau per dilucidar en quina mesura aquesta fascinació pels humanoides va anar evolucionant en el segle XX va ser la pel·lícula de **Fritz Lang** Metrópolis (1926). En aquesta obra, es va tornar a dur a terme una operació que consisteix a vincular màquina i sexualitat, que és fonamental per a la consciència cultural moderna, encara que no exclusiva d'aquesta època, com varen demostrar Diderot i Descartes.

A causa del caràcter de força fora de control, el sexe es convertia, a través de la figura del robot anomenat Maria, en una amenaça destructora per a la racionalitat i la tecnologia. Com diu Peter Wollen: " ... la pel·lícula gira a l'entorn del pas del temor a una tecnologia fora de control al d'una sexualitat (femenina) fora de control. Quan se suavitza el flux anarco-histèric de la sexualitat (femenina) i la brui-

cuidadores de las máquinas pueden reconciliarse y queda asegurado el progreso hacia la tecnología. El espíritu une las manos y la cabeza (cuerpo y mente, trabajo y capital) una vez eliminada la fuerza de la sexualidad femenina. La vampiresa robot, al revés que Hadaly, no ha superado su esterilidad con el don materno de un alma. Está completamente fuera de la esfera de la buena madre, la Honesta María, y totalmente opuesta a ella. Es la encarnación de la sexualidad destructiva, seductora y hechicera" [3]

En aquellos años, la presencia de la sexualidad a través de las formas mecánicas denotaba el carácter de marcada inestabilidad de la representación de los sexos, como muestran las obras de **Man Ray** (L'Homme, La Femme) y de **Picabia**, que luego "la casi total victoria de la masculina metalización de la forma humana" sustituyó a las otras formaciones más ambiguas y que pocos años más tarde el fascismo se encargó de erradicar. [4]

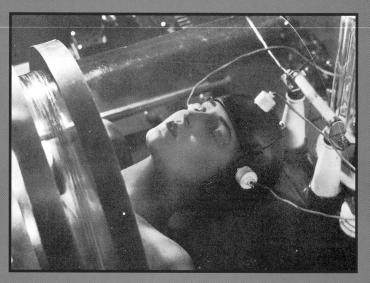

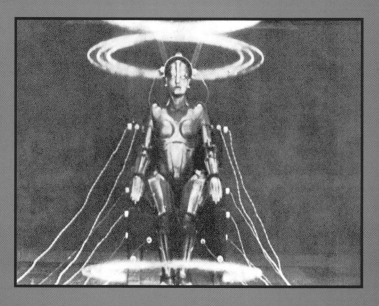

FRITZ LANG, Metrópolis, 1929

xa robot que ho va provocar crema a la foguera, els propietaris i curadors de les màquines poden reconciliar-se i queda assegurat el progrés cap a la tecnologia. L'esperit uneix les mans i el cap (cos i ment, treball i capital) un cop eliminada la força de la sexualitat femenina. La vampiressa robot, a l'inrevés que Hadaly, no ha superat la seva esterilitat amb el do matern d'una ànima. Està completament fora de l'esfera de la bona mare, la Honesta Maria, i totalment oposada a ella. És l'encarnació de la sexualitat destructiva, seductora i fetillera." [3]

En aquells anys, la presència de la sexualitat a través de les formes mecàniques denotava el caràcter de marcada inestabilitat de la representació dels sexes, com mostren les obres de **Man Ray** (*L'Home, La Femme*) i de **Picabia**, que després "la quasi total victòria de la masculina metal·lització de la forma humana" va substituir les altres formacions més ambigües i que, pocs anys més tard, el feixisme es va encarregar d'eradicar. [4]

Això va ser una conseqüència que, tant en la ciència com en la literatura, la representació que es va fer de la sexualitat, de les relacions entre els sexes, de la relació de l'home amb una "instància superior", etc., va ser la d'un simple mecanisme.

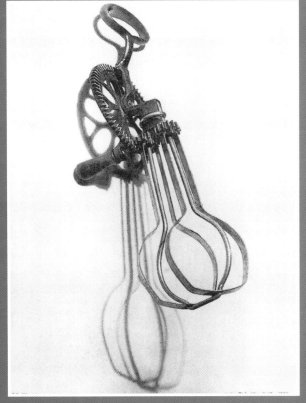

MAN RAY, *L'Homme,* 1929   **MAN RAY,** *La Femme,* 1929

En gran mesura, aquesta concepció mecànica es deu a **Sigmund Freud**, qui, a principis de segle, va revolucionar el concepte que fins aleshores es tenia de la ment, en definir el funcionament de la psique humana com el d'una màquina o un aparell, però seguint un model que abans que merament mecànic fos més bé una figuració neurofisiològica.

Freud va dotar la recent nascuda psicoanàlisi d'un mètode científic i mecànic que l'albergava, posant-lo a recer de les crítiques, sota el paraigua de la ciència. Va ser en el famós assaig titulat *La interpretació dels somnis* (1900) en què es va presentar per primera vegada l'existència d'un aparell psíquic com la figuració de l'estructura elemental en què es desenvolupen els processos inconscients, definint aquesta construcció fonamental com un lloc psíquic que designa el camp analític mateix.

Influïts per les innovadores teories psicoanalítiques, els membres del Surrealisme havien tret la seva font d'inspiració primordial de l'univers d'allò inconscient, que és allò que roman amagat a la racionalitat de l'home i s'ha de descobrir per mitjà de les construccions de l'inconscient mateix, especialment dels somnis. "Amb tota justificació –deia el primer manifest del Surrealisme– Freud ha projectat la seva labor crítica sobre els somnis, ja que, efectivament, és inadmissible que aquesta important part de l'activitat psíquica hagi merescut, de moment, tan escassa atenció." **[5]**

Esto vino a ser una consecuencia de que, tanto en la ciencia como en la literatura, la representación que se hizo de la sexualidad, de las relaciones entre los sexos, de la relación del hombre con una "instancia superior", etc., fue la de un simple *mecanismo*.

En gran medida, esta concepción mecánica se debe a **Sigmund Freud,** quien a principios de siglo revolucionó el concepto que hasta entonces se tenía de la mente, al definir el funcionamiento de la *psique* humana como el de una *máquina* o un *aparato*, pero siguiendo un modelo que antes que meramente mecánico fuera más bien una figuración neurofisiológica.

Freud dotó al recién nacido *psicoanálisis* de un método científico y mecánico que lo albergaba, poniéndolo a cobijo de las críticas bajo el paraguas de la ciencia. Fue en su famoso ensayo titulado *Las interpretación de los sueños* (1900) donde presentó por primera vez la existencia de un aparato psíquico como la figuración de la estructura elemental donde se desarrollan los procesos inconscientes, definiendo esta construcción fundamental como un lugar psíquico que designa el propio campo analítico.

Influidos por las innovadoras teorías psicoanalíticas, los miembros del *Surrealismo* habían sacado su fuente de inspiración primordial del universo de lo *inconsciente*, que es aquello que permanece escondido a la racionalidad del hombre y hay que descubrir por medio de las construcciones del propio inconsciente, especialmente de los sueños. "Con toda justificación –decía el primer manifiesto del surrealismo–, Freud ha proyectado su labor crítica sobre los sueños, ya que, efectivamente, es inadmisible que esta importante parte de la actividad psíquica haya merecido, por el momento, tan escasa atención." [5]

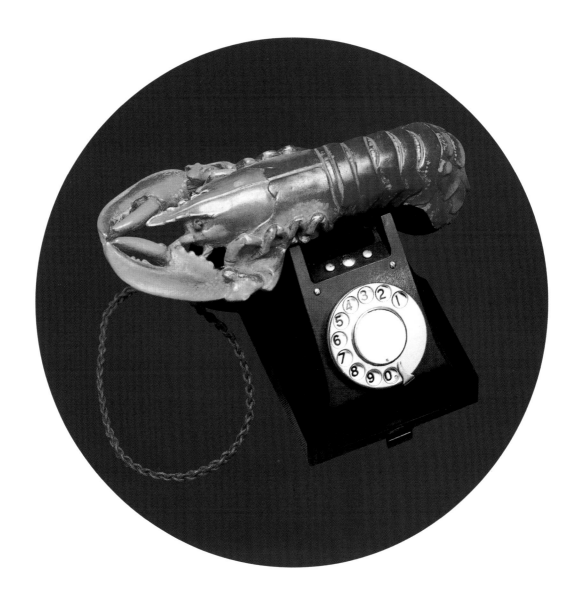

Por su parte, el artista surrealista debía transformarse en un mero vehículo transmisor del inconsciente por medio del método del "Automatismo", con el que debía dejar fluir las imágenes que estaban alojadas en las profundidades del inconsciente. Y así el cuerpo humano,   siguiendo la estela de los antiguos autómatas, se había reconfigurado en una máquina. Breton y compañía se adueñaron de la vinculación de las maquinas con la sexualidad, y este enlace se convirtió en uno de los fundamentos de su práctica artística. Así lo ponen de manifiesto obras que promovieron una particular relación con la máquina que, por su interpenetración con el cuerpo estaba basado fundamentalmente en la explotación de su carácter intrínsecamente erótico, fetichista y castrado.

Esto fue especialmente notorio en el surrealismo de los años treinta: **Bellmer,** *Machine-Gunner in a State of Grace* (1937); **Alberto Giacometti**, *Main prise* (1932); **Óscar Domínguez**, *La máquina de coser electro-sexual* (1935); **Dalí**, *El teléfono bogavante* (1936). Aunque algunas de estas características ya se habían dado en obras dadaístas, entre ellas, numerosas composiciones mecánicas de la época dadaísta de **Max Ernst**, –*Petite machine construite par lui-même* (1919); *Fiat modes, Pereat Ars* (1919)– o de **Man Ray** –*Dancer/Danger (L'impossibilité)* (1920) y *Objeto indestructible* (1923).

Per la seva part, l'artista surrealista havia de transformar-se en un mer vehicle transmissor de l'inconscient per mitjà del mètode de l'"automatisme", amb el qual es deixaven fluir les imatges que estaven allotjades en les profunditats de l'inconscient. I així el cos humà, seguint el solc dels antics autòmats, s'havia reconfigurat en una màquina. Breton i companyia es varen apoderar de la vinculació de les màquines amb la sexualitat, i aquest enllaç es va convertir en un dels fonaments de la seva pràctica artística. Així ho posen de manifest obres que varen promoure una particular relació amb la màquina que, per la seva interpenetració amb el cos, estava basat fonamentalment en l'explotació del seu caràcter intrínsecament eròtic, fetitxista i castrat.

Això va ser especialment notori en el Surrealisme dels anys trenta; Bellmer, *Machine-Gunner in a State of Grace* (1937); **Alberto Giacometti**, *Main prise* (1932); **Óscar Domínguez**, *La máquina de coser electro-sexual* (1935); **Dalí**, *El telèfon llamàntol* (1936). Encara que algunes d'aquestes característiques ja s'havien donat en obres dadaistes, entre les quals nombroses composicions mecàniques de l'època dadaista de **Marx Ernst** –*Petite machine construite par lui-même* (1919); *Fiat modes, Pereat Ars* (1919)– o de **Man Ray** –*Dancer/Danger (L'impossibilité)* (1920), i *Objecte indestructible* (1923).

Bona mostra en varen ser les pepes que **Hans Bellmer** va construir i fotografiar en postures sexualment provocatives entorn dels anys trenta i que varen aparèixer publicades a la

Buena muestra fueron las *muñecas* que Hans Bellmer construyó y fotografió en posturas sexualmente provocativas alrededor de los años treinta y que aparecieron publicadas en la revista *Minotaure 6*. Estas "Poupées" son especialmente significativas de esa operación de objetivización que tanto atraía a los surrealistas por medio de la cual el cuerpo humano es convertido en fetiche. "En muchos aspectos, estas muñecas incluyen un tratado de un surrealismo bosquejado"; así, por ejemplo, sorprendentes combinaciones de figuras animadas e inanimadas, conjunciones ambivalentes de formas castradoras y fetichistas, reiteraciones compulsivas de escenas eróticas y traumáticas, complicados embrollos de sadismo y masoquismo, de deseo, dispersión y muerte" [6].

La forma operada en la obra de Bellmer *Construction as dismemberment* [7] era una

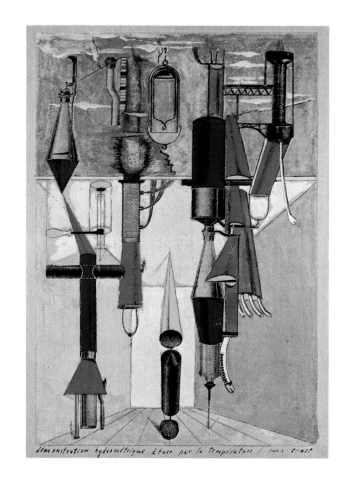

revista *Minotaure 6*. Aquestes "Poupées" són especialment significatives d'aquesta operació d'objectivització que tant atreia els surrealistes per mitjà de la qual el cos humà és convertit en fetitxe. "En molts d'aspectes, aquestes pepes inclouen un tractat d'un esbossat surrealisme; així, per exemple, sorprenents combinacions de figures animades i inanimades, conjuncions ambivalents de formes castradores i fetitxistes, reiteracions compulsives d'escenes eròtiques i traumàtiques, complicats embulls de sadisme i masoquisme, de desig, dispersió i mort" [6].

La forma operada en l'obra de Bellmer *Construction as dismemberment* [7] era una premonició de la Segona Guerra Mundial, però també havia estat una realitat palpable –i no només artísticament provocada– en la mutilació del cos humà produïda pels efectes de la nova guerra motoritzada per la intervenció de màquines.

S'havia ocasionat un espectacle dantesc, desconegut fins aleshores, dels cossos dels soldats mutilats pels efectes d'aquesta nova forma de guerra moderna que va ser la Primera Guerra Mundial.

Un dels testimonis que n'han quedat és la sèrie de dibuixos de guerra d'**Otto Dix**, en què ha quedat descrita l'experiència de la fractura ocasionada per la irrupció d'un nou ordre –i també d'un nou home–, que varen viure la major part dels artistes del període transcorregut

premonición de la II Guerra Mundial que en los años treinta se avecinaba, pero también había sido una realidad palpable –y no solo artísticamente provocada– en la mutilación del cuerpo humano producida por los efectos de la nueva guerra motorizada por la intervención de máquinas.

Se había ocasionado un dantesco espectáculo, desconocido hasta entonces, de los cuerpos de los soldados mutilados por los efectos de esa nueva forma de guerra moderna que fue la I de las Mundiales.

Uno de los testimonios que han quedado de ello es la serie de dibujos de guerra de **Otto Dix**, en los que ha quedado descrita la experiencia de la fractura ocasionada por la irrupción de un nuevo orden –y también de un nuevo hombre–, que vivieron la mayor parte de los artistas del periodo discurrido entre las dos guerras mundiales. Hombres mecanizados y de miembros mutilados que se ven en el arte de aquel momento, por ejemplo en el cuadro *Tres inválidos* (1930) del artista integrante del "Grupo de artistas progresistas de Colonia" Heinrich Hoerle, quien se consideraba a sí mismo un *ingeniero* porque utilizaba un lenguaje esquematizado de signos pictóricos en las figuras humanas que retrataba en su pintura. ¡Nada más apropiado que la esquematización para retratar a un nuevo hombre mecanomorfo que, como las máquinas puede ser desmembrado!

Esta posibilidad abierta a la *fragmentación* de los cuerpos por el efecto de las máquinas –que **Ernst Junger** encuentra en ese lago de orejas en *Las Abejas de Cristal*– forzó unas consecuencias inevitables en la evolución de la concepción del hombre que obligaron al abandono de su entidad esen-

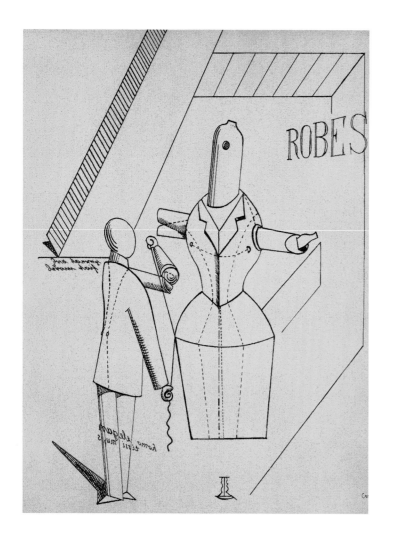 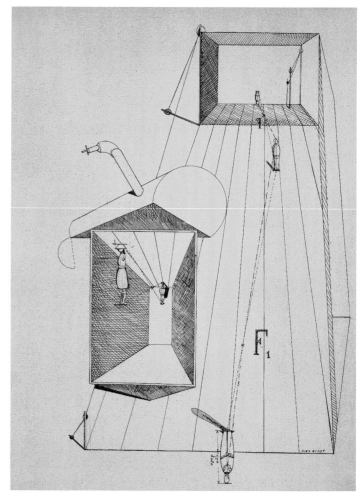

MAX ERNST
Fiat modes-pereat ars, 1919
2 litografies sobre paper absorbent groc
45,5 x 33 cm c.u.
Kunsthaus Zürich, Graphische Sammlung

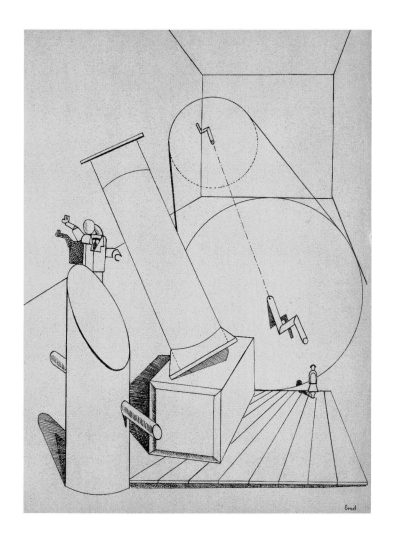

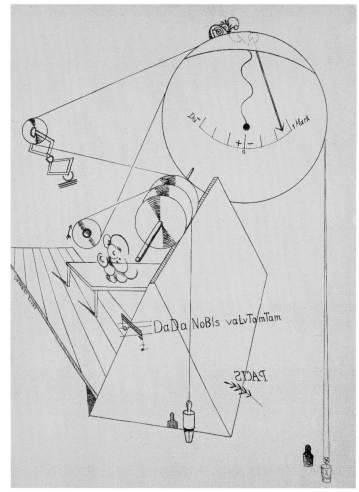

MAX ERNST
Fiat modes-pereat ars, 1919
2 litografies sobre paper absorbent groc
45,5 x 33 cm c.u.
Kunsthaus Zürich, Graphische Sammlung

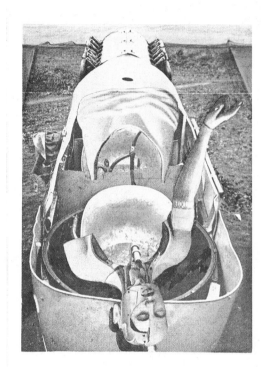

die   a n a tom ie / max ernst

MAX ERNST
Die Anatomie, 1921
Foto-postal (al revers carta de Max Ernst a Hans Arp)
14 x 9 cm
Siftung Hans Arp und Sophie Taeuber-Arp e.V., Rolandseck

hier ist noch alles in der schwebe / es ist noch keine 2 uhr / niemand dachte noch an die 2 ferdinis mit ihren fliegenden keulen und hüten (immer noch auf der

max ernst / 20

höhe!) hier wird die armada zum 1. mal definitiv geschlagen / der regenbogenfresser hatte abgesagt / der darmdampfer und der skelettfisch entschlossen sich z. aufbruch / FATAGABA (FAbrication de TAbleaux GAsomeTriques GAaantis) Jnh.: ARP (Zürich), MAX ERNST (Köln)

MAX ERNST
Hier ist noch alles in der Schwebe, 1920
Collage, fotografia i guaix
32 x 38,8 cm
Siftung Hans Arp und Sophie Taeuber-Arp e.V., Rolandseck

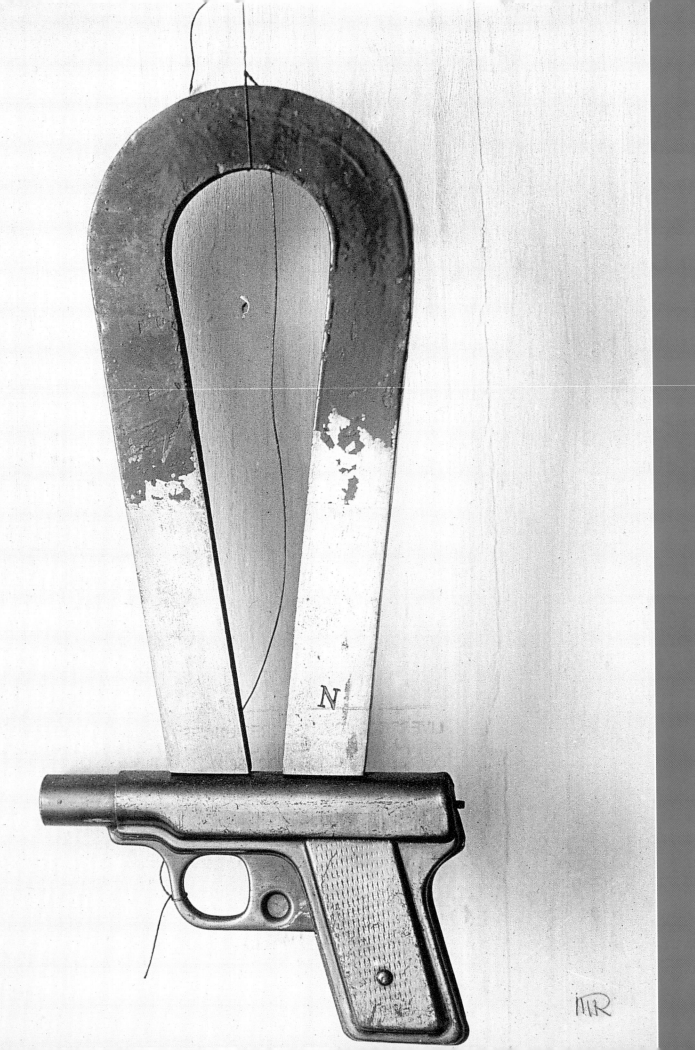

◄ **MAN RAY**
Compass, 1920
Impressió de gelatina d'argent
30,5 x 24 cm
Zabriskie Gallery
Nova York

MAN RAY
Typewriter, 1925
Impressió de gelatina d'argent
30,2 x 25,2 cm
George Eatsman House
Rochester

Óscar Domínguez
Máquina de coser electro-sexual, 1934
Oli sobre llenç
99 x 80 cm
Col·lecció particular, Madrid

HANS BELLMER
La Mitrailleuse en état de grâce, 1937
Fotografía, vintage
66 x 66 cm
Ubu Gallery, Nova York, Galerie Berinson, Berlín

entre les dues guerres mundials. Homes mecanitzats i de membres mutilats que es veuen en l'art d'aquell moment, per exemple en el quadre *Tres invàlids* (1930) de l'artista integrant del "Grup d'artistes progressistes de Colònia", **Heinrich Hoerle**, que es considerava ell mateix un enginyer perquè utilitzava un llenguatge esquematitzat de signes pictòrics en les figures humanes que retratava en la seva pintura. ¡Res més apropiat que l'esquematització per retratar un nou home mecanomorf que, com les màquines, pot ser desmembrat!

Aquesta possibilitat oberta a la fragmentació dels cossos per l'efecte de les màquines –que **Ernst Junger** troba en aquest llac d'orelles a *Les Abelles de Vidre*–, va forçar unes conseqüències inevitables en l'evolució de la concepció de l'home que varen obligar-lo a l'abandonament de la seva entitat essencial quant a l'organisme, per convertir-se en un ésser que podia arribar a ser tan mecanitzat com qualsevol màquina.

Anys més tard, el perfeccionament de la simulació humana per la màquina va venir de la mà del director **Ridley Scott** a la pel·lícula *Blade Runner* (1984), que, en ple auge de la cultura postmoderna, es va convertir sens dubte en la pel·lícula de culte per excel·lència del somni –o del malson– maquinista. Aquells "replicants" eren uns perfeccionadíssims robots Nexus 6, quasi humans, que, en accedir a la consciència, es rebel·laven contra la seva condició de màquines. Basada en la novel·la de **Philip K. Dick** que té per títol l'explícit *¿Somnien els androides ovelles mecàniques?*, establia un món futur dominat per la simulació.

cial en cuanto organismo, para convertirse en un ser que podía llegar a ser tan mecanizado como cualquier máquina.

Años más tarde el perfeccionamiento de la simulación humana por la máquina vino de la mano del director **Ridley Scott** en su película *Blade Runner* (1984), que en pleno auge de la cultura posmoderna se convirtió sin duda en la película de culto por excelencia del sueño –o la pesadilla– maquinista. Aquellos "replicantes" eran unos perfeccionadísimos robots *Nexus 6*, casi humanos, que al acceder a la consciencia se rebelaban contra su condición de máquinas. Basada en la novela de **Philip K. Dick** que tiene por título el explícito *¿Sueñan los androides con ovejas mecánicas?*, establecía un mundo futuro dominado por la simulación.

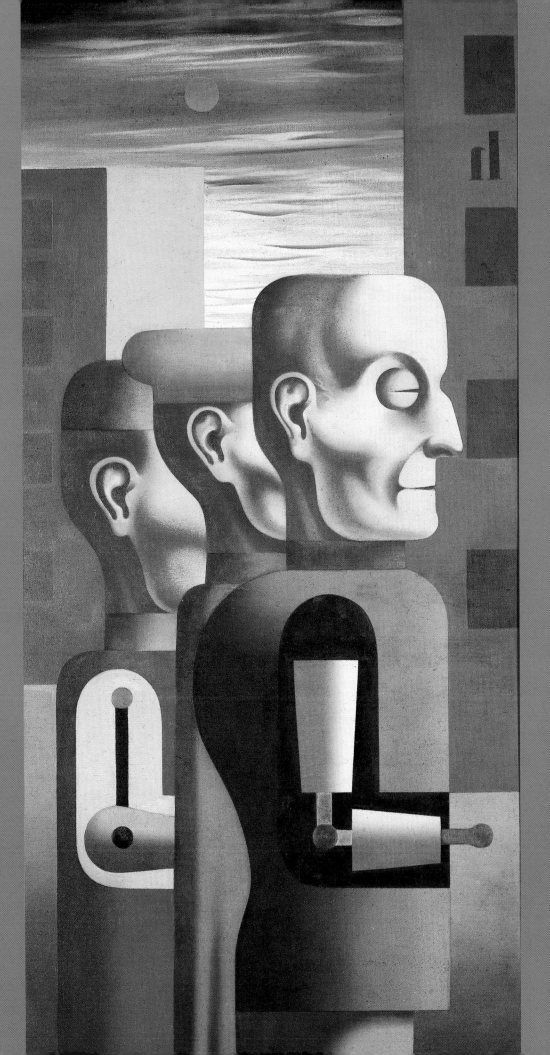

En realitat, l'entusiasme que m'havia envaït en contemplar el jardí de Zapparoni hauria d'haver-me fet desconfiar, ja que no m'anunciava res de bo. Havia estat imprudent malgrat que ja tenia experiència. Però, qui no la té?

La brutal exhibició d'òrgans tallats m'havia consternat. No obstant, era el motiu que corresponia al context. Tal vegada no pertanyia a la perfecció tècnica i a la seva embriaguesa, a la qual encimbellava? En algun capítol de la història universal havia tants cossos desfets, tants membres separats, com en el nostre? Els homes lliuren guerres des dels orígens de la història, però en tota la Ilíada no record ni un sol exemple on s'informi de la pèrdua d'un braç o d'una cama. Els mites reserven les amputacions per als éssers no humans, per a monstres de la categoria d'un Tàntal o d'un Procust.

No cal més que situar-se en qualsevol plaça davant una estació de ferrocarril per veure que entre nosaltres regeixen altres regles. Des de Larrey hem progressat, i no sols en el terreny de la cirurgia. Entre les nostres il·lusions òptiques comptam la d'atribuir aquestes lesions als accidents. En realitat, els accidents són conseqüència de lesions que ja es produïren a l'origen del nostre món, i l'increment de les amputacions és un indici més del triomf de la manera de pensar dissectora. La pèrdua es produí molt abans que es fes visible. El tir fou disparat fa molt de temps; en el lloc on es manifesti després com a progrés científic, encara que sigui a la lluna, quedarà un forat.

La perfecció humana i la perfecció tècnica són incompatibles. Si en volem una hem de sacrificar l'altra; en aquesta decisió comença la bifurcació. Qui arribi a descobrir-ho treballarà més netament, d'una manera o altra.

La perfecció tendeix vers el mesurable, i el que és perfecte vers l'incommensurable. Per això els mecanismes perfectes porten al seu entorn l'aura d'una lluentor torbadora, però també fascinant. Susciten el temor, però també un orgull titànic que no trenca la comprensió, sinó solament la catàstrofe.

El temor, i també l'entusiasme que ens comunica la contemplació de mecanismes perfectes, és la contrapartida exacta de la sensació plaent que produeix la contemplació de l'obra d'art perfecta. Sentim l'atac a la nostra integritat, al nostre equilibri. Però no és el pitjor el fet que els nostres braços i les nostres cames estiguin en perill.

ERNST JÜNGER
Abelles de vidre

En realidad, el entusiasmo que me había invadido al contemplar el jardín de Zapparoni hubiese debido hacerme recelar, pues no me anunciaba nada bueno. Había sido imprudente a pesar de que tenía ya experiencia. Pero, ¿quien no la tiene?

La brutal exhibición de órganos cortados me había consternado. Sin embargo, era el motivo que correspondía al contexto. ¿Acaso no pertenecía a la perfección técnica y a su embriaguez, a la que daba cima? ¿Había en algún capítulo de la historia universal tantos cuerpos despedazados, tantos miembros separados, como en el nuestro? Los hombres libran guerras desde los orígenes de la historia, pero en toda la Ilíada no recuerdo ni un solo ejemplo en el cual se informe de la pérdida de un brazo o de una pierna. Los mitos reservan las amputaciones para los seres no humanos, para monstruos de la categoría de un Tántalo o de un Procusto.

No hay más que situarse en cualquier plaza frente a una estación de ferrocarril para ver que entre nosotros rigen otras reglas. Desde Larrey hemos efectuado progresos, y no sólo en el terreno de la cirugía. Entre nuestras ilusiones ópticas se cuenta la de atribuir esas lesiones a accidentes. En realidad, los accidentes son consecuencia de lesiones que ya se produjeron en el origen de nuestro mundo, y el incremento de las amputaciones es un indicio más de que triunfa el modo de pensar disectivo. La pérdida se produjo mucho antes de que se hiciese visible. El tiro fue disparado hace mucho tiempo; en el lugar donde se manifieste luego como progreso científico, aunque sea en la luna, quedará un agujero.

La perfección humana y la perfección técnica son incompatibles. Si queremos la una debemos sacrificar la otra; en esta decisión comienza la bifurcación. Quien llegue a descubrirlo trabajará más limpiamente, de una manera u otra.

La perfección tiende hacia lo mesurable, y lo perfecto hacia lo inconmensurable. Por eso los mecanismos perfectos llevan a su alrededor el aura de un brillo turbador, pero también fascinante. Suscitan el temor, pero también un orgullo titánico que no quiebra la comprensión, sino solamente la catástrofe.

El temor, y también el entusiasmo que nos comunica la contemplación de mecanismos perfectos, es la contrapartida exacta de la sensación placentera que produce la contemplación de la obra de arte perfecta. Sentimos el ataque a nuestra integridad, a nuestro equilibrio. Pero que nuestros brazos y piernas se hallen en peligro no es lo peor.

ERNST JÜNGER
Abejas de cristal

52

De camí a la feina, Rick Deckard, com Déu sap quantes altres persones solien fer, s'aturà un moment davant d'una de les tendes més grans d'animals de San Francisco. En el centre de l'aparador, al llarg de tota la illeta, hi havia un estruç dins d'una caixa de plàstic transparent i encalentida. Segons la placa-informe de la caixa, acabava d'arribar del zoològic de Cleveland. Era l'únic estruç de la Costa Oest. Després de contemplar-lo, Rick va romandre uns minuts mirant el preu amb expressió ombrívola. Després s'adreçà cap a la Cort de Justícia del carrer Lombard, on arribà amb un quart d'hora de retard. Mentre obria la porta del seu despatx, el seu cap, l'Inspector de Policia Harry Bryant, va cridar-lo. Tenia la cara vermella, orelles sortides i anava vestit descuradament; els seus ulls revelaven perspicàcia i consciència de quasi tot el que tenia importància.

- L'esper a les nou i mitja al despatx de Dave Holden - l'inspector ullava ràpidament els papers de còpia mecanografiats, que portava subjectes a una tauleta-. Holden és a l'Hospital Mount Zion amb una ferida de làser a la columna. En té, com a mínim, per un mes, fins que aconsegueixin una d'aquestes noves seccions plàstiques de columna.

- Què va passar? - demanà Rick, astorat. El dia abans el cap de caçadors de bonificacions del departament estava perfectament. En acabar la jornada havia partit en el seu cotxe aeri, com tenia acostumat, cap al seu pis situat a Nob Hill, la populosa zona de més prestigi de la ciutat.

Bryant murmurà alguna cosa per damunt l'espatlla referent a les nou i mitja en el despatx de Dave, i abandonà Rick. I, quan aquest entrà en el seu, sentí la veu de la seva secretària, Ann Marsten, a la seva esquena.

- Sap què li va passar al senyor Holden, senyor Deckard? Li dispararen - seguí al seu cap a l'interior del despatx, tancat i reblert, i engegà la unitat de filtrat de l'aire.

- Sí - respongué ell, absent.

- Haurà estat un d'aquests nous andrets superintel·ligents que fabrica la Rosen Association - digué la senyoreta Marsten -. Ha llegit el fulletó de la companyia i el manual d'instruccions? El cervell Nexus-6 que utilitzen té dos trilions d'elements i pot seleccionar deu milions de camins neurals diferents - abaixà la veu -. No li han dit res de la cridada d'aquest matí? La senyoreta Wild m'ho va contar: exactament a les nou.

- Cridà qualcú aquí? - preguntà Rick.

- No - respongué la senyoreta Marsten -. El senyor Bryant cridà a la WPO, a Rússia, i els demanà si estaven disposats a enviar una protesta formal per escrit al representant, a l'est, de la Rosen Association.

- Harry encara vol que retirin del mercat la unitat cerebral Nexus-6? - no li estranyava; des de la presentació dels seus trets i estudis de rendiment l'agost de 1991, la major part de les agències policíaques, que s'ocupaven d'androides fugits, estava protestant-. La policia soviètica no pot fer més que nosaltres -digué; legalment, els fabricants del Nexus-6 estaven emparats per les disposicions colonials, ja que la seva casa matriu estava a Mart-. Seria millor acceptar la nova unitat com a un fet consumat. Sempre ha passat el mateix amb cada unitat cerebral millorada. Record els udols de sofriment quan la gent de Suderman presentà el vell T-14 l'any 89. Totes les policies de l'hemisferi occidental gemegaren, i varen dir que cap test podia detectar la seva presència en cas d'entrada il·legal. I veritablement, durant un temps va ésser així.

Més de cinquanta androides T-14, segons recordava, havien aconseguit arribar a la Terra d'una o altra manera, sense ser detectats durant un any sencer, en alguns casos. Però després, l'Institut Pavlov de la Unió Soviètica, creà un test d'empatia de Voigt; i cap androide T-14, pel que ell sabia, havia aconseguit burlar-lo.

- Vol saber què ha dit la policia russa? - preguntà la senyoreta Marsten-. També ho sé - la seva cara pigada i ataronjada resplendia.

- Ho demanaré a Harry Bryant - respongué Rick, irritat. Les xafarderies li desagradaven perquè sempre eren més precises que la veritat. Es va asseure davant la seva taula i, deliberadament, es posà a cercar alguna cosa en un caixó. La senyoreta Marsten comprengué la insinuació i es retirà.

Rick va extreure un vell i arrugat sobre de paper de Manila. Es repenjà a la seva butaca d'estil important, i furgà en el seu contingut fins que trobà allò que cercava: les dades existents sobre el Nexus-6.

Un moment de lectura justificà l'afirmació de la senyoreta Marsten: el Nexus-6 posseïa efectivament els dos trilions d'elements, així com la possibilitat d'optar entre deu milions de combinacions d'activitat cerebral. En 45 centèsimes de segon un androide equipat amb aquesta estructura cerebral podia assumir una qualsevol entre les catorze actituds de reacció. En altres paraules, els androides amb la nova unitat cerebral Nexus-6 - des d'un punt de vista pragmàtic i gens desbaratat - sobrepassaven una considerable porció de la humanitat, encara que fossin els de nivell inferior. Per a bé o per a mal, en alguns casos els criats superaven els amos. Però hi havia nous criteris, per exemple el test d'empatia de Voigt-Kampff. Un androide, per dotat que fos quant a capacitat intel·lectual pura, no podia trobar el menor sentit a la fusió que experimentaven rutinàriament els seguidors del Mercerisme i que, tant ell mateix com pràcticament tothom, fins i tot els caps de pardal subnormals, aconseguien sense dificultat.

S'havia demanat, com quasi tots en una o altra ocasió, perquè precisament els androides s'agitaven impotents quan s'enfrontaven al test de mesura de l'empatia. Era obvi que l'empatia tan sols es trobava a la comunitat humana, en tant que es podia trobar un cert grau d'intel·ligència en totes les espècies, fins i tot en els aràcnids. Probablement la facultat empàtica exigia un instint de grup sense traves. A un organisme solitari, com una aranya, de res li podia servir. Àdhuc podia limitar la seva capacitat de supervivència, en prendre-la conscient del desig de viure de la seva presa. I en aquest cas, tots els animals de presa, fins i tot els mamífers molt desenvolupats, com els moixos, moririen de fam.

En una ocasió havia pensat que l'empatia estava reservada als herbívors o als omnívors capaços de prescindir de la carn. En darrera instància, l'empatia esborrava les fronteres entre el caçador i la víctima, entre el vencedor i el vençut. Com en el cas de la fusió amb Mercer, tots ascendien junts i, una vegada acabat el cicle, junts queien a l'abisme del món-tomba. Curiosament, això semblava una espècie d'assegurança biològica, encara que de doble fulla. Si alguna criatura experimentava alegria, la condició de totes les altres incloïa un fragment d'alegria. I si algun ésser humà patia, cap altre podia eludir enterament el dolor. D'aquesta manera, un animal gregari com l'home podia assolir un factor de supervivència més elevat; un mussol o una cobra tan sols podien destruir-se. Evidentment, el robot humanoide era un caçador solitari.

A Rick, li agradava pensar així: la seva feina es feia més acceptable. Si retirava - o sigui, matava - un andret, no violava la regla vital establerta per Mercer. Tan sols mataràs els Assassins, havia dit Mercer l'any que les caixes d'empatia aparegueren a la Terra. I en el Mercerisme, a mesura que es desenvolupava fins construir una teologia completa, el concepte dels que maten, els Assassins, havia crescut insidiosament. En el Mercerisme, un mal absolut estirava el desfilat mantell de l'ancià que pujava, vacil·lant; però no se sabia qui ni què era aquesta presència maligna. Un mercerià sentia el mal sense entendre'l. D'altra manera, un mercerià era lliure de situar la presència nebulosa dels Assassins on li semblàs més convenient. Per a Rick Deckard un robot humanoide fugitiu, equipat amb una intel·ligència superior a la de molts éssers humans, que hagués matat el seu amo, que no tingués consideració pels animals ni fos capaç de sentir alegria empàtica per l'èxit d'altra forma de vida, ni dolor per la seva desfeta, era la síntesi dels Assassins.

PHILIP K. DICK
Somien els androides amb ovelles elèctriques?

Camino de su trabajo, Rick Deckard, como sabe Dios cuántas otras personas solían hacer, se detuvo un momento ante una de las mayores tiendas de animales de San Francisco. En el Centro del escaparate, a lo largo de toda la manzana, había un avestruz dentro de una caja de plástico transparente y calentada. Según la placa-informe de la caja, acababa de llegar del zoológico de Cleveland. Era el único avestruz de la Costa Oeste. Después de contemplarlo, Rick permaneció unos minutos mirando el precio con expresión sombría. Luego se dirigió hacia la Corte de Justicia de la calle Lombard, adonde llegó con un cuarto de hora de retraso. Mientras abría la puerta de su despacho, su jefe, el Inspector de Policía Harry Bryant, lo llamó. Tenía la cara roja, orejas salientes e iba vestido descuidadamente; sus ojos revelaban perspicacia y conciencia de casi todo lo que tenía importancia.

—Lo espero a las nueve y media en el despacho de Dave Holden —el inspector hojeaba rápidamente los papeles de copia mecanografiados que llevaba sujetos a una tablilla—. Holden está en el Hospital Mount Zion con una herida de láser en la columna. Tiene por lo menos para un mes, hasta que consigan una de esas nuevas secciones plásticas de columna.

—¿Qué ocurrió? —preguntó Rick, pasmado. El día anterior el jefe de cazadores de bonificaciones del departamento estaba perfectamente. Al terminar la jornada había partido en su coche aéreo, como de costumbre, a su piso situado en Nob Hill, la populosa zona de mayor prestigio de la ciudad.

Bryant murmuró algo por encima del hombro acerca de las nueve y media en el despacho de Dave, y abandonó a Rick. Y cuando éste entró en el suyo, escuchó la voz de su secretaria, Ann Marsten, a su espalda.

—¿Sabe qué le ocurrió al señor Holden, señor Deckard? Le dispararon —siguió a su jefe al interior del despacho, encerrado y repleto, y puso en marcha la unidad de filtrado del aire.

—Sí —respondió él, ausente.

—Habrá sido uno de esos nuevos andrillos superinteligentes que está fabricando la Rosen Association —dijo la señorita Marsten—. ¿Ha leído el folleto de la compañía y el manual de instrucciones? El cerebro Nexus-6 que emplean tiene dos trillones de elementos y puede seleccionar diez millones de caminos neurales distintos —bajó la voz—. ¿No le han dicho nada de la llamada de esta mañana? La señorita Wild me contó: exactamente a las nueve.

—¿Alguien llamó aquí? —preguntó Rick.

—No —respondió la señorita Marsten—. El señor Bryant llamó a la WPO, en Rusia, y les preguntó si estaban dispuestos a enviar una protesta formal por escrito al representante en el este de la Rosen Association.

—¿Todavía quiere Harry que retiren del mercado la unidad cerebral Nexus-6? —no le extrañaba; desde la presentación de sus características y estudios de rendimiento en agosto de 1991, la mayoría de las agencias policiales que se ocupaban de androides fugados estaba protestando—. La policía soviética no puede hacer más que nosotros —dijo; legalmente, los fabricantes del Nexus-6 estaban amparados por las disposiciones coloniales, puesto que su casa matriz estaba en Marte—. Mejor sería aceptar la nueva unidad como un hecho consumado. Siempre ha ocurrido lo mismo con cada unidad cerebral mejorada. Recuerdo los aullidos de sufrimiento ciando la gente de Sudermann presentó el viejo T-14 en el 89. Todas las policías del hemis-

...no occidental gimieron que ningún test podía detectar su presencia en caso de entrada ilegal. Y en verdad durante un tiempo fue así.

Más de cincuenta androides T-14, según recordaba, habían conseguido llegar a la Tierra de una u otra manera, sin ser detectados durante un año entero, en algunos casos. Pero luego el Instituto Pavlov, de la Unión Soviética, creó un test de empatía de Voigt; y ningún android T-14, por lo que se sabía, había logrado burlarlo.

—¿Quiere saber lo que ha dicho la policía rusa? —preguntó la señorita Marsten—. También lo sé —su cara pecosa y anaranjada resplandecía.

—Se lo preguntaré a Harry Bryant —respondió Rick, irritado. Los chismes le desagradaban porque siempre eran más precisos que la verdad. Se sentó ante su mesa y deliberadamente se puso a buscar algo en un cajón. La señorita Marsten comprendió la insinuación y se retiró.

Rick extrajo un viejo y arrugado sobre de papel de manila. Se echó atrás en su sillón de estilo importante, y hurgó en su contenido hasta que encontró lo que buscaba: los datos existentes sobre el Nexus-6.

Un momento de lectura justificó la afirmación de la señorita Marsten: el Nexus-6 poseía efectivamente los dos trillones de elementos, así como la posibilidad de optar entre diez millones de combinaciones de actividad cerebral. En 45 centésimas de segundo un android equipado con esa estructura cerebral podía asumir una cualquiera entre catorce actitudes de reacción. En otras palabras, los androides con la nueva unidad cerebral Nexus-6 —desde un punto de vista pragmático y nada disparatado— sobrepasaban a una considerable porción de la humanidad, aunque fueran los del nivel inferior. Para bien o para mal. En algunos casos los criados superaban a los amos. Pero había nuevos criterios, por ejemplo el test de empatía de Voigt-Kampff. Un androide, por dotado que estuviera en cuanto a capacidad intelectual pura, no podía encontrar el menor sentido en la fusión que experimentaban rutinariamente los seguidores del Mercerismo, y que tanto él mismo como prácticamente todo el mundo, incluso los cabezas de chorlito subnormales, lograban sin dificultad.

Se había preguntado, como casi todos en un momento u otro, por qué precisamente los androides se agitaban impotentes al afrontar el test de medida de la empatía. Era obvio que la empatía sólo se encontraba en la comunidad humana, en tanto que se podía hallar cierto grado de inteligencia en todas las especies, hasta en los arácnidos. Probablemente la facultad empática exigía un instinto de grupo sin cortapisas. A un organismo solitario, como una araña de nada podía servirle. Incluso podía limitar su capacidad de supervivencia al tomarla consciente del deseo de vivir de su presa. Y en ese caso, todos los animales de presa, incluso los mamíferos muy desarrollados, como los gatos morirían de hambre.

En una ocasión había pensado que la empatía estaba reservada a los herbívoros o a los omnívoros capaces de prescindir de la carne. En última instancia, la empatía borraba las fronteras entre el cazador y la víctima, el vencedor y el derrotado. Como en el caso de la fusión con Mercer, todos ascendían juntos y una vez terminado el ciclo, juntos caían en el abismo del mundo tumba. Curiosamente, esto parecía una especie de seguro biológico, aunque de doble filo. Si alguna criatura experimentaba alegría, la condición de todas las demás incluía un fragmento de alegría. Y si algún ser humano sufría, ningún otro podía eludir enteramente el dolor. De este modo, un animal gregario como el hombre podía adquirir un factor de supervivencia más elevado; un búho o una cobra sólo podían destruirse.

Evidentemente el robot humanoide era un cazador solitario.

A Rick le gustaba pensar así: su trabajo se tornaba más aceptable. Si retiraba —o sea mataba— a un androide, no violaba la regla vital establecida por Mercer. Sólo matarás a los Asesinos, había dicho Mercer el año en que las cajas de empatía aparecieron en la Tierra. Y en el Mercerismo, a medida que se desarrollaba hasta construir una teología completa, el concepto de los que matan, los Asesinos, había crecido insidiosamente. En el Mercerismo, un mal absoluto tironeaba el deshilachado manto del anciano que subía, vacilante; pero no se sabía quién ni qué era esa presencia maligna. Un merceriano sentía el mal sin comprenderlo. De otro modo, un merceriano era libre de situar la presencia nebulosa de los Asesinos donde le parecía más conveniente. Para Rick Deckard, un robot humanoide fugitivo, equipado con una inteligencia superior a la de muchos seres humanos, que hubiera matado a su amo, que no tuviera consideración por los animales ni fuera capaz de sentir alegría empática por el éxito de otra forma de vida, ni dolor por su derrota, era la síntesis de los Asesinos.

RIDLEY SCOTT, *Blade Runner,* 1984

PHILIP K. DICK

¿Sueñan los androides con ovejas eléctricas?

Màquine ■ artista

En el panorama postindustrial dels anys cinquanta, en la recerca d'"unes millors relacions emocionals" amb les màquines, **Jean Tinguely** va substituir amb els seus *Mata-Matics* el cos de l'artista per aquestes màquines motoritzades que dibuixaven automàticament. Aquest nou artefacte, mitjançant la nova relació consistent en una col·laboració màquina/artista, que diluïa la responsabilitat de les tasques (...), quedava convertida en una màquina productora d'irracionalitat:

L'art de la distinció real en Tinguely s'obté per una espècie de desenganxament com a procediment de la recurrència.

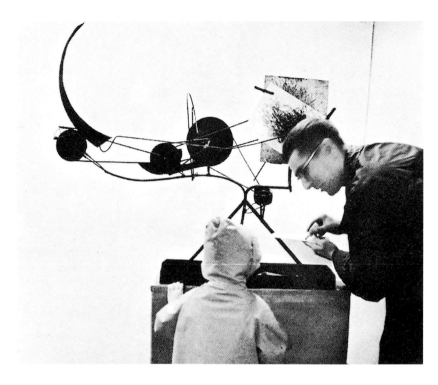

JEAN TINGUELY, *Meta-Matic,* 1959

Máquina ■ artista

En el panorama *post-industrial* de los años cincuenta, en la búsqueda de "unas mejores relaciones emocionales" con las máquinas, **Jean Tinguely** substituyó con sus *Meta-Matics* el cuerpo del artista por estas máquinas motorizadas que dibujaban por sí mismas automáticamente. Este nuevo artefacto, por medio de la nueva relación consistente en una colaboración máquina/artista, que diluía la responsabilidad de las tareas crépitas, quedaba convertida en una máquina productora de irracionalidad:

"El arte de la distinción real en Tinguely se obtiene por una especie de desenganche como procedimiento de la recurrencia.

Una máquina pone en juego varias estructuras simultáneas, que atraviesa; la primera estructura comporta al menos un elemento que no es funcional con respecto a ella, pero que lo es tan solo en la segunda. Este juego que Tinguely presenta como esencialmente alegre, asegura el proceso de desterritorialización de la máquina y la posición del mecánico como parte más desterritorializada" [8]

Otra "máquina de pintar" que reemplazaba al artista en la producción de la obra de arte fue la que **Rosemarie Trockel** llevó a cabo en 1990. Al igual que las de **Rebeca Horn**, recogía la herencia de la ironía dadaísta, por la que se ponía en cuestión las ideas establecidas sobre el papel del artista y de la "obra de arte".

Una màquina posa en joc diverses estructures simultànies que travessa; la primera estructura comporta pel cap baix un element que no és funcional respecte d'ella, però que ho és només en la segona. Aquest joc que Tinguely presenta com a essencialment alegre assegura el procés de desterritorialització de la màquina i la posició d'allò mecànic com a part més desterritorialitzada" **[8]**

Una altra "màquina de pintar" que reemplaçava l'artista en la producció de l'obra d'art va ser la que **Rosemarie Trockel** va dur a terme el 1990. Igual que les de **Rebeca Horn**, recollia l'herència de la ironia dadaista per la qual es qüestionaven les idees establertes sobre el paper de l'artista i de l'obra d'art.

A diferència de la pura producció d'irracionalitat que havia cercat Tinguely, l'artista alemanya havia demanat cabells a una sèrie d'artistes –des de Beuys a Cindy Sherman–, amb els quals va fabricar, amb el nom de cadascun d'ells, uns pinzells que la màquina mullava dins pintura i movia sobre un paper, procés que va donar lloc a les obres que va titular de *56 Brush Strokes*. "Trockel fa seva aquesta tradició en la postura artística, primer automatitzant-la i després personificant-la perversament. En canviar el seu estil des d'una expressió de la personificació masculina a un producte del que, literalment, forma part del cos, força divertides conclusions. **[9]**.

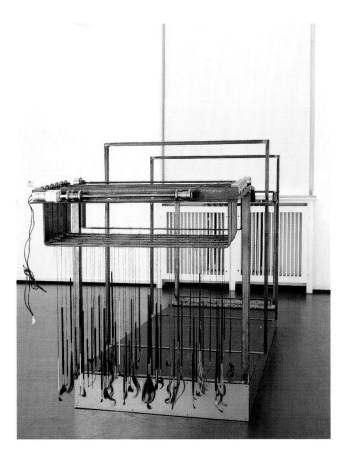

Rosemarie Trockel
o.T. (Malmaschine)
1990
Monika Spruth Galerie
Colònia

A diferencia de la pura producción de irracionalidad que había buscado Tinguely, la artista alemana había pedido pelo a una serie de artistas –desde Beuys a Cindy Sherman–, con el que fabricó, con el nombre de cada uno de ellos, unos pinceles que la máquina introducía en pintura y movía sobre un papel dando lugar a las obras que luego presentó con el título de *56 Brush Strokes*. "Trockel hace suya esta tradición en la postura artística, primero automtizándola y luego personalizándola perversamente. Al cambiar su estilo desde una expresión de la personificación masculina a un producto de lo que, literalmente, forma parte del cuerpo, fuerza ciertas divertidas conclusiones" [9].

JEAN TINGUELY
Monocouillon, 1969
Base de ferro, tub de metall
i motor elèctric pintat de negre
175 x 150 x 30 cm
Col·lecció particular
Cortesia Faggionato Fine Arts
Londres

ROSEMARIE TROCKEL
56 Brush Strokes, 1990
Dibuix de tinta xinesa
sobre paper japonès
140 x 70 cm
Monica Spruth Gallery
Colònia

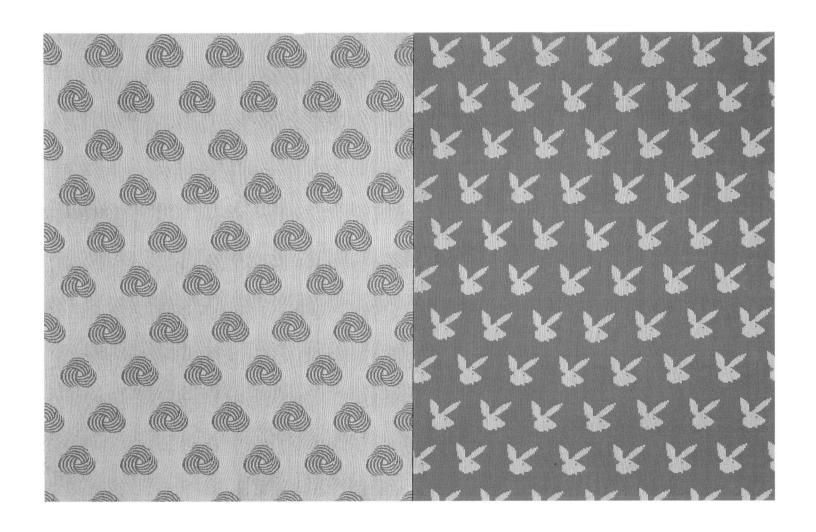

ROSEMARIE TROCKEL
Sense títol, 1985-88
Teixit de llana
201 x 320 cm (Díptic)
Col·lecció d'Art Contemporani
Fundació "la Caixa", Barcelona

61

Circuits tancats ■ màquines solteres

A **Marcel Duchamp** es deu la invenció del terme "màquina soltera". "Les seves medita-cions sobre el moviment i les màquines el varen dur a camps prèviament inexplorats. Va superar ràpidament el seu interès preliminar per l'aspecte exterior de les màquines per crear una nova classe de metàfora visual. Això li va permetre expressar idees complexes que involucraven, entre altres coses, la geometria no-euclidiana, la química i l'alquímia." **[10]**.

La seva obra ha estat fonamental en l'elaboració del concepte maqui-nista en l'art del nostre segle, des del primerenc *Molinet de cafè* (1911), en què ja apareixen les referències iròniques, físiques, poèti-ques o estètiques que configuraran obres posteriors com *Nu davallant una escala* (1911), però sobretot la famosa *The Large Glass or The Bride Stripped Bare by Her Bachelors, Even* (1915-1923), punt de partida de nombroses reflexions teòriques i artístiques que arriben fins als nostres dies.

Circuitos cerrados ■ máquinas solteras

A Marcel Duchamp se debe la invención del término "máquina soltera": "Sus meditaciones sobre el movimiento y las máquinas lo llevaron a campos previamente inexplorados. Superó rápidamente su interés preliminar por el aspecto exterior de las máquinas para crear una nueva clase de metáfora visual. Esto le permitió expresar ideas complejas que involucraban, entre otras cosas, la geometría no euclidiana, la química y la alquimia" [10].

Su obra ha sido fundamental en la elaboración del concepto maquinista en el arte de nuestro siglo, desde su temprano *Molinillo de café* (1911), donde ya aparecen las referencias irónicas, físicas, poéticas o estéticas que confi-gurarán sus obras posteriores como: *Desnudo descendiendo una escalera (1911)*, pero especialmente su más famosa obra: *The Large Glass* or *The Bride Stripped Bare by Her Bachelors, Even (1915-1923)*, ha seguido sien-do el punto de partida de numerosas reflexiones teóricas y artísticas que llegan hasta nuestros días.

Hacia 1912 había visitado junto a Fernand Léger y Constantin Brancusi el "Salon de la locomotion aerienne", donde la fascinación que produjo en ellos la visión de los últimos modelos de aviones que allí se exhibían le llevó a afirmar: "Se acabó el pintar. ¿Quién puede hacer algo mejor que esta héli-ce? Fíjese, ¿podría usted hacer eso?"

MARCEL DUCHAMP
Moulin à café, 1911
Tate Gallery
Londres

MARCEL DUCHAMP
*The Large Glass
or Bride Stripped Bare
by Her Bachelors, Even*
1915-23
Reconstrucció
d'Ulf Linde,
Henrik Samuelson
i John Stenborg
1991-92

Cap a 1912, havia visitat juntament amb Fernand Léger i Constantin Brancusi el "Salon de la locomotion aerienne", en què la fascinació que els va produir la visió dels darrers models d'avions que s'hi exhibien el va dur a afirmar: "S'ha acabat pintar. ¿Qui pot fer res millor que aquesta hèlix? Fixi's, ¿podria vostè fer això?"

Els antecedents d'aquesta classe de màquines s'han de buscar en la literatura; **Kafka**, a la narració *A la colònia penitenciària* (1919), i **Edgar Allan Poe**, a *El pou i la pèndula* (1843), varen crear màquines famoses, de les quals en deriven les d'**Alfred Jarry** a *El supermascle* o les de **Roussel** a *Impressions d'Àfrica* (1910) i *Locus Solus* (1914).

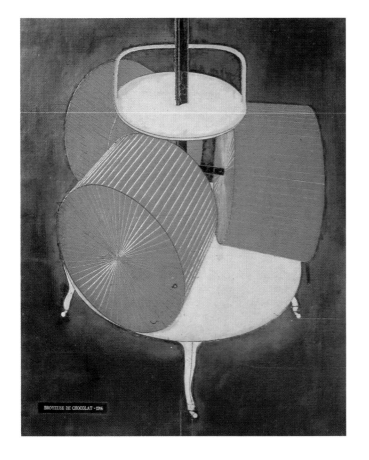

MARCEL DUCHAMP
Broyeuse de chocolat, 1914
Philadelphia Museum

Màquines que s'alimentaven d'una barreja d'erotisme i sadisme i que varen ser estudiades per **Michel Carrouges**, en un llibre de culte, *Les Machines Célibataires*, publicat a mitjan dels cinquanta, una obra fonamental per entendre el paper que han tingut les màquines en la construcció de l'imaginari dels segles XIX i XX.

Los antecedentes de esta clase de máquinas hay que buscarlos en la literatura: **Kafka** en su obra *La colonia penitenciaria* (1914) y *Edgar Allan Poe* en *El pozo y el péndulo* (1843) crearon en estos libros sus famosas máquinas, de las que luego derivan las de **Alfred Jarry** en *El supermacho*, o las de **Roussel** en *Impresiones de Africa*, (1910) y *Locus Solus* (1914).

Máquinas que se alimentaban de una mezcla de erotismo y sadismo y que fueron estudiadas por **Michel Carrouges** en el que se convertiría en el libro de culto titulado: *Les Machines Célibataires*, que fue publicado a mediados de los cincuenta y que se convirtió en una obra fundamental para entender el papel que han desempeñado en la construcción del imaginario del siglo XIX y XX.

Este autor había utilizado esta denominación duchampiana para catalogar con ella a la serie de máquinas fantásticas que encontró en la literatura, analizándolas en relación con la "The Large Glass" de Duchamp, que le sirvió de guía en la concepción de su teoría.

Aquest autor havia utilitzat aquesta denominació duchampiana per catalogar-ne la sèrie de màquines fantàstiques que va trobar a la literatura, analitzant-les en relació a la de *The Large Glass* de Duchamp, que li va servir de guia en la percepció de la seva teoria.

Però ¿què és una màquina soltera? En realitat no és més que un circuit tancat per on hi circula l'energia per la qual cosa la reproducció en resulta impossible. Hi ha un espai de disciplina, establert per uns codis i regulat jeràrquicament situat damunt d'un espai en el qual hi ha elements desobedients que per això són castigats.

Per a Michel Carrouges es tracta de: "A l'inrevés que les màquines reals i fins tot que la majoria de les màquines imaginàries, però racionals i útils, com el de *Nautilus* Juli Verne (...), la màquina soltera apareix primer com una màquina impossible, inútil, incomprensible, delirant (...) La màquina soltera pot, per tant, estar formada per una sola màquina curiosa i desconeguda o per un muntatge aparentment heteròclit no té raó de ser en si mateix, com a màquina regida per les lleis físiques de la mecànica i les lleis socials de la utilitat (...) Regida per damunt de tot per les lleis mentals de la subjectivitat, la màquina soltera es limita a adoptar certes figures mecàniques per simular certs efectes mecànics" **[11]**

Pero ¿qué es una *máquina soltera*? En realidad no es más que un circuito cerrado por donde circula la energía por lo que la reproducción resulta imposible. En ellas existe un espacio de disciplina establecido por unos códigos y regulado jerárquicamente situado encima de un espacio en el que hay elementos desobedientes que son castigados por ello.

Para Michel Carrouges se trata de: "Al revés que las máquinas reales e incluso que la mayoría de las máquinas imaginarias, pero racionales y útiles, como el *Nautilus* de Julio Verne (...), la máquina soltera aparece primero como una máquina imposible, inútil, incomprensible, delirante (...) La máquina soltera puede, por tanto, estar formada por una sola máquina curiosa y desconocida o por un montaje aparentemente heteróclito no tiene razón de ser en sí mismo, como máquina regida por las leyes físicas de la mecánica y las leyes sociales de la utilidad (...) Regida ante todo por las leyes mentales de la subjetividad, la máquina soltera se limita a adoptar ciertas figuras mecánicas para simular ciertos efectos mecánicos" [11]

Entre los principales artífices dadá, **Francis Picabia** fue uno de los mas fervientes defensores de las potencialidades de la máquina, como denotan sus obras maquinistas colmadas de connotaciones sexuales. Tuvo un papel fundamental en el desarrollo de esta clase de obras, que por otra parte constituyeron el principal motivo de su producción artística durante algunos años. En uno de sus numerosos escritos de 1915, había dicho :"La maquinaria es el alma del mundo moderno", mientras promovía desde las páginas de la revista *291* "una edad de la máquina".

¿Comprende usted el proceso? El rastrillo comienza a escribir, cuando ha terminado con el primer esbozo de la inscripción sobre la espalda del hombre, la capa de algodón rueda y lentamente da la vuelta al cuerpo hacia un lado para ofrecer al rastrillo una nueva superficie. Mientras tanto, las partes que han resultado heridas con la escritura se ponen en contacto con el algodón, que, gracias a una preparación especial, corta inmediatamente la hemorragia y lo prepara para una nueva profundización de la inscripción. A continuación estos dientes que están al borde del rastrillo, mientras se continúa dando la vuelta al cuerpo, tiran el algodón a la fosa y el rastrillo tiene trabajo de nuevo. Así, durante las doce horas, escribe cada vez más profundamente. Durante las primeras seis horas el condenado vive casi como antes, sólo tiene dolores. A las dos horas se retira el fieltro porque el hombre ya no tiene fuerzas para gritar. Aquí, en esta escudilla, que se calienta eléctricamente y que está colocada en la cabecera de la cama, se pone una papilla de arroz caliente de la que el hombre, si quiere, puede tomar la cantidad que consiga atrapar con la lengua. Ninguno deja de aprovechar la oportunidad. No sé de ninguno, y tengo una gran experiencia. Sólo a partir de la sexta hora pierden el gusto por la comida. Entonces, generalmente, yo me arrodillo aquí y observo este fenómeno. Raramente se traga el hombre el último bocado, sólo le da vueltas en la boca y lo escupe en la fosa. En ese momento tengo que agacharme porque si no acabaría en mi cara. ¡Pero cómo se tranquiliza el hombre hacia la sexta hora! Incluso el más estúpido empieza a entender, comienza por los ojos, desde aquí se extiende. Un espectáculo que podría inducirle a uno a colocarse también bajo el rastrillo. No ocurre nada más, el hombre empieza solamente a descifrar la inscripción, aguza la boca como si escuchara. Usted lo ha visto, no es fácil descifrar la inscripción con los ojos, pero nuestro hombre la descifra con sus heridas. Es, sin duda, mucho trabajo, necesita seis horas hasta conseguirlo; pero entonces el rastrillo le atraviesa por completo y lo echa a la fosa, donde cae chapuzando sobre el agua ensangrentada y el algodón. Entonces se ha cumplido la sentencia, y nosotros, el soldado y yo, lo enterramos.

El viajero tenía el oído inclinado hacia el oficial y observaba con las manos en los bolsillos de la chaqueta el funcionamiento de la máquina. También el condenado lo observaba, pero sin entenderlo. Éste se agachaba un poco y seguía las agujas, que se balanceaban, cuando el soldado, a una señal del oficial, le rasgó por detrás con un cuchillo la camisa y el pantalón, de formá que ambos cayeron del cuerpo del condenado. Éste quiso agarrar las ropas que se le caían para cubrir su desnudez, pero el soldado le levantó en vilo y le sacudió del cuerpo los últimos jirones. El oficial puso en funcionamiento la máquina, y entre el silencio reinante, el condenado fue colocado bajo el rastrillo. Se le quitaron las cadenas y, en su lugar, le ataron las correas. En el primer momento parecía significar casi un alivio para el condenado, y ahora el rastrillo tuvo que bajar un poco más, porque el hombre era delgado. Cuando le rozaron las púas, un estremecimiento recorrió su piel. Mientras el soldado se ocupaba de su mano derecha, estiró la izquierda sin saber hacia dónde: era la dirección en la que se encontraba el viajero. El oficial miraba constantemente desde un lado al viajero, como si quisiera leer en su rostro la impresión que le producía la ejecución, que él, al menos superficialmente, ya le había explicado.

La correa destinada a la muñeca se rajó; probablemente el soldado la había estirado demasiado. El oficial tenía que ayudar, el soldado le mostró el trozo de correa roto, el oficial se dirigió hacia él y dijo con la cara vuelta hacia el viajero: La máquina está muy recompuesta, de vez en cuando tiene que rasgarse o descomponerse, pero no por ello debe uno dejarse desconcertar en su opinión del conjunto. Por cierto, que inmediatamente se consigue un repuesto para la correa. Utilizaré una cadena, desde luego esto menoscabará la suavidad de la vibración en el brazo derecho –y, mientras colocaba las cadenas, seguía diciendo–: los medios para el mantenimiento de la máquina son ahora muy limitados. Bajo el mando del comandante anterior existía un fondo, al que yo podía acceder libremente, destinado exclusivamente a este fin. Había aquí un almacén en el que se guardaban las más variadas piezas de repuesto, confieso que llegaba hasta el derroche, me refiero a antes, no a ahora, tal y como afirma el nuevo comandante, a quien todo sirve de pretexto para atacar el orden anterior. Ahora tiene el presupuesto para la máquina bajo su propia administración, y cuando envió a recoger una correa nueva, exige la rota como prueba. La nueva llega, como muy pronto, a los diez días, pero es de peor calidad y no sirve de mucho, pero nadie se preocupa de cómo tenga que arreglármelas yo para mantener la máquina en funcionamiento sin correa durante ese tiempo.

Franz Kafka
La colonia penitenciaria

Vostè comprèn el procés? El rastell comença a escriure, quan ha acabat amb el primer esbós de la inscripció sobre l'esquena de l'home, la capa de cotó roda i lentament volteja el cos cap un costat per oferir al rastell una nova superfície. Mentrestant, les parts que han estat ferides amb l'escriptura contacten amb el cotó que, gràcies a un preparat especial, talla immediatament l'hemorràgia i el prepara per a un nou aprofundiment de la inscripció. Tot seguit aquestes dents, que estan al caire del rastell, mentre el cos volteja, tiren el cotó a la fosa i el rastell altra vegada té treball. Així, durant les dotze hores, escriu cada cop més profundament. Durant les primeres sis hores el condemnat viu quasi com abans, només té dolors. A les dues hores es retira el feltre perquè l'home ja no té forces per cridar. Aquí, en aquesta escudella, que s'escalfa elèctricament i que està col·locada a la capçalera del llit, es posen unes farinetes d'arròs calent de la qual l'home, si vol, pot prendre la quantitat que aconsegueixi agafar amb la llengua. Cap deixa d'aprofitar l'oportunitat. No en sé de cap, i tenc una gran experiència. Sols a partir de la sisena hora perden el gust pel menjar. Llavors, generalment, m'agenoll aquí i observ aquest fenomen. Rarament s'empassa l'home la darrera mossegada, sols li dóna voltes dins la boca i l'escup a la fosa. En aquest moment tenc que acotar-me perquè si no acabaria a la meva cara. Però com es tranquil·litza l'home cap a la sisena hora! Fins el més estúpid comença a entendre, comença pels ulls, des d'aquí s'estén. Un espectacle que podria induir una persona a col·locar-se ella també sota el rastell. No succeeix res més, l'home comença únicament a desxifrar la inscripció, agusa la boca com si escoltàs. Vostè ho ha vist, no és fàcil desxifrar la inscripció amb els ulls, però el nostre home la desxifra amb les seves ferides. És, sens dubte, molta feina, necessita sis hores fins aconseguir-ho; però llavors el rastell el travessa per complet i el llança a la fosa, on cau esquitant sobre l'aigua sangonosa i el cotó. Llavors s'ha complert la sentència, i nosaltres, el soldat i jo, l'enterram.

El viatger tenia l'orella inclinada cap a l'oficial i observava, amb les mans a les butxaques de la jaqueta, el funcionament de la màquina. També el condemnat l'observava, però sense entendre'l. Aquest s'acotava una mica i seguia les agulles, que es balancejaven quan el soldat, a un senyal de l'oficial, li tallà per darrere, amb un ganivet, la camisa i el pantaló, de manera que ambdós caigueren del cos del condemnat. Aquest volgué agafar les robes que li queien per cobrir la seva nuesa, però el soldat l'aixecà enlaire i li sacsejà del cos els darrers bocins. L'oficial engegà la màquina i, en el silenci regnant, el condemnat fou col·locat sota el rastell. Li llevaren les cadenes i, en el seu lloc, li fermaren les corretges. En el primer moment semblava significar quasi un consol per al condemnat, i ara el rastell va haver de baixar un poc més, perquè l'home era magre. Quan el fregaren les pues, un estremiment recorregué la seva pell. Mentre el soldat s'ocupava de la seva mà dreta, estirà l'esquerra sense saber cap on: era la direcció on es trobava el viatger. L'oficial mirava constantment des d'un costat al viatger, com si volgués llegir al seu rostre la impressió que li produïa l'execució, que ell, al menys superficialment, ja li havia explicat.

La corretja destinada al canell es trencà; probablement el soldat l'havia estirada massa. L'oficial tenia que ajudar, el soldat li mostrà el bocí de la corretja rompuda, l'oficial s'adreça a ell i digué amb la cara girada cap el viatger: La màquina està molt recomposta, d'ençà enllà s'ha de trencar o descompondre's, però no per això un s'ha de deixar desconcertar en la seva opinió del conjunt. Per cert, immediatament s'aconsegueix un recanvi per a la corretja. Utilitzaré una cadena, segurament això menyscabarà la suavitat de la vibració en el braç dret - i, mentre col·locava les cadenes, deia-: els mitjans per al manteniment de la màquina són ara molt limitats. Sota les ordres de l'anterior comandant existia un fons, on jo podia accedir lliurement, destinat exclusivament a aquest fi. Hi havia un magatzem on es guardaven les més variades peces de recanvi, confés que arribava fins el malbaratament, em referesc a abans, no ara, tal i com diu el nou comandant, a qui tot serveix de pretext per atacar l'ordre anterior. Ara té el pressupost per a la màquina sota la seva pròpia administració, i quan envia a recollir una corretja nova, exigeix la trencada com a prova. La nova arriba, molt aviat, als deu dies, però és d'una qualitat inferior i no serveix de molt, però ningú es preocupa de com ho he de fer per a mantenir la màquina funcionant sense corretja durant aquest temps.

FRANZ KAFKA
La colònia penitenciària

–Miri, vaig a matar la bèstia –digué Marcueil, molt tranquil.

–Quina bèstia? Estàs begut, vell... jove amic –digué el general.

–La bèstia –respongué Marcueil.

Davant ells, rodona, sota la lluna, s'amagava una cosa de ferro, amb quelcom com colzes sobre els genolls, i unes espatlles, sense cap, amb armadura.

–El dinamòmetre! –exclamà, hilarant, el general.

–Vaig a matar això –repetí obstinadament Marcueil.

–Jove amic meu –digué el general– quan tenia la seva edat i fins i tot menys, quan era opositor a l'Escola Politècnica de Stanislas, sovint despenjava rètols, descargolava urinaris, furtava cups de llet, tancava embriacs als corredors, però mai vaig furtar un distribuïdor automàtic! Definitivament, està begut ...

Però alerta, dintre no hi ha res per a tu, jove amic!

–És ple, ple de força, i ple, ple de nombres dintre – es deia André Marcueil.

– Doncs bé – digué condescendent el general – m'agradaria ajudar-te a rompre això, però com? A coces, a punyades? No voldràs que et deixi el meu sabre? Per xapar-lo en dos trossos!

– Xapar-lo? Oh, no – digué Marcueil – : jo vull matar-lo.

–En tal cas, compte a la multa per violació de monument d'utilitat pública! – digué el general.

–Matar ... amb un permís – digué Marcueil. I cercà a la butxaca de l'armilla i va treure una moneda francesa de deu cèntims.

La ranura vertical del dinamòmetre relluïa.

–És una femella – digué greument Marcueil – ... Però és molt forta.

La moneda féu clic: va ser com si la massissa màquina es posàs en guàrdia burlonament.

André Marcueil prengué aquella espècie de butaca de ferro per ambdós braços, i sense esforç aparent, estirà:

–Anem, senyora – digué.

La frase acabà amb un formidable soroll de ferralla, els ressorts trencats es retorçaven pel terra com les entranyes de la bèstia; l'esfera féu una ganyota i la seva agulla girà espantada durant dues o tres voltes com un ésser empaitat que cerca una escapatòria.

–Correm – digué el general– : aquest animal, per sorprendre'm, ha sabut escollir un instrument que no era sòlid.

Molt espavilats ara els dos, malgrat que Marcueil no hagués pensat a tirar els dos mànecs que li servien de lluents guants, travessaren la reixa i remuntaren l'avinguda, cap el cotxe.

L'alba s'enlairava, com la llum d'un altre món.

ALFRED JARRY
El supermascle

–Mire, voy a matar la bestia –dijo Marcueil, muy tranquilo.

–¿Qué bestia? Estás borracho, viejo... joven amigo –dijo el general.

–La bestia –dijo Marcueil.

Frente a ellos, rechoncha, bajo la luna, se agazapaba una cosa de hierro, con algo como codos sobre las rodillas, y unos hombros, sin cabeza, con armadura.

–¡El dinamómetro! –exclamó, hilarante, el general.

–Voy a matar eso –repitió obstinadamente Marcueil.

–Mi joven amigo –dijo el general–, cuando tenía su edad e incluso menos, cuando era opositor en la Escuela Politécnica de Stanislas, a menudo descolgaba rótulos, destornillaba urinarios, robaba cubos de leche, encerraba borrachos en los pasillos, ¡pero jamás robé un distribuidor automático! En fin, está borracho...

Pero cuidado, ¡dentro no hay nada para ti, joven amigo!

–Está lleno, lleno de fuerza, y lleno, lleno de números dentro –se decía André Marcueil.

–En fin –dijo condescendiente el general–, me gustaría ayudarte a romper eso, pero ¿cómo? ¿A patadas, a puñetazos? ¿No querrás que te preste mi sable? ¡Para romperlo en dos pedazos!

–¿Romperlo? Oh, no –dijo Marcueil–: yo quiero matarlo.

–En tal caso, ¡cuidado a la multa por violación de monumento de utilidad pública! –dijo el general.

–Matar... con un permiso –dijo Marcueil. Y buscó en el bolsillo del chaleco y sacó una moneda francesa de diez céntimos.

La hendidura vertical del dinamómetro relucía.

–Es una hembra –dijo gravemente Marcueil–... Pero es muy fuerte.

La moneda hizo un clic: fue como si la maciza máquina se pusiera en guardia burlonamente.

André Marcueil cogió aquella especie de sillón de hierro por ambos brazos, y tiró sin esfuerzo aparente:

–Venga, señora –dijo.

Su frase acabó con un formidable ruido de chatarra, los resortes rotos se retorcían en el suelo como las entrañas de la bestia; la esfera hizo una mueca y su aguja giró asustada durante dos o tres vueltas como un ser acosado que busca una escapatoria.

–Corramos –dijo el general–: este animal, para sorprenderme, ha sabido elegir un instrumento que no era sólido.

Muy despejados ahora los dos, aunque Marcueil no hubiera pensado en tirar las dos empuñaduras que le servían de brillantes guantes, atravesaron la verja y remontaron la avenida, hacia el coche.

El alba se levantaba, como la luz de otro mundo.

ALFRED JARRY
El supermacho

La regulació cronomètrica de la vàlvula exigia una gran dedicació. Certs impulsos violents haguessin pogut arrossegar la piconadora en els seus temps de descans i, a vegades, calia un desinflament parcial, amb independència de les peregrinacions aèries, amb l'exclusiu objecte d'augmentar el pes del conjunt per aconseguir una estabilitat més resistent. Aquesta particularitat tendria conseqüències directes sobre el treball de la lent, obligada a enlluernar durant més temps l'amalgama groga per tal de compensar les pèrdues d'hidrogen.

A sota, el treball de dues valones esmerçades a l'atracció i posterior amollada de les dents, perquè fos més senzill d'engegar. En canvi, la col·locació de tres cronòmetres esmerçats als travessers interns de les ungles obligà Canterel a realitzar terribles càlculs. Quant als miralls, llurs desplaçaments perfectament regulars, únicament pretendrien continuar el recorregut del sol. Mecànicament, la seva orientació general canviaria un poc cada dia, per mor de la modificació quotidiana del recorregut aparent de l'astre radiant per la inclinació del plànol de l'equador sobre l'eclíptica.

L'aparell havia de romandre estacionari en posar-se i en sortir el sol, i no rebre mai cap contacte perquè els cronòmetres s'ordenarien prèviament fins el dia següent, inclòs. Les esferes, col·locades visiblement a propòsit, permetrien saber constantment si els moviments, exempts de la més mínima pertorbació, continuaven donant la mateixa i vertadera hora.

Canterel acabà els preparatius a l'alba i omplí després l'aeròstat d'una quantitat equilibrant i fonamental d'hidrogen obtinguda de forma rutinària, sense prendre res de la substància àcida. Aprofitant tots els capricis possibles del vent, la piconadora assoliria el seu mosaic en fosquejar del desè dia, reproduint estrictament, a mida més gran, el model realitzat a l'oli, lle-

vat de quatre fines bandes exteriors, que mancarien a cada un dels costats sense causar, amb la seva insignificant absència, escollida de forma conscient amb preferència sobre qualsevol altra, cap perjudici al conjunt del tema. Obligadament inútils, les dents destinades primer al cantó extrem del tauler, se suprimiren com a deixalla, i el mestre, que havia anunciat públicament els seus projectes, va fer que s'obrissin les portes dels seus dominis perquè hi hagués testimonis que poguessin presenciar, a qualsevol hora, els petits passeigs de l'instrument i controlar la total absència de trucs. Una corda estesa sobre unes petites estaques s'allargà entorn de l'indret, constituint un obstacle poligonal adequat per a mantenir els visitants a una distància suficient per evitar la més mínima molèstia als corrents d'aire. Finalment, la senyoreta se situà damunt d'unes ulleres Isabel, on esperà utilitzar motu propio el primer alè favorable.

L'experiència, arribada quasi a la fi, durava ja set dies i fins aquí l'instrument ambulant, gràcies a la meravellosa adaptació dels seus cronòmetres, sempre havia mogut dents o arrels en els llocs desitjats. De vegades els trajectes se succeïen amb bastant rapidesa per efecte del capriciós i continu ritme del vent; amb freqüència, també, l'oratge s'eternitzava en una direcció constant i l'aparell esperava durant hores el moment de reprendre el vol. De tant en tant es presentaven estranys fent petits grups i després que Canterel hagués parlat, vàries persones s'acostaven discretament per espiar la següent ascensió de l'aeròstat.

RAYMOND ROUSSELL
Locus Solus

La regulación cronométrica de la válvula exigía gran dedicación. Ciertos impulsos violentos habrían podido arrastrar la apisonadora en sus tiempos de reposo y a veces será preciso un desinflamiento parcial, con independencia de las peregrinaciones aéreas, con el exclusivo objeto de aumentar el peso del conjunto para lograr una estabilidad más resistente. Esta particularidad tendría consecuencias directas sobre el trabajo de la lentilla, obligada a deslumbrar durante más tiempo la amalgama amarilla para compensar las pérdidas de hidrógeno.

Abajo, el trabajo de dos arandelas dedicadas a que la atracción y luego la suelta de los dientes fuera mas fácil de poner a punto. En cambio, la colocación de tres cronómetros dedicados a los largueros internos de las uñas obligó a Canterel a realizar terribles cálculos. En cuanto a los espejos, sus desplazamientos perfectamente regulares, sólo pretenderían seguir el recorrido del sol. Mecánicamente, su orientación general cambiaría un poco cada día a causa de la modificación cotidiana del recorrido aparente del astro radiante por la inclinación del plano del ecuador sobre la eclíptica.

El aparato debía permanecer estacionario al ponerse y al salir el sol y no recibir jamás contacto alguno porque los cronómetros se ordenarían previamente, hasta el día siguiente, incluido. Las esferas, dejadas visibles a propósito, permitirían saber constantemente si los movimientos, exentos de la mínima perturbación, seguían dando la misma y verdadera hora.

Canterel terminó sus preparativos al alba y llenó luego el aeróstato de una cantidad equilibrante y fundamental de hidrógeno obtenida de forma rutinaria sin tomar nada de la sustancia ácida. Aprovechando todos los caprichos posibles del viento, la apisonadora alcanzaría su mosaico al anochecer del décimo día,

reproduciendo estrictamente, a mayor tamaño, el modelo realizado al óleo, salvo cuatro finas bandas exteriores que faltarían en cada uno de los lados, sin causar con su insignificante ausencia, escogida de forma consciente con preferencia sobre cualquier otra, perjuicio alguno al conjunto del tema. Forzosamente inútiles, los dientes primero destinados al reborde extremo del tablero, se suprimieron como desecho, y el maestro, que había anunciado públicamente sus proyectos, hizo que se abrieran las puertas de sus dominios para que hubiera testigos que pudieran presenciar a cualquier hora los pequeños paseos del instrumento y controlar la total ausencia de trucos. Una cuerda tendida sobre unas pequeñas estacas se extendió en torno al lugar, constituyendo un obstáculo poligonal adecuado para mantener a los visitantes a una distancia suficiente para evitar la más mínima molestia a las ráfagas de aire. Por último, la señorita se situó encima de una anteojera Isabel, en la que esperó utilizar motu proprio el primer aliento favorable.

La experiencia, casi llegando a su fin, duraba ya siete días y hasta aquí el utensilio ambulante, gracias a la maravillosa adaptación de sus cronómetros, siempre había movido dientes o raíces a los lugares deseados. A veces los trayectos se sucedían con bastante rapidez por efecto del caprichoso y continuo ritmo del viento, con frecuencia, también, la brisa se eternizaba en una dirección constante y el aparato esperaba durante horas el momento de reemprender el vuelo. De vez en cuando se presentaban extraños formando pequeños grupos y después de que Canterel hubiera hablado, varias personas se acercaban discretamente para espiar la siguiente ascensión del aeróstato.

RAYMOND ROUSSELL
Locus Solus

"Aparato
célibe" y "Máquinas célibes" son los
términos que utiliza Marcel Duchamp para la parte
inferior de su Gran Copa: La Novia desnudada por sus céli-
bes (1915–1923), Museo de Filadelfia, Estados Unidos). Desde su cre-
ación, la Gran Copa ha sido objeto de ensayos interpretativos siempre nue-
vos: la interpretación de Breton es hermético - erótica, la de Schwarz alquimista, y
la reciente de Jean Clair se plantea como lectura de "un viaje de la tercera a la cuarta
dimensión". Lo que es cierto es que la Gran Copa puede descifrarse a varios niveles: como
un circuito cerrado y como la acción de una zona superior, las de la novia y la inscripción, sobre
una zona inferior, la de los célibes. En principio, la cosa funciona del modo siguiente: en la parte
superior de la Gran Copa aparece una forma amorfa, que corresponde al mundo gestaltiano de la
cuarta dimensión y que Duchamp denomina Vía Láctea o Inscripción superior. De esta forma está sus-
pendido el esqueleto femenino de la novia, que representa una posible proyección de dicha forma tetradi-
mensional. Uno de sus elementos desciende hasta muy abajo, hasta el borde inferior de la parte superior. En
la parte inferior nos hallamos en el mundo de la perspectiva, de la tercera dimensión, de "los célibes". Los céli-
bes, los Moldes málicos son globos y constituyen el "Cementerio de los uniformes y las libreas" subido en un
carro. Los movimientos estereotipados y la energía que de todo ello dimana se transmiten por un tamiz a la
"Moledora de chocolate". Esta representa la "masturbación". La "eyaculación" (no ejecutada en la Gran Copa)
libera la energía "voyeurista" que, por el "Combate de boxeo" (tampoco ejecutado) penetra de nuevo en la
parte superior de la Gran Copa y vuelve a activar el mecanismo del "Campo de la novia". Este circuito cerra-
do en el que, según la zona considerada, se modifica la energía (lo que, en la descripción de Marcel
Duchamp, corresponde a una modificación del estado del conglomerado) solo es una máquina en el plano
simbólico; visualmente, sólo la parte inferior, la de los célibes, que corresponden a una jerarquía social,
incluye elementos mecánicos. Sin embargo, sin la parte superior, más difusa, más femenina, corres-
pondiente a la cuarta dimensión, el mundo de los célibes y de las máquinas que son proyecciones
del mismo, no funciona. Hay que constatar aquí, no sin sorpresa, que entre alrededor de 1850
y 1925, toda una serie de artistas (escritores, sobre todo) representaron el funcionamiento de
las relaciones entre los sexos, la relación del hombre con una instancia superior, en forma
de un sencillo mecanismo. El propio Freud definía la psique como un "aparato".

HARALD SZEEMAN
Las máquinas solteras

"Aparell
celibatari" i "Màquines celibatàries"
són els termes que utilitza Marcel Duchamp per a
la part inferior de la seva Gran Copa: La Núvia despullada
pels seus celibataris (1915-1923), Museu de Filadèlfia, Estats Units).
Des de la seva creació, la Gran Copa ha estat objecte d'assaigs interpre-
tatius sempre nous: la interpretació de Breton és hermètico-eròtica, la de Schwarz
alquimista, i la més recent de Jean Clair es planteja com a lectura de "un viatge de la
tercera a la quarta dimensió". És cert que la Gran Copa pot desxifrar-se a varis nivells:
com un circuit tancat i com l'acció d'una zona superior, les de la núvia i la inscripció, sobre
una zona inferior, la dels celibataris. En principi, la cosa funciona de la manera següent: a la part
superior de la Gran Copa apareix una forma amorfa, que correspon al món gestaltià de la quarta
dimensió i que Duchamp anomena Via Làctia o Inscripció superior. D'aquesta manera està suspès l'es-
quelet femení de la núvia, que representa una possible projecció d'aquesta forma tetradimensional. Un
dels seus elements davalla fins molt avall, fins el caire inferior de la part superior. A la part inferior ens tro-
bam en el món de la perspectiva, de la tercera dimensió, de "els celibataris". Els celibataris, els Motlles
màlics, són globus i constitueixen el "Cementiri dels uniformes i les lliurees" pujats en un carro. Els moviments
estereotipats i l'energia que dimana es transmeten per un tamís a la "Moledora de xocolata". Aquesta repre-
senta la "masturbació". La "ejaculació" (no executada a la Gran Copa) allibera l'energia "voyeurista" que,
pel "Combat de boxa" (tampoc executat) penetra de bell nou a la part superior de la Gran Copa i torna a
activar el mecanisme del "Camp de la núvia". Aquest circuit tancat on, segons la zona considerada, es
modifica l'energia (el que correspon en la descripció de Marcel Duchamp a una modificació de l'estat del
conglomerat) sols és una màquina en el plànol simbòlic; visualment, sols la part inferior, la dels celibata-
ris, que corresponen a una jerarquia social, inclou elements mecànics. No obstant, sense la part supe-
rior més difosa, més femenina, corresponent a la quarta dimensió, el món dels celibataris i de les
màquines que són les seves projeccions, no funciona. Cal constatar aquí, no sense sorpresa, que
entorn de 1850 i 1925, tota una sèrie d'artistes (escriptors, sobretot) representaren el funciona-
ment de les relacions entre els sexes, la relació de l'home amb una instància superior, en
forma d'un senzill mecanisme. El propi Freud definia la psique com un "aparell".

HARALD SZEEMAN
Les màquines fadrines

MARCEL DUCHAMP
Roue de bicyclette
(Rèplica)
1913
Roda, banc de fusta
Moderna Museet
Estocolm

MARCEL DUCHAMP
Nue descendant un escalier 1937
Reproducció de collage
Col·lecció particular
Milà

74

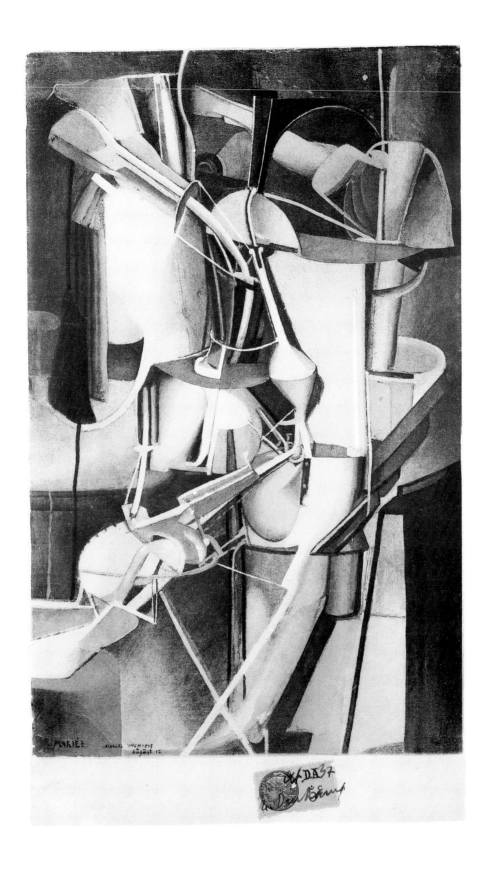

MARCEL DUCHAMP
La Marié
1937
Reproducció de collage
Col·lecció particular
Milà

75

Entre els principals artífexs dadà, **Francis Picabia** va ser un dels més fervents defensors de les potencialitats de la màquina, com revelen les seves obres maquinistes plenes de connotacions sexuals. Va tenir un paper fonamental en el desenvolupament d'aquesta classe d'obres, que, per altra banda, varen constituir el principal motiu de la seva producció artística durant alguns anys. En un dels seus nombrosos escrits de 1915, havia dit: "La maquinària és l'ànima del món modern", mentre promovia des de les pàgines de la revista *291* "una edat de la màquina."

Entre les seves obres maquinimòrfiques cal destacar els nombrosos retrats-objectes simbòlics –*Gabrielle Buffet* (1915), *Ici, c'est ici Stieglitz,* (1915)– així com altres metàfores i funcions de l'ésser humà: *Mécanique* (1916), *Le fiancé* (1916), *Turbine* (1917), *Fille née sans mère* (1917), *Parade amoureuse* (1917).

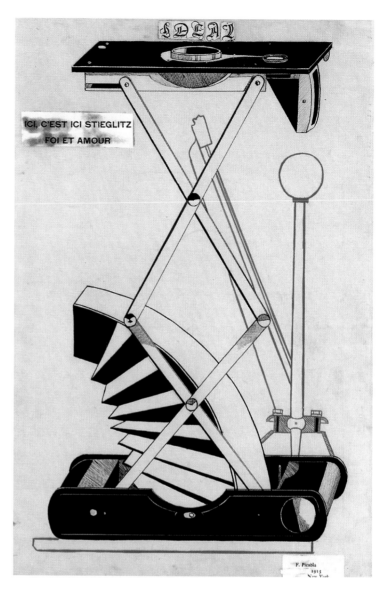

FRANCIS PICABIA
Ici, c'est ici Stieglitz, 1915
Llapis i tinta sobre paper
75,9 x 50,8 cm
The Metropolitan Museum of Art
Nova York

Entre sus obras maquinomórficas cabe destacar sus numerosos retratos-objeto simbólicos –*Gabrielle Buffet*, 1915, *Ici, c'est ici Stieglitz, 1915*–, así como otras metáforas y funciones del ser humano: *Mécanique*, 1916, *Le fiancé*, 1916, *Turbine*, 1917, *Fille née sans mère*, 1917, *Parade amoureuse*, 1917.

Como un circuito cerrado también puede ser considerada la película de los artistas suizos **Peter Fischli** y **David Weiss**: *El curso de las cosas* (1986-87). A lo largo de los 30 minutos que dura esta estrafalaria serie de colapsos filmados, una secuencia de acontecimientos catastróficos se van encadenando en la creación de un circuito energético dotado de un funcionamiento puramente mecánico.

Su caracterización de máquina soltera se debe al rasgo que la abierta sexualidad mecánica ha imprimado a la obra. Sin embargo, a esta categoría aporta un elemento de catástrofe *joyeuse*, que es heredera del también suizo Tinguely, pero: "Las conflagraciones en miniatura que presenta la película redu-

Com un circuit tancat també pot ser considerada la pel·lícula dels artistes suïssos **Peter Fischli** i **David Weiss** *El curs de les coses* (1986-87). Al llarg dels trenta minuts que dura aquesta estrafolària sèrie de col·lapses filmats, una seqüència d'esdeveniments catastròfics es va encadenant en la creació d'un circuit energètic dotat d'un funcionament purament mecànic.

La caracterització com a màquina fadrina es deu a l'evident sexualitat mecànica de l'obra. Tanmateix aquesta categoria aporta un element de catàstrofe *joyeuse*, que és hereva del també suís Tinguely, però, "Les conflagracions en miniatura que presenta la pel·lícula redueixen a la mínima expressió la imperialista teoria del dòmino dels esdeveniments mundials. Precisió de rellotge suís unida a un estat suís anàrquico-burgès. Com a paròdia del col·lapse de la tecnologia, les calamitats són reflex de la versió del capitalisme tardà, en el qual ja no existeix cap futur. La narrativa de la pel·lícula no va enlloc, res no canvia, tots els actes constitueixen fracassos rotunds" **[12]**.

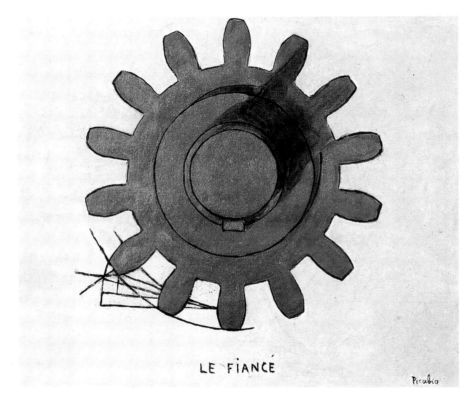

LE FIANCÉ

Picabia

FRANCIS PICABIA
Le fiancé, 1916
Oli i gouache sobre paper
25 x 33 cm
Musée d'Art Moderne
Saint-Étienne

cen a su mínima expresión la imperialista teoría del dominó de los acontecimientos mundiales. Precisión de reloj suizo unida a un estado suizo anárquico burgués. Como parodia del colapso de la tecnología, las calamidades son reflejo de la versión del capitalismo tardío, en el que ya no existe futuro alguno. La narrativa de la película no va a ninguna parte, nada cambia, todos los actos constituyen rotundos fracasos" [12].

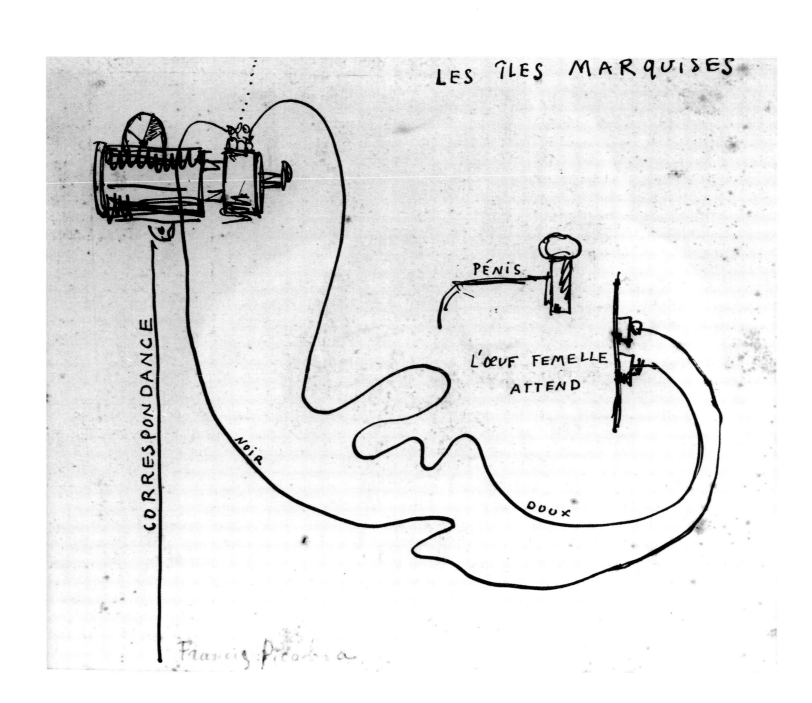

LES ÎLES MARQUISES

CORRESPONDANCE

NOIR

PÉNIS

L'ŒUF FEMELLE ATTEND

DOUX

Francis Picabia

FRANCIS PICABIA
Les Iles Marquises, 1916
Tinta sobre paper
20 x 26 cm
Col·lecció particular
Milà

78

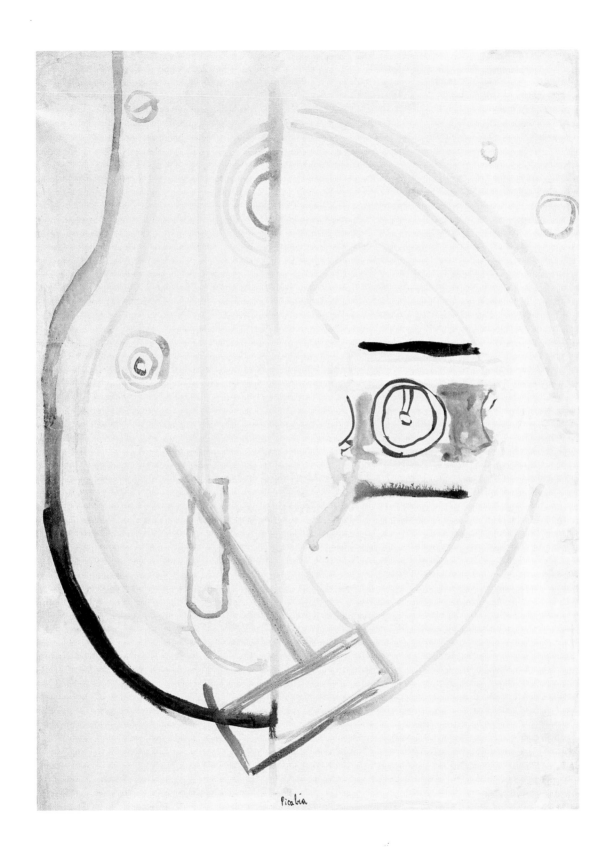

FRANCIS PICABIA
Dessin Mécanique, 1916
Aquarel·la sobre paper entelat
40,2 x 29,6 cm
IVAM, Institut Valencià d'Art Modern
Generalitat Valenciana

PETER FISCHLI I DAVID WEISS
El curs de les coses, 1986-87
Pel·lícula
30'

PETER FISCHLI I DAVID WEISS
El curs de les coses, 1986-87
Pel·lícula
30

JUAN MUÑOZ
Living in a Round Shoebox, 1995
Ferro, motor i tècnica mixta
71 x 132 x 132 cm
Col·lecció de l'artista
Madrid

La màquina de fer futur

La màquina considerada com a encarnació de la racionalitat va ser, durant el període de la Il·lustració, protagonista dels discursos del progrés que es varen transmetre principalment a través de les obres de **Descartes** i **Diderot**.

Aquesta utopia del progrés va guiar la unió de l'art amb la indústria, que va ser una de les metes perseguides pel cercle del *Werkbund* per a la nova arquitectura d'Alemanya, a partir de 1907. "El nucli central del pensament pràctic era el problema de la mecanització o, millor dit, de la relació entre l'arquitectura com a art de disseny i la producció mecànica en totes les seves fases, des de la construcció de la fàbrica fins a la publicitat del producte acabat. Aquesta relació va ser objecte d'intens estudi en dos punts crítics: l'estètica de la construcció d'enginyeria i l'estètica del disseny aplicat al producte industrial" **[13]**.

Alemanya era, en els inicis del segle XIX, després dels Estats Units, el país més industrialitzat del planeta i, com a conseqüència, va fructificar-hi una important estètica industrial, de què varen ser-ne exemples destacats els edificis per a fàbriques d'**Erich Mendelsohn**,

La máquina de hacer futuro

La máquina considerada en su aspecto de encarnación de la racionalidad fue durante el periodo de la *Ilustración* protagonista de los discursos del Progreso que se transmitieron principalmente a través de las obras de **Descartes** y **Diderot**.

Esta utopía del progreso guió la unión del arte con la industria, que fue una de las metas perseguidas por el círculo del *Werkbund* para la nueva arquitectura de Alemania a partir de 1907. "El núcleo central del pensamiento práctico era el problema de la mecanización o, mejor dicho, de la relación entre la arquitectura como arte de diseño y la producción mecánica en todas sus fases, desde la construcción de la fábrica hasta la publicidad del producto terminado. Esta relación fue objeto de intenso estudio en dos puntos críticos: la estética de la construcción de ingeniería y la estética del diseño aplicado al producto industrial" [13].

Alemania era, en los inicios del siglo XX, después de los Estados Unidos, el país más industrializado del planeta, y como consecuencia de ello allí fructificó una importante estética industrial, de la que fueron ejemplos destacados los edificios para fábricas de **Erich Mendelsohn**, **Hans Poelzig**, **Bruno Taut**. Pero, sobre todo, es muy significativo de esta situación que se produjo en la arquitectura alemana el encargo que la firma AEG hizo a **Peter Behrens** de convertirse en el arquitecto y proyectista de todos sus productos: edificios, imagen corporativa, etc.

Más tarde, **Walter Gropius**, que había consolidado su formación de arquitecto junto a **Le Corbusier** y **Mies van der Rohe** en el estudio de Behrens, llevó a cabo, en colaboración con **Hannes Meyer**, la *Fábrica Fagus* (1911). Este edificio fue inmediatamente considerado uno de los emblemas de la denominada *estética fabril*, habiendo sido una de las construcciones pioneras del *movimiento moderno*.

Con estos antecedentes, no es de extrañar que, al poco tiempo, en 1919, fundara la Escuela de la **Bauhaus**, que dirigió hasta 1928, con la intención de convertirla en el laboratorio idóneo donde desarrollar aquellos principios de la unidad del arte, la técnica y la industria, donde: "(...) se afirma en Bauhaus la necesidad social de creación de formas morales, es decir, funcionales, lógicas y bellas, concebidas inicialmente para una producción industrial masiva con objeto de penetrar por su evidencia en toda la colectividad" [14].

La **Bauhaus** fue uno de los ejemplos de la contaminación del "americanismo" a los modos de producción artísticos en Europa: por una parte, los hitos de la nueva cultura americana (el jazz, el cine,

ERICH MENDELSOHN
Dos alçats per a la fàbrica AEG
1914
Plomí, tinta xinesa i llapis
30,6 x 24 cm
Staatliche Museen zu Berlin
Kunstbibliothek

ERICH MENDELSOHN
Dos alçats per a la fàbrica AEG
1914
Plomí negre
31,2 x 24,1 y 30,8 x 24,1 cm
Staatliche Museen zu Berlin
Kunstbibliothek

ERICH MENDELSOHN
Alçat per a la fàbrica AEG
1914
Tinta xinesa sobre paper
10 x 15,4 cm
Staatliche Museen zu Berlin
Kunstbibliothek

ERICH MENDELSOHN
Alçat per a una fàbrica a Wüstegiersdorf
(projecte inicial)
Alçat per a una fàbrica a Wüstegiersdorf
Alçat per a una estació elèctrica
1922
14,1 x 22,6 cm
15,9 x 23,5 cm
21,8 x 26,3 cm
Llapis vermell i negre
Staatliche Museen zu Berlin
Kunstbibliothek

La Faguswerke de Alfeld, que Gropius y Meyer comenzaron a proyectar en 1911, y cuya construcción duró hasta 1913, se considera con frecuencia como el primer edificio del Movimiento Moderno propiamente dicho, el final de la fase pionera de la arquitectura moderna. Poca duda cabe de que esta elevada estima se debe, en parte, a la relación personal de Gropius con los historiadores del Movimiento Moderno, y también en parte, a los accidentes de la fotografía: mediante una selección hostil de fotografías, es posible hacer aparecer a ese proyecto como no más «moderno» que el barrio de Eppenhausen, por ejemplo, construido por Behrens en 1907. La modernidad de este grupo de edificios es visible, en efecto, sólo en las partes de los dos costados donde el taller mecánico y la central eléctrica presentan paredes vidriadas hacia el Sur. Dado el contraste tan marcado entre estos dos bloques y la convencional regularidad neoclásica de los demás edificios, cabría suponer que –como la estructura informal de la planta y las formas marcadamente esculturales de la planta extractora de polvo– hayan sido una consecuencia impensada de la Innerste Wesen del programa funcional. El resto de la fábrica concuerda con el alcance y las intenciones de la práctica de ideas corrientes entonces en el Werkbund; pero estos bloques vidriados, con ventanales que se elevan en forma continua a través de tres plantas y enlazan los ángulos del edificio, sin machones en las esquinas, se destacan como innovaciones de importancia, si bien quizá no fueron proyectados hasta comienzos de 1913, cuando Gropius y Meyer ya estaban trabajando en el pabellón del Werkbund para la Exposición de Colonia (1914).

REYNER BANHAM
Teoría y diseño en la primera era de la máquina
La estética fabril

PETER BEHRENS
Fábrica de turbines AEG
Berlín

ALBERT RENGER PATZSCH ➤
Fagus Werk, Walter Gropius & Adolf Meyer, Vista de la sala de producció,1911-1925
1928
Impressió de gelatina d'argent
17,1 x 23 cm
Bauhaus Archive, Berlín

La Faguswerke d'Alfeld, que Gropius i Meyer començaren a projectar l'any 1911, i la construcció del qual durà fins 1913, es considera freqüentment com el primer edifici del Moviment Modern pròpiament dit, la fi de la fase pionera de l'arquitectura moderna. No hi ha cap dubte que aquesta elevada estima es deu, en part, a la relació personal de Gropius amb els historiadors del Moviment Modern, i també en part, als accidents de la fotografia: mitjançant una selecció hostil de fotografies, és possible fer aparèixer aquest projecte com no més "modern" que el barri d'Eppenhausen, per exemple, construït per Behrens l'any 1907. La modernitat d'aquest grup d'edificis és visible, efectivament, sols en les parts dels dos costats on el taller mecànic i la central elèctrica presenten parets vidrades cap el Sud. Malgrat el contrast tan marcat entre aquests dos blocs i la convencional regularitat neoclàssica dels altres edificis, hem de suposar que -com l'estructura informal de la planta i les formes marcadament escDonaturals de la planta extractora de pols- hagin estat una conseqüència impensada de la Innerste Wesen del programa funcional. La resta de la fàbrica concorda amb l'abast i les intencions de la pràctica d'idees corrents llavors al Werkbund; però aquests blocs vidrats, amb finestrals que s'aixequen en forma contínua a través de tres plantes i lliguen els angles de l'edifici, sense pilastres en els cantons, sobresurten com a innovacions d'importància, si bé encara no foren projectats fins a començaments de 1913, quan Gropius i Meyer ja treballaven al pavelló del Werkbund per a l'Exposició de Colònia (1914).

Hans Poelzig, **Bruno Taut**. Però, sobretot, és molt significatiu d'aquesta situació que es va produir en l'arquitectura alemanya l'encàrrec que la firma AEG va fer a **Peter Behrens** de convertir-se en l'arquitecte i projectista de tots els seus productes, edificis, imatge corporativa, etc.

Més tard, **Walter Gropius**, que havia consolidat la seva formació d'arquitecte vora **Le Corbusier** i **Mies van der Rohe** a l'estudi de Behrens, va dur a terme, amb col·laboració amb **Hannes Meyer**, la *Fàbrica Fagus* (1911), edifici immediatament considerat un dels emblemes de la denominada "estètica fabril" i una de les construccions pioneres del "moviment modern".

Amb aquests antecedents, no és estrany que, al poc temps, el 1919, fundàs l'escola de la **Bauhaus**, que va dirigir fins a 1928, amb la intenció de convertir-la en el laboratori idoni des d'on desenvolupar aquells principis de la unitat de l'art, la tècnica i la indústria, en què: "(...) s'afirma a Bauhaus la necessitat social de creació de formes morals, és a dir, funcionals, lògiques i belles, concebudes inicialment per a una producció industrial massiva amb l'objectiu de penetrar, per la seva evidència, en tota la col·lectivitat" **[14]**.

La **Bauhaus** va ser un dels exemples de la contaminació de l'americanisme als modes de producció artístics a Europa; per una part, les fites de la nova cultura americana (el jazz, el

Els mestres a l'edifici de la Bauhaus, d'esquerre a dreta: Josef Albers, Hinner Scheper, Georg Muche, Lázsló Moholy-Nagy, Herbert Bayer, Joost Schmidt, Walter Gropius, Marcel Breuer, Wassily Kandinsky, Paul Klee, Lyonel Feininger, Gunta Stölz i Oskar Schlemmer

MARCEL BREUER
Personatge mecànic
1923
Guaix sobre paper
49 x 27 cm
Galerie Valentien, Stuttgart

91

Res de queixar-se de la mecanització, hem d'alegrar-nos de la precisió! Els artistes estan disposats a reencunyar el costat fosc i perillós d'una època mecànica en el costat lluminós d'una metafísica exacta. Si els artistes actuals estimen la màquina i la tècnica, i l'organització, si prefereixen la precisió a l'inconcret i confús, llavors la salvació instintiva del caos i la nostra ànsia de plasmar equival a abocar el vi nou en odres vells: formular els impulsos del present i de l'home actual, donar-los forma, que serà única i sense precedents.

OSKAR SCHLEMMER / *Escrits sobre art: pintura, teatre, dansa, cartes i diaris* / *Diari. Abril 1926*

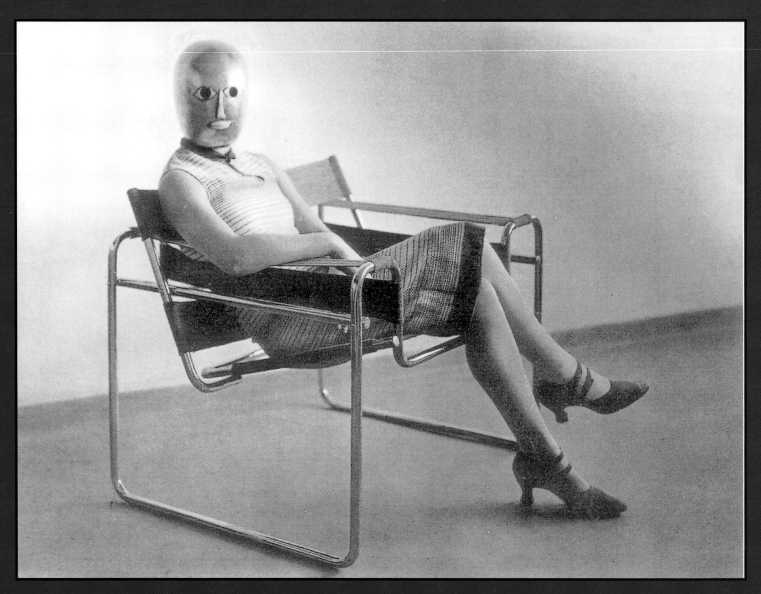

ERICH CONSEMÜLLER, *Dona amb màscara de Schlemmer en una butaca,* Archivo Bauhaus

¡Nada de quejarse de la mecanización, sino alegrarnos de la precisión! Los artistas están dispuestos a reacuñar el lado oscuro y el peligro de una época mecánica en el lado luminoso de una metafísica exacta. Si los artistas actuales aman la máquina y la técnica, y la organización, si prefieren lo preciso a lo vago y confuso, entonces la salvación instintiva del caos y nuestra ansia de plasmar equivale a verter el vino nuevo en odres viejos: el formular los impulsos del presente y del hombre actual, darles una forma, que será única y sin precedentes.

OSKAR SCHLEMMER / *Escritos sobre arte: pintura, teatro, danza, cartas y diarios* / *Diario. Abril 1926*

cinema, l'arquitectura, Charles Chaplin, Josephine Baker, etc.), i, per l'altra, els nous modes de producció industrial basats en la teoria del "taylorisme" sobre la creació d'un nou sistema de treball que requeria la indústria de cadenes de muntatge, que havia tingut una enorme eficàcia en haver estat posada en pràctica en les indústries de Henry Ford i traslladada després a les fàbriques Krupp a Alemanya.

"El clima artístic aquí no pot donar suport a res que no sigui el darrer crit, allò més modern, d'última hora, el dadaisme, una jocosa diversitat, el jazz, un ritme trepidant, pel·lícules, Amèrica, avions, l'automòbil", deia **Oskar Schlemmer**, qui va dur a terme la creació d'un teatre a la **Bauhaus**.

Encara que no va ser un cas aïllat, ja que aquest corrent va fer furor per tota Europa, des dels arquitectes europeus com **Le Corbusier** o **Mendelsohn**, fins a Rússia.

En aquest país, aleshores de ple en el nou clima artístic propiciat per la revolució, una bona mostra es va donar en el teatre d'avantguarda amb la profusió amb què es va utilitzar la biomecànica. Aquesta tècnica consistia en "un corrent antimetafísic que volia que tota la vida del planeta i de l'espècie humana es regís pels principis de la Mecànica, entesa en el sentit més ampli, és a dir, incloent-hi les lleis de la Física i la Química. Per restricció, el terme Biomecànica designava també un corrent que volia que l'home fos una mecànica viva, el

la arquitectura, Charles Chaplin, Josephine Baker, etc.), y por la otra, los nuevos modos de producción industrial basados en la teoría del *Taylorismo* sobre la creación de un nuevo sistema de trabajo que requería la industria de cadenas de montaje, que había resultado de una enorme eficacia al haber sido puesta en práctica en las industrias de Henry Ford y trasladada después a las fabricas Krupp en Alemania.

"El clima artístico aquí no puede apoyar nada que no sea lo último, lo más moderno, lo de última hora, el dadaísmo, una jocosa diversidad, el jazz, un ritmo trepidante, películas, América, aviones, el automóvil", decía **Oskar Schlemmer**, quien llevó a cabo la creación de un teatro mecánico en la Bauhaus.

Aunque no fue un caso aislado, ya que esta corriente hizo furor a lo largo de toda Europa, desde los arquitectos europeos como **Le Corbusier** o **Mendelsohn**, hasta la propia Rusia.

En este país, por entonces metido de lleno en el nuevo clima artístico propiciado por la revolución, una buena muestra se dio en el teatro de vanguardia con la profusión con que se utilizó la "Biomecánica". Esta técnica consistía en: "una corriente antimetafísica que quería que toda la vida del planeta y de la especie humana se rigiera por los principios de la Mecánica, entendida en el sentido más amplio, es decir, incluyendo las leyes de la Física y la Química. Por restricción, el término Biomecánica designaba, también una corriente que quería que el hombre fuera una mecánica viva, cuyo desarrollo habría que conocer con objeto de explotar mejor sus posibilidades" [15]

desenvolupament de la qual s'havia de conèixer amb l'objectiu d'explotar millor les seves possibilitats" **[15]**

La producció de **Meyerhold** *El banyut magnànim* (1922), que va comptar amb l'escenografia maquinista de **Liubov Popova** va ser una de les experiències escèniques més interessants realitzades amb aquesta tècnica, que va tenir una formidable repercussió en el teatre europeu d'avantguarda des de principis de segle.

La biomecànica estava directament influïda pel ritme de moviments mecanitzats i disseminats que el "taylorisme" i l'organització científica de la societat havien regulat per als moviments del nou treballador que la nova producció en massa exigia i que la industrialització es va encarregar d'estendre ràpidament per tot.

Els moviments d'avantguarda varen descobrir que l'essència de la modernitat estava precisament en la nova dinàmica urbana unida a la mecanització del treball i la vida quotidiana, en què l'home i les màquines eren concebuts en termes idèntics.

Tal com es veien reflectides en les seves obres, les reaccions dels artistes davant d'aquest fenomen no varen ser unànimes, sinó que les respostes varen anar des de l'entusiasme dels primers moments (en els moviments del Purisme, la Bauhaus, el Constructivisme, el Futurisme)

La producción de **Meyerhold** *El cornudo magnánimo* (1922), que contó con la escenografía maquinista de **Liubov Popova**, fue una de las experiencias escénicas más interesantes realizadas con esta técnica, que tuvo una formidable repercusión en el teatro europeo de vanguardia desde principios de siglo.

La biomecánica estaba directamente influenciada por el ritmo de movimientos mecanizados y diseminados que el *Taylorismo* y la organización científica de la sociedad habían regulado para los movimientos del nuevo trabajador que la nueva producción en masa exigía y que la industrialización se encargó de extender rápidamente por todas partes.

Los movimientos de vanguardia descubrieron que la esencia de la modernidad radicaba precisamente en la nueva *dinámica* urbana unida a la *mecanización* del trabajo y la vida cotidiana, donde el hombre y las máquinas eran concebidos en los mismos términos.

Tal como se veían reflejadas en sus obras, las reacciones de los artistas frente a este fenómeno no fueron unánimes, sino que las respuestas fueron desde el entusiasmo de los primeros momentos (en los movimientos del Purismo, la Bauhaus, el Constructivismo, el Futurismo) a una actitud satírica (Dadá), pasando más tarde de la ansiedad (Surrealismo), a la asimilación acaecida después de la II Guerra Mundial

a una actitud satírica (Dadà), passant més tard de l'ansietat (Surrealisme) a l'assimilació ocorreguda després de la Segona Guerra Mundial.

"Sens dubte heu escoltat les observacions formulades comunament per automobilistes i directors de fàbriques: els motors són en veritat misteriosos, diuen. És com si tinguessin personalitat, ment, ànima. És necessari complaure'ls", deia **Marinetti**. Posava un cop més en evidència d'aquesta manera que en les avantguardes del segle XX la màquina va ocupar un lloc privilegiat, en ser un símbol del canvi que el mateix terme d'avantguarda venia a significar, ocasionat per la modernització que la seva presència en l'art de la mecanització demostrava, com, per altra banda, ja s'havia estat fent en la construcció del paisatge urbà que va contribuir a crear.

"Sin duda habéis oído las observaciones formuladas comúnmente por automovilistas y directores de fábricas: los motores son en verdad misteriosos, dicen. Es como si tuvieran personalidad, mente, alma. Es necesario complacerlos", decía **Marinetti**. Ponía una vez más en evidencia de este modo que en las vanguardias del siglo XX la máquina ocupó un lugar privilegiado, al ser un símbolo del cambio que el propio término de vanguardia venía a significar, ocasionado por la modernización que su presencia en el arte de lo mecánico demostraba, como por otra parte ya había venido haciendo en la construcción del paisaje urbano que contribuyó a crear.

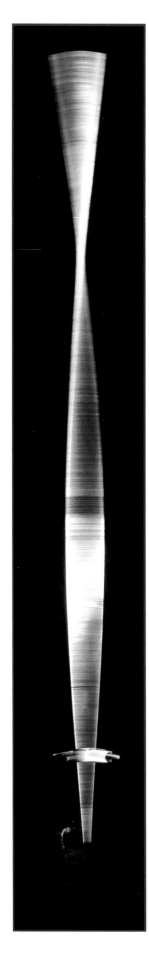

En aquells països que varen gaudir d'un alt nivell de desenvolupament –alguns dels europeus i especialment els Estats Units–, la màquina va ser entesa així mateix com l'encarnació de les capacitats de l'home en adoptar les qualitats més pròpiament humanes, diluint les barreres que els separaven mitjançant l'automatització generalitzada.

Però ja **Voltaire** el 1756 s'havia avançat als ferms defensors del progrés que creien en el poder del pensament racionalista per beneficiar l'home en afirmar que "raó i indústria progressaran més i més, les arts útils milloraran, els mals que han afligit els homes i els prejudicis que no són el menor assot aniran desapareixent a poc a poc entre totes les nacions rectores."

NAUM GABO
Kinetic Construction, 1919-20
Rèplica, 1985
Metall i motor elèctric
Alçària 61,6 cm
Tate Gallery
Londres

En aquellos países que disfrutaron de un alto nivel de desarrollo –algunos de los europeos y especialmente los Estados Unidos–, la máquina fue entendida asimismo como la encarnación de las capacidades del hombre al adoptar las cualidades más propiamente humanas y diluyendo las barreras que los separaban por medio de la automatización generalizada.

Pero ya **Voltaire** en 1756 se había adelantado a los firmes defensores del progreso que creían en el poder del pensamiento racionalista para beneficiar al hombre al afirmar que: "razón e industria progresarán más y más, las artes útiles mejorarán, los males que han afligido a los hombres y los prejuicios que no son su menor azote irán desapareciendo paulatinamente entre todas las naciones rectoras".

De ese espíritu participaron tanto los artistas integrantes del *Constructivismo* en Rusia, durante los tiempos inmediatamente posteriores a la Revolución del 17, como los *Futuristas* italianos y muchos artistas en la Alemania de la Bauhaus y el constructivismo, así como los fotógrafos americanos de entreguerras. Entre otros muchos, estos utilizaron las frías

D'aquest esperit en varen participar tant els artistes integrants del Constructivisme a Rússia, durant els temps immediatament posteriors a la Revolució de 1917, com els Futuristes italians i molts artistes a l'Alemanya de la Bauhaus i el Constructivisme, així com els fotògrafs americans d'entreguerres; aquests varen utilitzar les fredes formes mecàniques i l'estètica industrial en forma de símbols de la desitjada modernització de la humanitat, en nom de la qual també es varen cometre massa errors i abusos, com mostra la història del segle XX en els casos del nazisme i l'estalinisme.

Els Constructivistes i els Productivistes russos –**Rodchenko**, **El Lissitzky** i **Gabo**, etc.–, varen estar fermament convençuts de la possibilitat de crear una societat nova. Això, que va acabar sent una utopia irrealitzable, els va dur a posar al servei de la Revolució el seu treball d'artistes, que seria dedicat a la consagració d'allò *nou*.

Tanmateix, la pel·lícula *Aelita*, realitzada per **Protazanov** (1924) va ser una crítica als somnis utòpics a través del desenvolupament d'un tema de ciència-ficció política en què un planeta, Mart, és el somni fantàstic d'un enginyer sobre el qual finalment triomfa la Rússia real. Els decorats de **Rabinovitch** i el vestuari d'**Alexandra Exter** varen contribuir a

PROTAZANOV
Aelita, 1924

crear aquest univers suprematista que se suposa que era el món utòpic que els artistes d'avantguarda varen somniar a construir per al futur.

Dins de l'avantguarda russa, una de les presències fonamentals va ser la de **Vladimir Tatlin**, qui va contribuir a la missió que aquests artistes s'havien traçat d'aconseguir modernitzar la humanitat per mitjà del desenvolupament de la ciència i la indústria. Aquest vessant de la seva personalitat artística, la seva obra més significativa va ser *Monument a la Tercera Internacional* (1920) perquè reflectia perfectament aquesta tasca,

Vladimir Tatlin i els seus camarades davant del model del projecte *Monument a la III Internacional*, novembre, 1920

formas mecánicas y la estética industrial en forma de símbolos de la anhelada modernización de la humanidad, en nombre de la que también se cometieron demasiados errores y abusos, como muestra la historia del siglo XX con los casos del nazismo y el stalinismo.

Los *Constructivistas* y los *Productivistas Rusos* –entre los que se contaron artistas como **Rodchenko**, **El Lissitzky** y **Gabo**, entre otros– estuvieron firmemente convencidos de la posibilidad de crear una sociedad nueva. Esto, que acabó siendo una utopía irrealizable, les llevó a poner al servicio de la Revolución su trabajo de artistas, que sería dedicado a la consagración de lo *nuevo*.

Sin embargo, la película *Aelita*, realizada por **Protazanov** (1924), fue una crítica a los sueños utópicos a través del desarrollo de un tema de ciencia-ficcion política en el que un planeta, Marte, es el sueño fantástico de un ingeniero sobre el que finalmente triunfa la Rusia real. Los decorados de **Rabinovitch** y el vestuario de **Alexandra Exter** contribuyeron a crear este universo suprematista que se supone era el mundo utópico que los artistas de vanguardia soñaron con construir para el futuro.

Dentro de la vanguardia rusa, una de las presencias fundamentales fue la de **Vladimir Tatlin**, quien contribuyó a la misión que estos artistas se habían trazado de conseguir modernizar la humanidad por medio del desarrollo de la ciencia y la industria. En esta vertiente de su personalidad artística, su obra más significativa fue *Monumento a la Tercera Internacional* (1920), porque reflejaba a la

VLADIMIR TATLIN ➤
Model del projecte
Monument a la III Internacional
Reconstrucció 1992-93

ALEXANDER RODCHENKO
Krieg der Zukunft
1930
Collage i guaix sobre paper
51 x 35 cm
Galerie Berinson
Berlín

ALEXANDER RODCHENKO
Moscow, 1927
1927
Impressió de gelatina d'argent
23,6 x 29,2 cm
George Eastman House
Rochester

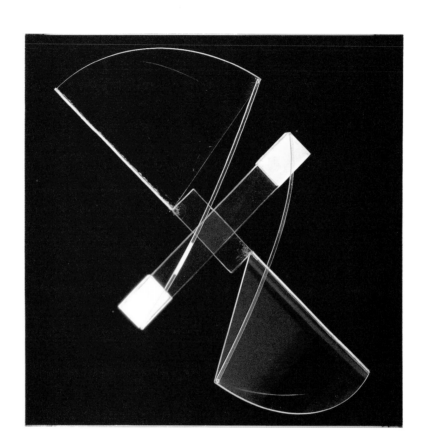

NAUM GABO
Square Relief, 1937
Plexiglàs sobre base d'alumini anonitzat
44,5 x 44,5 x 16 cm
IVAM Institut Valencià d'Art Modern
Generalitat Valenciana

102

EL LISSITZKY
Constructor, 1924
Impressió de gelatina d'argent
12,6 x 14,4 cm
Galerie Berinson
Berlin

convertint-se en el símbol per excel·lència de la redefinició de l'art promoguda per la revolució.

Una altra de les seves obres més importants va ser la construcció de l'avió anomenat *Letatlin* (1930), amb el qual va intentar unir les seves idees sobre la interrelació de l'art, la tecnologia i la societat i alhora la seva particular fascinació per les màquines.

El mateix artista va defensar la construcció d'aquests projectes innovadors amb els quals va posar en pràctica la seva convicció en la necessitat de crear un art que fos utilitari i funcional: "D'aquesta manera sorgeix l'oportunitat d'unir formes purament artístiques amb intencions utilitàries. Un exemple és el projecte de monument a la Tercera Internacional. Els seus resultats són models que ens duen a inventar en el nostre treball de creació d'un món nou, i que exigeix que els productors exerceixin control sobre les formes que trobam en la nostra vida diària" [16]

perfección este cometido, convirtiéndose en el símbolo por excelencia de la redefinicion del arte promovida por la Revolución.

Otra de sus obras más importantes fue la construcción del avión llamado *Letatlin* (1930), con el que intentó aunar sus ideas sobre la interrelación del arte, la tecnología y la sociedad y al mismo tiempo que su particular fascinación por las máquinas.

El propio artista defendió la construcción de estos innovadores proyectos con los que puso en práctica su convicción en la necesidad de crear un arte que fuera utilitario y funcional: "De este modo surge la oportunidad de unir formas puramente artísticas con intenciones utilitarias. Un ejemplo es el proyecto de Monumento a la Tercera Internacional. Sus resultados son modelos que nos llevan a inventar en nuestro trabajo de creación de un mundo nuevo, y que exige que los productores ejerzan control sobre las formas que encontremos en nuestra nueva vida diaria" [16]

VLADIMIR TATLIN
Letatlin
1929-32

Per a aquells artistes russos revolucionaris, la màquina va ser el model utòpic de la nova organització social, per això es varen comprometre al fet que la seva producció artística reflectís el dinamisme de la nova societat i glorificàs la cultura de la màquina.

El Constructivisme va ser introduït a Alemanya per **László Moholy-Nagy**, fundador del moviment juntament amb **Lissitzky** a Berlín el 1922, qui sostenia que "la realitat del nostre segle és la tecnologia, la invenció, la construcció, el manteniment de la màquina." **[17]**

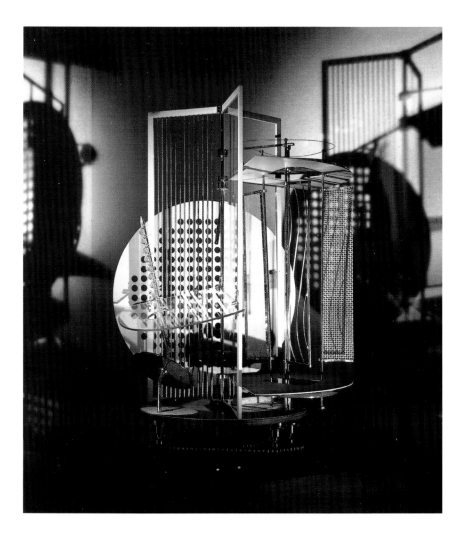

LÁZSLÓ MOHOLY-NAGY
*Modulador espai-llum
(L'utensili lluminós)*
1922-30
Construcció mòbil, metalls
diversos, plàstics, fusta
i motor elèctric
151 x 70 x 70 cm

Les idees que sostenia al llibre *La Nova Visió* (1929) el varen fer anar aprofundint en l'interès per la tècnica a través d'una àmplia gamma d'experimentacions fotogràfiques els resultats de les quals s'aprecien a les seves fotografies, fotomuntatges, pel·lícules i sobretot en la construcció d'una màquina de llum *Modulador espai-llum, (L'utensili lluminós),* 1922-30; *Utensili lluminós per a un escenari elèctric,* 1922-1930.

Para aquellos artistas rusos revolucionarios, la máquina fue el modelo utópico de la nueva organización social, por lo que se comprometieron a que su producción artística reflejara el dinamismo de la nueva sociedad y glorificara la cultura de la máquina.

El *Constructivismo* tuvo en Alemania a uno de sus introductores y más fervientes valedores en László Moholy-Nagy –fundador del Grupo constructivista con **Lissitzky** en Berlín en 1922– quien sostenía que: "la realidad de nuestro siglo es la tecnología, la invención, la construcción, el mantenimiento de la máquina" [17]

Las ideas que luego vertió en su libro *La Nueva Visión* (1929) le hicieron ir profundizando cada vez más en su interés por la técnica a través de una amplia gama de experimentaciones fotográficas cuyos resultados se aprecian en sus fotografías, fotomontajes, películas y, sobre todo, en la construcción de una máquina de luz *Modulador espacio-luz, (El utensilio luminoso),* 1922-30; *Utensilio luminoso para un escenario eléctrico,* 1922-1930.

Aquest artista hongarès va ser un dels principals artífexs del culte a la màquina viscut a la **Bauhaus** en la fase que es va iniciar a partir de 1923, quan aquesta institució es trobava entre aquells que varen tractar de dur a terme una "reforma plàstica del món a través de la seva obra i dels seus textos" **[18]**

A França, **Fernand Léger** va ser també un d'aquests artistes que varen creure en la possibilitat de crear un art basat en les màquines, després que els seus quadres havien estat plens d'elements mecanoformes, especialment a partir de l'impacte produït per les experiències que va viure durant la Primera Guerra Mundial.

"Une machine à comuniquer des sentiments" era la pintura per a **Le Corbusier**, amb qui va compartir Léger aquest interès per l'estètica de la màquina. **Le Corbussier** i **Ozenfant** havien estat els creadors del Purisme, amb el qual varen tractar d'elaborar un art objectiu basat en pressupòsits racionals que s'integràs en el món modern que, per a ells, expressaven les màquines. La seva pintura era la prova de l'admiració que despertaven les seves formes precises, metal·litzades, polides.

Le Corbussier va contribuir decisivament a la difusió dels nous ideals maquinistes amb els articles publicats a la revista *L'Esprit Nouveau* de 1920 i 1921 i després recopilats en el llibre *Hacia una nueva arquitectura* (1923), en el qual defensava l'existència d'una gran

Este artista húngaro se contó entre los principales artífices del *culto a la máquina* vivido en la Bauhaus en la fase que se inició a partir de 1923, cuando esta institución se encontraba entre quienes trataron de llevar a cabo una "reforma plástica del mundo a través de su obra y de sus textos" [18]

En Francia, **Fernand Léger** fue también uno de estos artistas que creyeron en la posibilidad de crear un arte basado en las máquinas, después de que sus cuadros habían sido atestados de elementos mecanoformes, especialmente a partir del impacto producido por las experiencias que vivió durante la Primera guerra mundial.

"Une machine à comuniquer des sentiments" era la pintura para Le Corbusier, con quien compartió Léger este interés en la *estética de la máquina*. **Le Corbusier** y **Ozenfant** habían sido los creadores del *Purismo*, con el que trataron de elaborar un arte objetivo basado en presupuestos racionales que se integrara en el mundo moderno que para ellos estaba expresado en las máquinas. Su pintura era la prueba de la admiración que despertaban sus formas precisas, metalizadas, pulidas.

Le Corbusier contribuyó decisivamente a la difusión de los nuevos ideales "maquinistas" en sus artículos publicados en la revista *L'Esprit Nouveau* de 1920 y 1921 y luego recopilados en el libro *Hacia una nueva arquitectura* (1923), en el que afirmaba la existencia de una gran época que acababa de comenzar dotada de un nuevo espíritu. Gracias a la técnica que hacía posible la estandarización de la producción industrial, el arquitecto de origen suizo pensaba que los ideales clási-

abb. **178 a** moholy-nagy 1922
die erste fassung des kine-
tischen konstruktiven systems
von s. 204●)

der bau enthält eine äußere bahn mit spiraler steigung zur beförderung des publikums, daher mit geländer. statt stufen rollrampe. abschluß oben und zugleich verbindung zur äußeren spiral-rampe: eine horizontale halbringplattform, der ein fahrstuhlschacht angegliedert ist. ihr oberes ende ist gelenkig. das untere ende läuft in eine horizontale ringplattform aus, die mit einem roll-band das publikum durch eine rutsche herausschleudert.

die horizontale ringplattform schleudert in verbindung mit dem fahrstuhl und durch die drehung des ganzen baues alles abwärts. die bewegungsbahn dafür ist die innerste spirale (publikum-beförderung, daher geländer). parallel zu der äußeren bahn eine weitere spirale mit größtmög-lichster steigung zur beförderung der leistungsfähigeren aktöre. kein geländer sonst wie die äußere bahn.

über der oberen plattform für das publikum eine horizontale dreiviertel kreisringfläche, die abschluß der bahn der aktöre ist, zugleich verbindung mit einer rutschstange parallel zu dem publikum-befördernden fahrstuhlschacht. die rutschstange hat durch ihre gelenkigen anschlußstellen zutritt zu jeder stelle der oberen kreisringfläche, wie auch austritt auf jeden punkt der grundebene des gesamten baues.

figuren geben maßstab, pfeile bewegungsrichtungen an.

●) siehe auch den entwurf zur mechanischen exzentrik im band 4 der bauhausbücher.

205

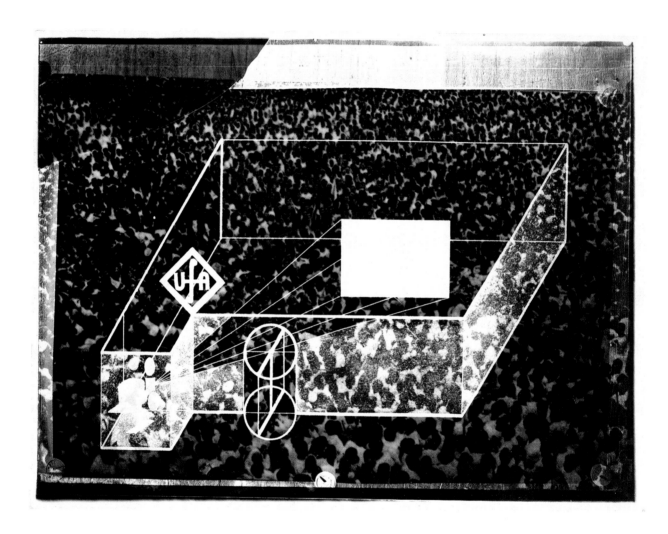

LÁZSLÓ MOHOLY-NAGY
Sense títol
1925
Fotografia en blanc i negre
17,9 x 23,8 cm
IVAM Institut Valencià d'Art Modern
Generalitat Valenciana

108

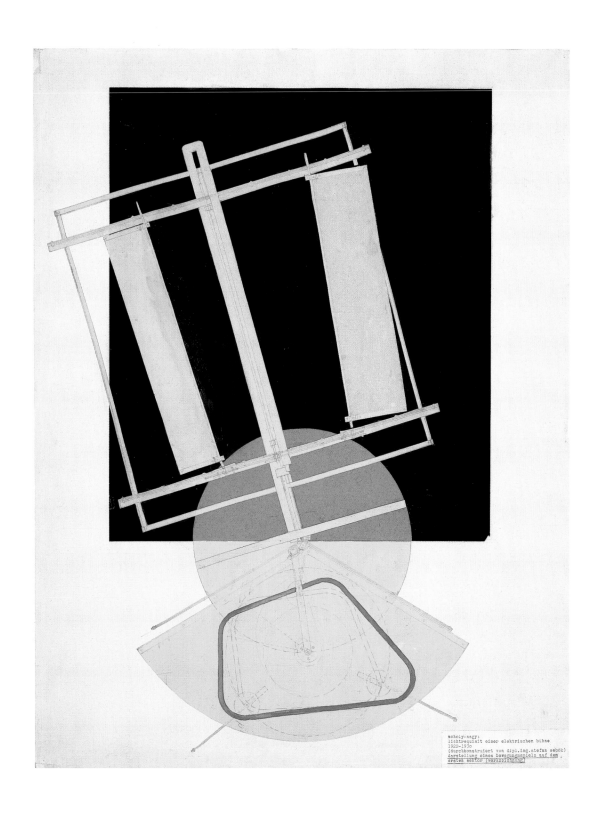

Los cubistas fueron posiblemente la primera escuela que superó esta asociación de lo feo y lo mecánico: no sólo sostuvieron que podía producirse belleza a través de la máquina, incluso señalaron el hecho de que se había producido. La primera expresión de cubismo en realidad se remonta al siglo XVII: Jean Baptiste Bracelle, en 1624, hizo una serie de *Bizarreries* que describían hombres mecánicos completamente cubistas en su concepción. Esto anticipó en el arte, como Glanville en la ciencia, nuestros ulteriores intereses e inventos. ¿Qué hicieron los cubistas? Extrajeron del ambiente orgánico aquellos elementos precisos que podían ser expuestos en símbolos geométricos abstractos: Transpusieron y reajustaron los contenidos de la visión con tanta libertad como el inventor reajustaba funciones orgánicas: crearon incluso en tela o en metal equivalentes mecánicos de objetos orgánicos: Léger pintó figuras humanas que parecían haber sido torneadas en un torno mecánico, y DuchampVillon modeló un caballo como si fuera una máquina. Todo este proceso de experimento racional en formas mecánicas abstractas fue proseguido por los constructivistas. Artistas como Grabo y Moholy-Nagy pusieron juntas piezas de escultura abstracta, compuestas de vidrio, chapas de metal, espirales de resortes, madera, que eran equivalentes no utilitarios de los aparatos que el físico estaba empleando en su laboratorio. Crearon en forma la semblanza de las ecuaciones matemáticas y de las fórmulas físicas, tratando en esta nueva escultura de respetar las leyes del equilibrio o de derivar equivalentes dinámicos de la escultura sólida del pasado haciendo rotar en el espacio una parte del objeto.

El valor final de estos esfuerzos no residía quizá en el arte mismo, pues las máquinas y los instrumentos originales eran tan estimulantes como sus equivalentes, y las nuevas piezas de escultura eran tan limitadas como las máquinas. No: el valor de esos esfuerzos reside en la creciente sensibilidad hacia el ambiente mecánico que se producía en aquellos que entendían y apreciaban este arte. El experimento estético ocupaba un lugar comparable al experimento científico: era un intento de emplear una cierta especie de aparato físico con el fin de aislar un fenómeno sujeto a experimentación para determinar los valores de ciertas relaciones: el experimento era una guía para el pensamiento y una manera de plantear la acción.

Como las pinturas abstractas de Braque, Picasso, Léger, Kandinsky, estos experimentos constructivistas hicieron distinta la respuesta de la máquina como objeto estético. Analizando, con la ayuda de simples construcciones, los efectos producidos, mostraron lo que había que buscar y qué valores podían esperarse. El cálculo, el invento, la organización matemática desempeñaron un papel especial en estos nuevos efectos visuales producidos por la máquina, mientras la continua iluminación de la escultura y del lienzo, hecha posible con la electricidad, modificó profundamente la relación visual. Por un proceso de abstracción, las nuevas pinturas finalmente, en algunos pintores como Mondrian, consistieron en una pura fórmula geométrica, con un simple residuo de contenido visual.

Quizá las más completas así como las más brillantes de las interpretaciones de la capacidad de la máquina lo fueron en la escultura de Brancusi, pues él exhibía a la vez forma, método y símbolo.

En la obra de Brancusi se constata, antes que nada, la importancia del material, con su peso específico, forma, textura, color y acabado: cuando modela en la madera, aún se obliga a conservar la forma orgánica del árbol, insistiendo más bien que reduciendo la parte dada por la naturaleza, mientras que cuando modela en mármol le saca plenamente la suave textura satinada, en las formas más suaves y más semejantes a un huevo. El respeto por la materia se extiende más aún en la concepción del tema tratado: el individuo está sumergido, como en la ciencia, en la clase; en vez de representar en mármol la cara contrahecha de una madre y un niño, pone dos bloques de mármol uno al lado del otro con sólo la depresión de superficie más ligera para señalar los rasgos de la cara; es mediante las relaciones de volúmenes como presenta la idea genérica de madre e hijo; la idea en su forma más tenue. Así también, en su famoso pájaro, trata al objeto mismo, en el modelo en metal, como si fuera el pistón de un motor: el afilado es tan delicado, el pulimento tan fino como si tuviera que adaptarse a la pieza más complicada de maquinaria, en la que tan sólo unos granitos de polvo pudieran impedir su acción perfecta: mirando al pájaro mismo, ya no es ningún pájaro particular, sino genérico en su aspecto más ornitológico, la función del vuelo. Lo mismo ocurre con su pez de mármol o metálico, pareciendo formas experimentales desarrolladas en un laboratorio de aviación, flotando en la superficie sin defectos de un espejo. Este es el equivalente en arte del mundo mecánico que nos rodea por todas partes. Con su perfección adicional del símbolo, y la de las formas metálicas sumamente pulidas el mundo en conjunto y el espectador mismo, se reflejan igualmente: por lo que la antigua separación entre sujeto y objeto está ahora figurativamente cerrada. El torpe oficial de aduanas de los Estados Unidos que deseaba clasificar la escultura de Brancusi como maquinaria o aparatos de fontanería estaba en realidad haciéndole un cumplido. En la escultura de Brancusi la idea de la máquina está objetivada y asimilada en obras equivalentes de arte.

En la percepción de la máquina como fuente de arte, los nuevos pintores y escultores aclararon todo el problema y liberaron el arte del prejuicio romántico contra la máquina como necesariamente hostil al mundo del sentimiento. Al propio tiempo, empezaron a interpretar intuitivamente los nuevos conceptos de tiempo y espacio que distinguen el tiempo presente del Renacimiento. El curso de este desarrollo puede quizá seguirse mejor en la fotografía y en el cine: las artes específicas de la máquinas.

LEWIS MUMFORD
Técnica y Civilización

varen esser els cubistes possiblement la primera escola que superà aquesta associació del lleig amb el mecànic: no tan sols sostingueren que podia produir-se bellesa a través de la màquina, sinó que assenyalaren el fet de la seva realització. La primera expressió de cubisme en realitat es remunta al segle XVII: Jean Baptiste Bracelle, l'any 1624, va fer una sèrie de Bizarreries que descrivien homes mecànics completament cubistes en llur concepció. Això anticipà en l'art, com Glanville en la ciència, els nostres ulteriors interessos i invents. Què feren els cubistes? Sostragueren de l'ambient orgànic aquells elements precisos que podien ésser exposats en símbols geomètrics abstractes: Transposaren i reajustaren els continguts de la visió amb tanta de llibertat com l'inventor reajustava funcions orgàniques: fins i tot crearen en tela o metall equivalents mecànics d'objectes orgànics: Léger pintà figures humanes que semblaven haver estat tornejades en un torn mecànic, i DuchampVillon modelà un cavall com si fos una màquina. Tot aquest procés d'experiment racional en formes mecàniques abstractes fou prosseguit pels constructivistes. Artistes com Grabo i Moholy-Nagy ajuntaren peces d'escultura abstracte, compostes de vidre, xapes de metall, espirals de ressorts, fusta, que eren equivalents no utilitaris dels aparells que el físic estava emprant al seu laboratori. Crearen en forma la semblança de les equacions matemàtiques i de les fórmules físiques, tractant en aquesta nova escultura de respectar les lleis de l'equilibri o de derivar equivalents dinàmics de l'escultura sòlida del passat fent girar a l'espai una part de l'objecte.

El valor final d'aquests esforços no residia tal vegada a l'art mateix, ja que les màquines i els instruments originals eren tan estimulants com els seus equivalents, i les peces noves d'escultura eren tan limitades com les màquines. No: el valor d'aquests esforços resideix en la sensibilitat creixent envers l'ambient mecànic que es produïa en aquells que entenien i apreciaven aquest art. L'experiment estètic ocupava un lloc comparable a l'experiment científic: era un intent d'emprar una determinada espècie d'aparell físic amb la finalitat d'aïllar un fenomen subjecte a experimentació per a determinar els valors d'algunes relacions: l'experiment era una guia per al pensament i una manera de planejar l'acció.

Com les pintures abstractes de Braque, Picasso, Léger, Kandinsky, aquests experiments constructivistes feren diferent la resposta de la màquina com objecte estètic. Analitzant, amb l'ajuda de simples construccions, els efectes produïts, mostraren allò que calia cercar i quins valors podien esperar-se. El càlcul, l'invent, l'organització matemàtica desenvoluparen un paper especial en aquests nous efectes visuals produïts per la màquina, mentre la contínua il·luminació de l'escultura i del llenç, feta possible amb l'electricitat, modificà profundament la relació visual. Per un procés d'abstracció, finalment les noves pintures, en alguns pintors com Mondrian, consistiren en una pura fórmula geomètrica, amb un

tal vegada les més complexes així com les més brillants de les interpretacions de la capacitat de la màquina foren en l'escultura de Brancusi, doncs ell exhibia a la vegada forma, mètode i símbol. A l'obra de Brancusi es constata, abans de res, la importància del material, amb el seu pes específic, forma, textura, color i acabat: quan modela la fusta, s'obliga a conservar la forma orgànica de l'arbre, insistint més que reduint la part oferta per la natura, mentre que quan modela en marbre li treu plenament la suau textura setinada, en les formes més suaus i més semblants a un ou. El respecte per la matèria s'estén més encara en la concepció del tema tractat: l'individu està submergit, com en la ciència, en la classe; en lloc de representar en marbre la cara contrafeta d'una mare i un nin, posa dos blocs de marbre un al costat de l'altre únicament amb la depressió de superfície més lleugera per a senyalar els trets de la cara; és mitjançat les relacions de volums com presenta la idea genèrica de mare i fill; la idea en la seva forma més tènue. Així també, en el seu famós ocell, tracta l'objecte mateix, en el model en metall, com si fos el pistó d'un motor: l'esmolat és tan delicat, el poliment tan fi com si hagués d'adaptar-se a la peça més complicada de maquinària, en la qual tan sols uns granets de pols poguessin impedir l'acció perfecta: mirant l'ocell mateix, ja no és cap ocell particular, sinó genèric en l'aspecte més ornitològic, la funció del vol. El mateix passa amb el seu peix de marbre o metàl·lic, semblant formes experimentals desenvolupades en un laboratori d'aviació, surant a la superfície sense els defectes d'un mirall. Aquest és l'equivalent en art del món mecànic que ens envolta per totes bandes. Amb la perfecció addicional del símbol, i la de les formes metàl·liques summament polides, el món en conjunt i l'espectador mateix, es reflecteixen igualment: per tot això l'antiga separació entre subjecte i objecte està ara figurativament tancada. El barroer oficial de duanes dels Estats Units que desitjava classificar l'escultura de Brancusi com a maquinària o aparells de llanterner li feia en realitat un compliment. A l'escultura de Brancusi la idea de la màquina està objectivada i assimilada en obres equivalents d'art.

En la percepció de la màquina com a font d'art, els nous pintors i escultors aclariren tot el problema i alliberaren l'art del prejudici romàntic contra la màquina com a objecte necessàriament hostil al món del sentiment. Al mateix temps, començaren a interpretar intuïtivament els nous conceptes de temps i d'espai que distingeixen el temps present del Renaixement. El curs d'aquest desenvolupament pot tal vegada resseguir-se millor en la fotografia i en el cinema: les arts específiques de les màquines.

LEWIS MUMFORD

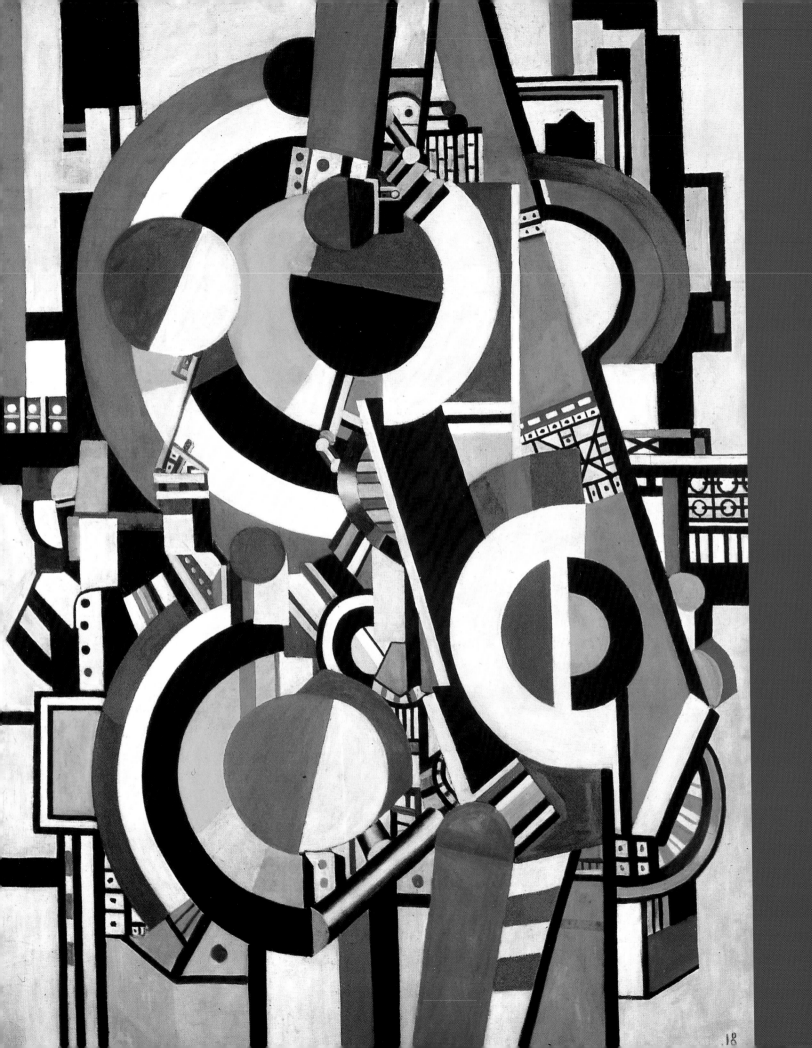

Cada artista posseeix una arma ofensiva que li permet de maltractar la tradició. Cercant el resplendor i la intensitat, m'he servit de la màquina com altres han emprat el cos despullat o la natura morta. Mai no ens hem de deixar dominar pel tema. Estam davant el llenç i no damunt o darrere. L'objecte fabricat és allà, rotund i policromat, clar i precís, bell en si mateix, i patesc la més despietada rivalitat que hagi patit mai un artista. Qüestió de vida o mort, situació tràgica, però completament nova. Mai m'he entretingut copiant una màquina. Invent imatges de màquines, com altres pinten paisatges amb la imaginació. L'element mecànic no és per a mi una actitud apriorística, sinó un mitjà per aconseguir una sensació de força i de potència. El pintor es debat entre dues zones, una realista i altre d'invenció, que es converteixen en l'objectiu i el subjectiu. Es tracta de pintar amb el cap, diríem, en el cel i els peus a la terra. Cal conservar del tema allò que sigui utilitzable i treure'n profit. Mir de crear un bell objecte amb elements mecànics

Crear l'objecte bell en pintura suposa rompre amb la pintura sentimental. Un obrer no s'atreviria mai a emprar una peça que no estigués ben acabada, polida, brillant. A la més petita errada, la màquina sencera es trencaria. El pintor ha de mirar d'aconseguir un quadre rotund, acabat. Els primitius aspiraven a això. Tenien consciència professional. La pintura es jutja al decímetre, mentre que la mecànica es mesura per dècimes de mil·límetre. L'artista posa la seva sensibilitat al servei del treball. Existeixen obrers i enginyers. Rousseau és un obrer; Cézanne, un petit enginyer.

FERNAND LÉGER
Funcions de la pintura
L'estètica de la màquina: l'ordre geomètric i el vertader

Cada artista posee un arma ofensiva que le permite maltratar la tradición. Buscando el resplandor y la intensidad, me he servido de la máquina como otros han empleado el cuerpo desnudo o la naturaleza muerta. Nunca debemos dejarnos dominar por el tema. Se está ante el lienzo y no encima o detrás. El objeto fabricado está allí, rotundo y policromado, claro y preciso, bello en sí, y sufro la más despiadada rivalidad que haya padecido jamás artista alguno. Cuestión de vida o muerte, situación trágica, pero completamente nueva. Nunca me he entretenido en copiar una máquina. Invento imágenes de máquinas, como otros pintan paisajes con la imaginación. El elemento mecánico no es para mí una actitud apriorística, sino un medio de conseguir una sensación de fuerza y de potencia. El pintor se debate entre dos zonas, una realista y otra de invención, que se convierten en lo objetivo y lo subjetivo. Se trata de pintar con la cabeza, diríamos, en el cielo y los pies en la tierra. Hay que conservar del tema aquello que sea utilizable y sacar el mejor partido posible. Trato de crear un bello objeto con elementos mecánicos.

Crear el bello objeto en pintura supone romper con la pintura sentimental. Un obrero no se atrevería nunca a emplear una pieza que no estuviera bien acabada, pulida, brillante. Al menor fallo, la máquina entera se quebraría. El pintor debe tratar de conseguir un cuadro rotundo, acabado. Los primitivos aspiraban a esto. Tenían conciencia profesional. La pintura se juzga al decímetro, mientras que la mecánica se mide por décimas de milímetro. El artista pone su sensibilidad al servicio del trabajo. Existen obreros e ingenieros. Rousseau es un obrero; Cézanne, un pequeño ingeniero.

FERNAND LÉGER
Funciones de la pintura
La estética de la máquina: el orden geométrico y lo verdadero

LE CORBUSIER

Immeuble Villas
Coupe longitulinale de l'immeuble
avec titre et côtes
1922-25
Tinta xinesa i llapis
sobre paper vegetal
51 x 72 cm
Fundació Le Corbusier
París

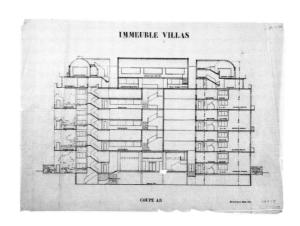

LE CORBUSIER

Immeuble Villas
Perspective partielle
sur une façade de l'immeuble
1922-25
Tinta xinesa sobre paper vegetal
42 x 53 cm
Fundació Le Corbusier
París

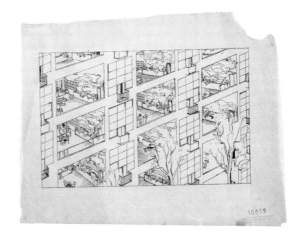

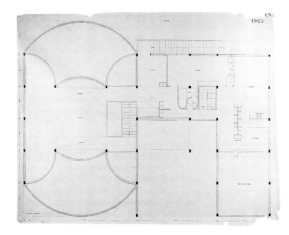

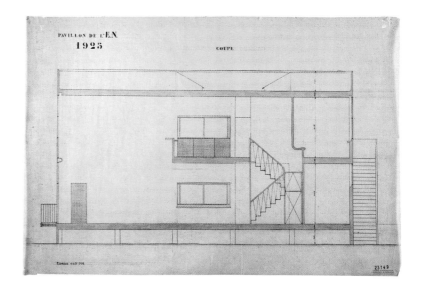

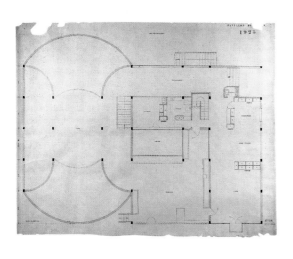

LE CORBUSIER

Pavillon de L'Esprit Nouveau
1925
Llapis sobre paper vegetal
Fundació Le Corbusier
París

LE CORBUSIER
CHARLES-EDOUARD JEANNERET
Nature Morte aux nombreux objects
1923
Oli sobre llenç
114 x 146 cm
Fundació Le Corbusier
París

115

Le Corbusier, *Automaxima Car,* 1928-1989, Fusta, 140 x 360 x 180 cm
Design Museum, Londres

època que acabava de començar dotada d'un nou esperit. Gràcies a la tècnica, que fa possible l'estandardització de la producció industrial, l'arquitecte d'origen suís pensava que els ideals clàssics de bellesa, que l'arquitectura grega va dur a la culminació en el temple clàssic, podien ser assolits per l'ús de la depuració de les formes primàries –cub, cilindre, esfera, piràmide–, màxima expressió, al seu parer, de la bellesa.

Per a l'Exposició Universal de 1937 que va acollir el pavelló de l'Esprit Nouveau i que va tenir lloc a París, **Robert Delaunay** va ser l'encarregat de realitzar la decoració del Palau dels Ferrocarrils i el Palau de l'Aire. Aquesta va consistir en uns enormes pannells decoratius en què hi apareixien els signes emblemàtics de la modernitat tècnica i científica:

cos de la belleza que la arquitectura griega llevó a su culminación en el templo clásico podían ser alcanzados por el uso de la depuración de las formas primarias –cubo, cilindro, esfera, pirámide–, en las que él afirmaba que reside la belleza.

Para la *Exposición Universal del 37* que acogió al *Pabellón de l'Esprit Nouveau*, y que tuvo lugar en París, **Robert Delaunay** fue el encargado de realizar la decoración del *Palacio de los Ferrocarriles* y el *Palacio del Aire*. Esta consistió en unos enormes paneles decorativos en los que aparecían los signos emblemáticos de la modernidad técnica y científica: los aeroplanos, la Torre Eiffel, la gran rueda de discos simultáneos, locomotoras, relojes, etc. que "(...) se ordenan de forma que resulta irreconocible el carácter funcional de la técnica para hacer de ella sólo un objeto mágico y fascinante" [19]. Delaunay utilizo aquí los medios propios del arte de masas en el más puro estilo monumental para la glorificación de la técnica.

Todo esto no hizo más que poner de relieve que un nuevo hombre mecanizado y socialmente productivo surgió en el siglo XX y con ello la máquina adquirió una significación desconocida hasta entonces, tal como se aprecia a lo largo de las numerosas ocasiones en que los artistas se ocupan de ellas: "Los pintores maquínicos han insistido en que no pintaban máquinas como sustitutos de naturalezas muertas o de desnudos; la máquina no es objeto representado del mismo modo que su dibujo no es representación. Se trata de introducir un elemento de máquina, de tal modo que forme pieza con otra cosa sobre el cuerpo lleno de la tela, aunque sea con el cuadro mismo, para que sea, precisamente, el conjunto del cuadro que funcione como máquina deseante" [20].

els aeroplans, la Torre Eiffel, la gran roda de discs simultanis, locomotores, rellotges, etc., que "... s'ordenen de forma que resulta irreconeixible el caràcter funcional de la tècnica per fer-ne només un objecte màgic i fascinant" [19]. Delaunay va utilitzar aquí els mitjans propis de l'art de masses en el més pur estil monumental per a la glorificació de la tècnica.

Tot això no va fer res més que posar de relleu que un nou home mecanitzat i socialment productiu va sorgir en el segle XX i amb això la màquina va adquirir una significació desconeguda fins aleshores, tal com s'aprecia al llarg de les nombroses ocasions en què els artistes se n'ocupen: "Els pintors maquínics han insistit en el fet que no pintaven màquines com a substituts de naturaleses mortes o nus; la màquina no és objecte representat de la mateixa manera que el seu dibuix no és representació. Es tracta d'introduir un element de màquina, de tal manera que formi una peça amb una altra cosa sobre el cos ple de la tela, encara

que sigui amb el quadre mateix, perquè sigui precisament el conjunt del quadre que funcioni com a màquina desitjant. **[20]**

Convertida en l'objecte de culte de la nova religió del segle XX, la màquina va generar icones per a aquest culte que va inspirar pintures mecanomòrfiques, dibuixos, arquitectura, escultura, música, cine, literatura, etc.

Però va ser una icona especialment ben representada en la fotografia, que és un mitjà mecànic ja per ell mateix. En la dècada dels vint cal destacar les fotografies de l'alemany **Albert Renger-Patzsch** sobre fragments de màquines, reflectides amb objectivitat minimalista en un intent de representar-les dotades d'entitat pròpia.

La seva obra estava propera als principis realistes de la Nova Objectivitat, ja que, sent un ferm defensor de l'existència d'una qualitat estètica en els objectes industrials, pensava que havien de ser reproduïts el més fidelment possible.

Un plantejament distint va tenir Germanie Krull a l'hora de crear les abstraccions fetes d'elements d'acer i ferro que reflectien la velocitat i el ritme de la indústria moderna, que va publicar al llibre *Métal* (1928): "Encara que abstractes, les fotografies de Krull a *Métal* posen l'èmfasi en la identitat tecnològica de l'individu." **[21]**.

Convertida en el objeto de culto de la nueva religión del siglo XX, la máquina produjo *iconos* para este culto que inspiró pinturas mecanomórficas, dibujos, arquitectura, escultura, música, cine, literatura, etc.

Pero fue un icono especialmente bien representado en la fotografía, que es un medio mecánico ya en sí mismo. En la década de los veinte caben destacar las fotografías del alemán **Albert Renger-Patzsch** sobre fragmentos de máquinas, reflejadas con objetividad minimalista en un intento de representarlas dotadas de una entidad propia.

Su obra estaba próxima a los principios realistas de la Nueva Objetividad, ya que siendo un firme defensor de la existencia de una cualidad estética en los objetos industriales, pensaba que, por tanto, debían ser reproducidos lo más fielmente posible.

Un planteamiento distinto tuvo **Germaine Krull** a la hora de crear las abstracciones hechas de elementos de acero y hierro que reflejaban la velocidad y el ritmo de la industria moderna, que publicó en su libro *Métal* (1928): "Aunque abstractas, las fotografías de Krull en *Métal*, ponen el énfasis en la identidad tecnológica del individuo." [21].

GERMAINE KRULL
Illustration #37 from Mètal
ca. 1929
Reproducció
fotomecànica
George Eastman House
Rochester

Albert Renger Patzsch, ***Sense títol,*** 1925-30. Impressió de gelatina d'argent, 23 x 16 cm. Zabriskie Gallery, Nova York

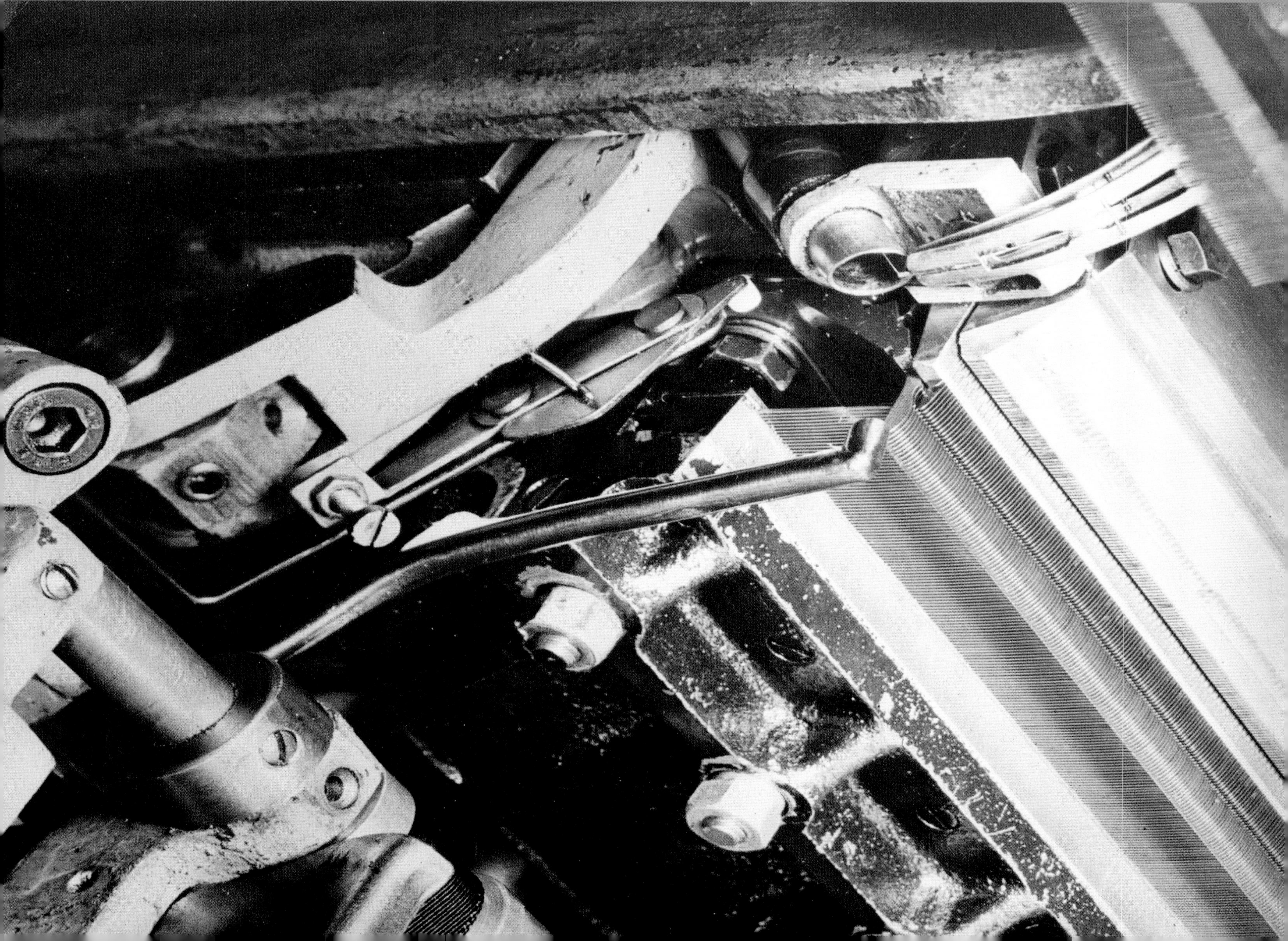

Albert Renger Patzsch, *Sense títol*, 1925-30, Impressió de gelatina d'argent. 22 x 16,5 cm. Zabriskie Gallery. Nova York

ALBERT RENGER PATZSCH
Sense títol
1925-30
Impressió de gelatina d'argent
23 x 17 cm
Zabriskie Gallery
Nova York

ALBERT RENGER PATZSCH
Sense títol
1925-30
Impressió de gelatina d'argent
20,5 x 16 cm
Zabriskie Gallery
Nova York

ALBERT RENGER PATZSCH
Sense títol
1925-30
Impressió de gelatina d'argent
17 × 23 cm
Zabriskie Gallery
Nova York

JACQUES-HENRI LARTIGUE
My brother, Zizou, gets his gilder airborne
Château de Rouzat (Portfolio: Jacques Henri-Lartigue, 1905-1955)
1908
Publicat el 1972
Impressió de gelatina d'argent
17 x 23,1 cm
George Eastman House
Rochester

GERMÁN CUETO
Monument a la revolució
1932
Fusta
51 x 38 x 38 cm
IVAM Institut Valencià d'Art Modern
Generalitat Valenciana

CARL GROSSBERG
Weisse Röhren
1933
Oli sobre fusta
70 x 90 cm
Col·lecció particular
Munic

CÉSAR DOMELA
Hamburg Importplatz
1929
Gelatina d'argent
22 x 23 cm
IVAM Institut Valencià d'Art Modern
Generalitat Valenciana

CÉSAR DOMELA ➤
Photomontage: Industrial Pipes and Boilers
1928
Impressió de gelatina d'argent
19,4 x 16,5 cm
Ford Motor Company Collection
Donació de Ford Motor Company i John C. Waddell, 1987
Metropolitan Museum, Nova York

"De la mateixa manera que els nostres avantpassats varen cercar la inspiració en l'atmosfera religiosa que aclaparava els seus esperits, nosaltres hem de buscar-la en els prodigis tangibles de la vida moderna, en la fèrria xarxa de velocitat que cobreix la terra, en els transatlàntics, en els "Dreadnoughts", en els meravellosos aeroplans que solquen els cels, en la tremenda audàcia dels navegants subaquàtics, en l'agitada lluita per la conquista d'allò desconegut. ¿Potser podem romandre insensibles davant l'activitat frenètica de les grans ciutats, davant la nova psicologia de la vida nocturna, davant les figures febrils del vividor, la prostituta, del perdulari i l'embriac?" **[22]**.

El Futurisme italià es va gestar a la ciutat de Milà, la qual, devers el 1900, va patir una radical transformació que la va convertir en un important centre industrial en què la presència de l'electricitat, els automòbils, els tramvies, la il·luminació artificial, el telèfon, els electrodomèstics, etc., mostraven que la tecnologia ja era part integrant de la vida quotidiana en un medi urbà artificial.

L'exaltació de la màquina duta a terme per **Marinetti**, promotor del concepte del "dinamisme plàstic" en els seus manifests, en què es pot llegir una de les seves afirmacions més famoses: "Afirmam que la grandiositat del món s'ha enriquit amb una nova bellesa, la bellesa de la velocitat. Un automòbil de carreres, amb el seu capot adornat de tubs grossos semblants a serps d'hàlit explosiu... un automòbil brogent, que sembla córrer sobre metralla, és més bell que la *Victòria de Samotràcia*."

"De la misma manera que nuestros antepasados buscaron la inspiración en la atmósfera religiosa que embargaba sus espíritus, nosotros debemos buscarla en los prodigios tangibles de la vida moderna, en la férrea red de velocidad que cubre la tierra, en los transatlánticos, en los "Dreadnoughts", en los maravillosos aeroplanos que surcan en los cielos, en la tremenda audacia de los navegantes subacuáticos, en la agitada lucha por la conquista de lo desconocido. ¿Acaso podemos permanecer insensibles ante la actividad frenética de las grandes ciudades, ante la nueva psicología de la vida nocturna, ante las figuras febriles del vividor, la prostituta, el golfo y el borracho? " [22].

El *Futurismo* italiano se gestó en la ciudad de Milán, que en los años en torno a 1900 sufrió una radical transformación que la convirtió en un importante centro industrial en el que la presencia de: la electricidad, los automóviles, los tranvías, la iluminación artificial, el teléfono, los electrodomésticos, etc. mostraban que la tecnología ya era parte integrante de la vida cotidiana en un medio urbano artificial.

La exaltación de la máquina llevada a cabo por **Marinetti** promoviendo el concepto del *dinamismo plástico* en sus Manifiestos –donde se puede leer una de sus afirmaciones más famosas: "Declaramos que el esplendor del mundo se ha enriquecido con una nueva belleza, la belleza de la velocidad. Un automóvil de carrera, con su capot flanqueado de tubos de escape como serpientes de ígneo aliento; un rugiente automóvil de carreras, con su tableteo de ametralladora, es más bello que la Victoria de Samotracia"

Tanmateix pot afirmar-se que la seva visió de les màquines era un poc superficial: "Varen heretar dels impressionistes la tendència a centrar la seva atenció principalment en l'aspecte de les coses. Els futuristes admiraven els metalls brunyits, els colors brillants i el renou de les màquines i gaudien amb les fortes sensacions de velocitat i poder. Però en la seva majoria (amb la notable excepció de Boccioni, com es percep en la seva sèrie *Estats Mentals*) mai no varen tractar d'arribar a entendre el que les màquines representaven en la vida emocional de la gent, ni tampoc, tot i el seu activisme, varen analitzar mai amb claredat el que les màquines aportaven en termes de canvi social." **[23]**.

Boccioni, juntament amb **Carrá**, **Ball**, **Russollo** i **Severini** varen formar el primer nucli de pintors que varen firmar els "Manifests de la pintura futurista" (1910), els quals, influïts pels viatges a París, on varen acollir les fórmules del cubisme per expressar en els seus quadres els conceptes més genuïnament futu-

GINO SEVERINI
Plastic Synthesis of the Idea: "War"
1915
Oli sobre llenç
92 x 73 cm

Sin embargo, puede afirmarse que su visión de las máquinas adoleciera de una cierta superficialidad: "Heredaron de los impresionistas la tendencia a centrar su atención principalmente en el aspecto de las cosas. Los futuristas admiraban los metales bruñidos, los colores brillantes y el ruido de las máquinas y disfrutaban con las fuertes sensaciones de velocidad y poder. Pero en su mayoría (con la notable excepción de Boccioni, como se percibe en su serie *Estados Mentales*), nunca trataron de llegar a entender lo que las máquinas representaban en la vida emocional de la gente, ni tampoco, pese a su activismo, analizaron jamás con claridad lo que las máquinas aportaban en términos de cambio social" [23].

Boccioni, junto a Carrá, Balla, Russollo y Severini formaron el primer núcleo de pintores que firmaron los "Manifiestos de la pintura futurista" (1910), quienes influenciados por su viaje a París, donde tomaron las fórmulas del cubismo para expresar en sus cuadros los conceptos más genuinamente futuristas, como el movimiento, la velocidad, la transitoriedad, para hacer protagonistas de sus obras a los elementos tipográficos, los automóviles, edificios, fragmentos de objetos, que pasaron a ocupar un lugar similar al del hombre.

GIACOMO BALLA ➤
Dinamo Dinamica
Studi per la testata
della rivista
1913
Tinta xinesa
sobre paper
12,5 x 30/12
x 30/12 x 30 cm
Col·lecció particular
Milà

ristes, com el moviment, la velocitat, la transitorietat, per fer protagonistes de les seves obres els elements tipogràfics, els automòbils, edificis, fragments d'objectes, que varen passar a ocupar un lloc semblant al de l'home.

Mario Sironi, vinculat en aquells anys també al Futurisme, amb obres com *Perifèria amb camió*, 1914 i *Aeroplano con paesaggio*, 1917 retrataria anys més tard el drama de l'home contemporani, de la seva soledat i aïllament, immers en un univers maquinista i industrial, com reflecteixen les seves obres de les perifèries, que el varen fer famós.

L'arquitectura futurista va tenir el seu màxim exponent en **Sant'Elia** –mort prematurament en la guerra el 1916, dos mesos després de Boccioni–, els projectes més interessants del qual són els de les centrals elèctriques i la sèrie de la Città Nuova que integrava el projecte de

Mario Sironi vinculado en aquellos años también al Futurismo, con obras como *Periferia con camión*, 1914 y *Aeroplano con paesaggio*, 1917 retrataría años más tarde el drama del hombre contemporáneo, de su soledad y aislamiento, inmerso en un universo maquinista e industrial que reflejan sus obras de las periferias, que lo hicieron famoso.

La arquitectura futurista tuvo su máximo exponente en **Sant'Elia** –muerto prematuramente en la guerra en 1916 dos meses después de Boccioni– cuyos proyectos más interesantes son los de las centrales eléctricas, y la serie de la *Città Nuova que* integraba el proyecto de la estación de trenes de Milán, donde puso de manifiesto su concepto claramente moderno de la ciudad en forma de torre a varios niveles estructurada bajo una compleja red de transportes y coronada por la publicidad (que reaparece en Le Corbusier).

Para el *futurismo*, a principios del siglo XX, el espacio de la *metrópolis* que caracterizó a una nueva civilización producida por una sociedad tecnológica emergente, estableció un nuevo contexto para el arte de vanguardia que tuvo en esa nueva naturaleza artificialmente creada por los efectos de la industrialización el punto de referencia obligado para una nueva formalización estética.

El exponente máximo de la sociedad tecnológicamente más avanzada del momento era la ciudad de Nueva York. Allí, la llegada de **Picabia** y **Duchamp** durante los años de la I Guerra Mundial ocasionó una verdadera conmoción en el medio artístico que había sido sacudido en sus convicciones por la irrupción del arte de vanguardia europeo que trajo la exposición del *Armory Show* en 1913.

138

l'estació de trens de Milà, on va posar de manifest el seu concepte clarament modern de la ciutat en forma de torre a diferents nivells estructurada sota una complexa xarxa de transports i coronada per la publicitat, que reapareix a Le Corbusier.

Per al Futurisme, a principis del segle XX, l'espai de la metròpolis que va caracteritzar una nova civilització produïda per una societat tecnològica emergent, va establir un nou context per a l'art d'avantguarda que va tenir en aquesta nova naturalesa artificialment creada pels efectes de la industrialització el punt de referència obligat per a una nova formalització estètica.

L'exponent màxim de la societat tecnològicament més avançada del moment era la ciutat de Nova York. Allà, l'arribada de **Picabia** i **Duchamp** durant els anys de la Primera Guerra Mundial va ocasionar una verdadera commoció en el medi artístic que havia estat trasbalsat en les seves conviccions per la irrupció de l'art d'avantguarda europeu que va dur l'exposició de l'*Armory Show* el 1913.

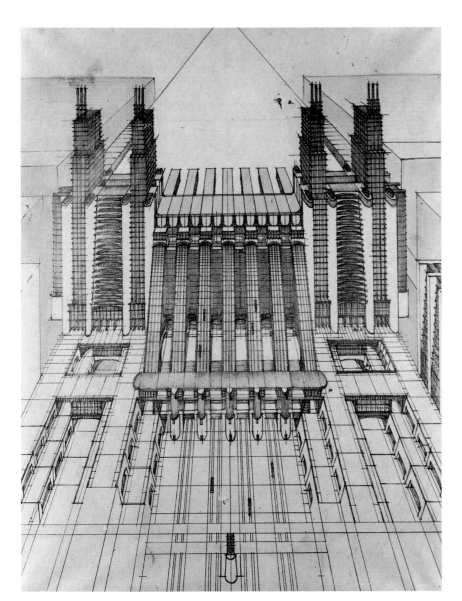

La presència dels dos artistes francesos va servir d'estimulant influència, arribant a provocar que el grup dadà de Nova York fos aquell que va adoptar "la seva forma

La presencia de los dos artistas franceses sirvió de estimulante influencia, llegando a provocar que el grupo *Dadá* de Nueva York fuera aquel que adoptó "su forma más mecanizada", al haber traído sus ideas y obras maquinistas del otro lado del Atlántico y encontrar en América el medio ideal para su más completo desarrollo.

La belleza y precisión de las máquinas de Duchamp y Picabia, con su compleja ironía y filosófica fusión entre lo sexual y lo mecánico, sirvieron de modelo en la indiferenciación y el particular sentido de la belleza de la obra de estos artistas americanos, como es el caso de **Morton Schamberg** y su *Mechanical Abstraction*, de 1916.

La *estética de la máquina* tuvo su peculiar derivación –fruto de una mezcla del realismo con

MARIO SIRONI
Aeroplano con paesaggio, 1917-1920
Guaix sobre cartolina
87 x 63 cm
Col·lecció particular
Cortesia Claudia Gian Ferrari
Milà

MARIO SIRONI
Periferia (Bombardamento), ca. 1920
Guaix, carbonet i matita
sobre cartolina
65 x 48 cm
Col·lecció particular
Cortesia Claudia Gian Ferrari
Milà

141

FORTUNATO DEPERO
Bozetto di scenografia per Aniccham del 3000
1923-24
Tinta xinesa sobre cartolina
54,5 x 88,5 cm
Museo di Arte Moderna e Contemporanea
di Trento e Revereto

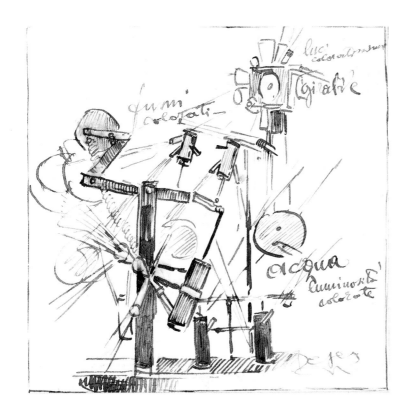

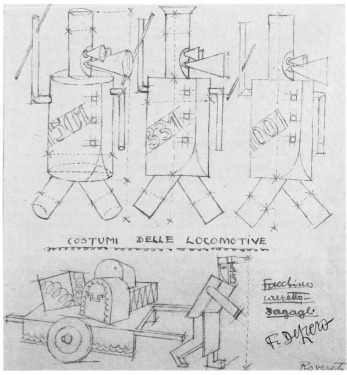

COSTUMI DELLE LOCOMOTIVE

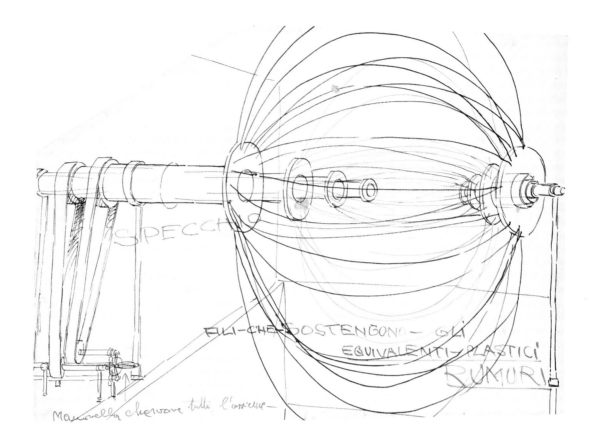

FORTUNATO DEPERO
Compleso di fili giranti
1915
Tinta xinesa a la ploma sobre paper
21,5 x 29,7 cm
Museo di Arte Moderna e Contemporanea
di Trento e Revereto

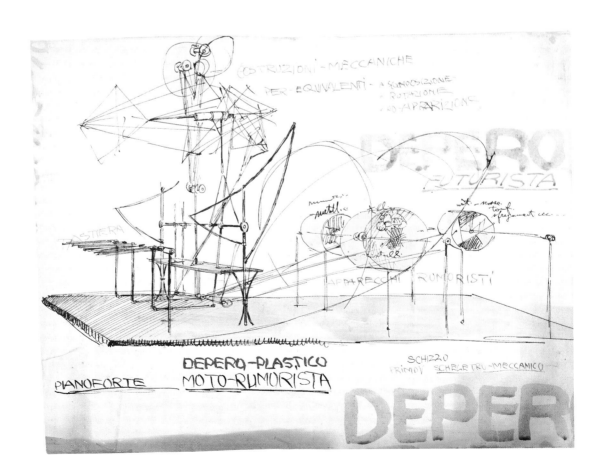

FORTUNATO DEPERO
Pianoforte moto-rumorista
1915
Tinta xinesa i aquarel·la sobre paper
32 x 42 cm
Museo di Arte Moderna e Contemporanea
di Trento e Revereto

més mecanitzada", en haver dut les seves idees i obres maquinistes de l'altre costat de l'Atlàntic i trobar a Amèrica el medi ideal per al seu més complet desenvolupament.

La bellesa i precisió de les màquines de Duchamp i Picabia, amb la seva complexa ironia i filosòfica fusió entre allò sexual i allò mecànic, varen servir de model en la indeferenciació i el particular sentit de la bellesa de l'obra d'aquests artistes americans, com és el cas de **Morton Schamberg** i la seva *Mechanical Abstraction*, de 1916.

L'estètica de la màquina va tenir la seva peculiar derivació —fruit d'una mescla del Realisme amb el Cubisme— en el grup conegut per la denominació dels "pintors precisionistes" en els anys 20 i 30 com

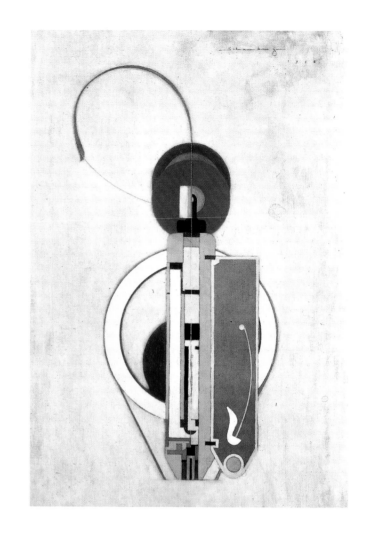

CHARLES SHEELER
Suspended Power
1939
Oli sobre llenç
84 x 66 cm
Dallas Museum of Art

MORTON SCHAMBERG
Mecanical Abstraction
1916
Oli sobre llenç
76 x 38 cm
Philadelphia Museum of Art

el cubismo— en el grupo conocido por la denominación de los *Pintores Precisionistas* en los años 20 y 30 como **Charles Demuth**, *Au cassin and Nicolette*, 1921. De todos ellos fue **Charles Sheeler** su representante más destacado, como ponen de relieve sus pinturas *Yankee Clipper*, 1939, *Suspended Power*, 1939, y las fotografías que realizó por encargo de la gran industria americana (*Criss-Crossed Conveyors, Ford Plant*, 1927). Sin embargo, sus obras dejan traslucir sutilmente los sentimientos ambivalentes —al mismo tiempo ansiedad y fascinación— ante el poder de las máquinas que experimentaron algunos de estos artistas americanos del periodo comprendido entre las dos grandes guerras.

MORTON SCHAMBERG
Painting VII (Machine Forms, The Well)
1916
Oli sobre llenç
46,1 x 35,6 cm
Rose Art Museum, Brandeis University, Waltham, Massachusetts
Donació de Mr. Samuel Lustgarten

MARGARET BOURKE-WHITE
March of the Dynamos
Publicat sota el títol:
Hydro-Generators, Niagara Falls Power Company
1928
Impressió de gelatina d'argent
41,1 x 31 cm
George Eastman House
Rochester

Charles Demuth, *Au cassin and Nicolette*, 1921. De tots ells va ser **Charles Sheeler** el representant més destacat, com posen de relleu les seves pintures *Yankee Clipper*, 1939, *Suspended Power*, 1939, i les fotografies que va realitzar per encàrrec de la gran indústria americana, *Criss-Crossed Conveyors, Ford Plant*, 1927. Tanmateix, les seves obres deixen traslluir subtilment sentiments ambivalents, alhora ansietat i fascinació, davant el poder de les màquines que varen experimentar alguns dels artistes americans del període comprès entre les dues guerres.

La seva fascinació per la visió de l'espai urbà l'havia induït a realitzar, el 1921, juntament amb **Paul Strand**, qui ja tenia l'experiència d'haver fotografiat la ciutat, la seva pel·lícula titulada *Manhatta*, o *New York Magnificent*, en què la ciutat dels gratacels protagonitzava

Su fascinación por la visión de lo urbano le había inducido a realizar, en 1921 conjuntamente con **Paul Strand**, quien ya tenía la experiencia de haber fotografiado la ciudad, su película titulada *Manhatta*, o *New York the Magnificent*, en la que la ciudad de los rascacielos protagonizaba una de los primeras experiencias fílmicas experimentales del arte americano: "La visión que Sheeler y Strand presentan de la ciudad en *Manhatta* capta este sentido de hipnotizar la contemporaneidad y, para hacer justicia a su tema, los dos artistas se centraron intensamente en temas formales innovadores. Al incluir múltiples perspectivas, formas abstractas y vistas fragmentadas, aíslan los monumentos urbanos de cualquier contexto familiar. Para lograrlo, filmaron los rascacielos del bajo Manhattan desde ángulos extremos, o bien mirando hacia arriba desde la calle o bien hacia abajo desde los techos de los edificios. Estas perspectivas no convencionales borran el horizonte y logran, también, que los rascacielos aparezcan en las tomas superiores

CITY OF HURRIED AND SPARKLING WATERS

HIGH GROWTHS OF IRON

SLENDER, STRONG

SPLENDIDLY UPRISING TOWARD CLEAR SKIES

PAUL STRAND
The Lathe
1923
Impressió de gelatina d'argent
24,7 x 19,5 cm
George Eastman House
Rochester

◄ PAUL STRAND & CHARLES SHEELER
Manhatta
1920
Pel·lícula muda en b/n
amb poemes de Walt Withman (*Mannahatta*)

PAUL STRAND
Lathe Akeley shop, New York
1923
Impressió de gelatina d'argent
Impressió actual per Richard Benson
24,2 x 19,1 cm
Aperture Foundation Inc., Paul Strand Archive, Nova York

Paul Strand
Akeley Motion Picture Camera, New York
1923
Impressió de gelatina d'argent
Impressió actual per Richard Benson
24,2 x 19,4 cm
Aperture Foundation Inc., Paul Strand Archive, Nova York

Paul Strand
Double Akeley
1922
Impressió de gelatina d'argent
Impressió actual per Richard Benson
24,2 x 19,1 cm
Aperture Foundation Inc., Paul Strand Archive, Nova York

Su principal interés se centraba en los nuevos motores que hicieran posible su nave aérea, y enseñó a Adams la sorprendente complejidad del nuevo motor Daimler y del automóvil que desde 1893 se había convertido en una pesadilla que circulaba a casi cien kilómetros por hora, casi tan destructivo como el tranvía eléctrico que sólo tenía diez años más, amenazando con resultar tan terrible como la propia locomotora de vapor, que tenía casi los mismos años que Adams.

Mostró luego a su alumno la gran sala de las dinamos, y le explicó lo poco que sabía sobre electricidad o sobre energía de cualquier clase, incluso sobre su propio sol especial, que arrojaba cantidades inconcebibles de calor, pero que, por lo que el sabía, podía arrojar más o menos en cualquier momento, según lo que a él le constaba. Para él, la dinamo no era más que un ingenioso canal para transmitir el calor latente en unas cuantas toneladas de carbón ocultas en una sucia sala de máquinas cuidadosamente oculta a la vista, pero para Adams la dinamo se convirtió en un símbolo de infinito. Cuando fue creciendo acostumbrado a la gran galería de máquinas empezó a pensar en las dinamos de cuarenta pies como en una fuerza moral, lo mismo que los primeros cristianos pensaban de la Cruz. El propio planeta parecía menos impresionante en su anticuado y deliberado recorrido anual o diario que esta enorme rueda, girando al alcance de la mano a velocidad vertiginosa y apenas murmurando, apenas susurrando un advertencia audible de mantenerse alejado de su fuerza, que no despertaría a un bebé que yaciera junto a su marco. Antes del final uno empezaba a rezarle, un instinto heredado llevaba a adoptar la expresión natural del hombre ante una fuerza silente e infinita. Entre los miles de símbolos de la energía final, la dinamo no sólo era tan humana como algunas sino que era la más expresiva.

Sin embargo, la dinamo junto al motor de vapor era lo más familiar de lo expuesto. El valor de los objetos de Adams radicaba fundamentalmente en su mecanismo oculto. Entre la dinamo de la galería de máquinas y la sala de máquinas externa, la ruptura de la continuidad suponía una fractura abismal de los temas de un historiador. No podía descubrir mayor relación entre el vapor y la corriente eléctrica que entre la Cruz y la catedral. Las fuerzas eran intercambiables por no decir reversibles, pero él sólo veía un absoluto fiat en la electricidad lo mismo que en la fe. Langley no podía ayudarlo. Por el contrario, Langley parecía preocupado por el mismo problema ya que repetía constantemente que las nuevas fuerzas eran anárquicas y, especialmente, que él no era el responsable de los nuevos rayos, que no distaban mucho de parricidas, en su perversa postura ante la ciencia. Sus propios rayos, con los que había doblado el espectro solar, eran al mismo tiempo inofensivos y beneficiosos, pero el Radio negaba a su Dios o, lo que para Langley era lo mismo, negaba las verdades de su Ciencia. La fuerza era completamente nueva.

Un historiador que sólo pedía aprender lo suficiente para ser tan frívolo como Langley o Kelvin progresó rápidamente bajo estas enseñanzas y se involucró personalmente en esta maraña de ideas hasta que alcanzó una especie de Paraíso de ignorancia que servía de consuelo a sus fatigados sentidos. Estaba dedicado a vibraciones y rayos que eran nuevos y habría abrazado a Marconi y a Branly si los hubiera conocido lo mismo que abrazaba a la dinamo, mientras se perdía en cálculos aritméticos tratando de establecer una ecuación que relacionara los descubrimientos con las economías de energía. Las economías, lo mismo que los descubri-

mientos eran absolutas, supersensuales, ocultas, imposibles de expresar en caballos de vapor. ¿Qué equivalente matemático podría sugerir para el valor de un cohesor de Branly? El aire congelado o el horno eléctrico tendrían, sin duda, una escala de valoración si alguien pudiera inventar un termómetro adecuado para ello, pero los rayos X no habían desempeñado ningún papel en la consciencia humana y el propio átomo solo había sido una ficción del pensamiento. En estos siete años, el hombre se había trasladado a un universo nuevo que carecía de una escala de medición común con el antiguo. Había entrado en un mundo supersensual en el que no podía medir nada salvo por colisiones casuales de movimientos imperceptibles para sus sentidos, tal vez imperceptibles para sus instrumentos, pero perceptibles entre sí y para cierto rayo conocido situado al final de la escala. Langley parecía preparado para todo, incluso para una serie indeterminable de universos amalgamados. La física se pierde en la metafísica.

Los historiadores pretenden establecer secuencias (llamadas relatos o historias) asumiendo en silencio una relación de causa y efecto. Estas presunciones, ocultas en lo profundo de polvorientas bibliotecas, han sido sorprendentes pero, en general, inconscientes e infantiles, tanto es así que si cualquier crítico insidioso las sacase a la luz, los historiadores probablemente responderían al unísono que ellos nunca hubieran supuesto que estuvieran obligados a saber de que hablaban. Adams, por ejemplo, había tratado en vano de descubrir lo que quería decir. Incluso había publicado una docena de tomos sobre historia de los Estados Unidos sin otra razón que la de convencerse de si mediante el proceso más riguroso de mención, con los menores comentarios posibles, hechos que parecían seguros en un orden que parecía rigurosamente consecuente, pudiera establecer, respecto a un momento conocido, una secuencia necesaria del cambio del hombre. El resultado le había parecido tan poco satisfactorio como en la Universidad de Harvard. Cuando vio la secuencia otros hombres vieron algo diferente y nadie vio la misma unidad de medida. Se preocupó poco por sus experimentos y menos por sus estadistas, que le parecían tan ignorantes como él y, por regla general, no más honestos, pero insistió en una relación de secuencia y, si no podía alcanzarla mediante un método, probaba todos los métodos conocidos por la ciencia. Convencido que la secuencia de los hombres no llevaba a ninguna parte y que la secuencia de su sociedad tampoco servía de mucho, mientras que la mera secuencia temporal era artificial y la secuencia de ideas era un caos, se centró por último en la secuencia de fuerzas y así ocurrió que, después de diez años de trabajo, se encontró tumbado en la Galería de Máquinas de la Gran Exposición de 1900, con su cuello histórico roto por la repentina irrupción de fuerzas completamente nuevas

HENRY ADAMS
La educación de Henry Adams
La dinamo y la Virgen

El seu principal interès se centrava en els nous motors que possibilitessin la seva nau aèria, i ensenyà Adams la sorprenent complexitat del nou motor Daimler i de l'automòbil que, des de 1893, s'havia convertit en un malson que circulava a quasi cent quilòmetres per hora, quasi tan destructiu com el tramvia elèctric que només tenia deu anys més, amb l'amenaça de resultar tan terrible com la pròpia locomotora de vapor, que tenia quasi els mateixos anys que Adams.

Després mostrà al seu alumne la gran sala de les dinamos, i li explicà el poc que sabia sobre electricitat o sobre energia de qualsevol classe, fins i tot sobre el seu propi sol especial, que llançava quantitats inconcebibles de calor, però que, pel que sabia, podia llançar-ne més o menys en qualsevol moment, segons li constava. Per a ell, la dinamo no era més que una enginyosa canal per a transmetre la calor bategant a unes quantes tones de carbó, ocultes en una sala bruta de màquines curosament amagada de la vista, però per a Adams la dinamo es convertí en un símbol d'infinitud. Quan va anar creixent, acostumat a la gran galeria de màquines, començà a pensar en les dinamos de quaranta peus com en una força moral, el mateix que els primers cristians pensaven de la Creu. El propi planeta semblava menys impressionant, en el seu antiquat i deliberat recorregut anual o diari, que aquesta enorme roda, girant a l'abast de la mà a velocitat vertiginosa i quasi murmurant, quasi xiuxiuejant una advertència audible de mantenir-se allunyada de la seva força, que no despertaria un infant que jagués vora el seu marc. Abans del final hom començava a resar-li, un instint heretat portava a adoptar l'expressió natural de l'home davant una força silenciosa i infinita. Entre els milers de símbols de l'energia final, la dinamo no tan sols era tan humana com algunes sinó que era la més expressiva.

No obstant, la dinamo juntament amb el motor de vapor era el més familiar d'allò que hi havia exposat. El valor dels objectes d'Adams radicava fonamentalment en el seu mecanisme ocult. Entre la dinamo de la galeria de màquines i la sala de màquines externa, la ruptura de la continuïtat suposava una fractura abismal dels temes d'un historiador. No podia descobrir més gran relació entre el vapor i el corrent elèctric que entre la Creu i la catedral. Les forces eren intercanviables per no dir reversibles, però tan sols veia un absolut fiat en l'electricitat igual que en la fe. Langley no podia ajudar-lo. Ben al contrari, Langley semblava preocupat pel mateix problema ja que repetia constantment que les noves forces eren anàrquiques i, especialment, que ell no era responsable dels nous raigs, que no distaven molt de parricides, en llur perversa postura envers la ciència. Els seus propis raigs, amb els que havia doblat l'espectre solar, eren al mateix temps inofensius i beneficiosos, però el Ràdio negava el seu Déu o, el que per Langley era el mateix, negava les veritats de la seva Ciència. La força era completament nova.

Un historiador que sols demanava aprendre suficient per a ser tan frívol com Langley o Kelvin progressà ràpidament sota aquestes ensenyances i s'involucrà personalment en aquest embolic d'idees, fins que assolí una espècie de Paradís d'ignorància, que servia de conhort als seus fatigats sentits. Estava dedicat a vibracions i raigs que eren nous i hagués abraçat Marconi i Branly si els hagués conegut de la matei-

xa manera que abraçava la dinamo, mentre es perdia en càlculs aritmètics mirant d'establir una equació que relacionàs els descobriments amb les economies d'energia. Les economies, igual que els descobriments eren absolutes, supersensuals, ocultes, impossibles d'expressar en cavalls de vapor. Quin equivalent matemàtic podia suggerir per al valor d'un cohesor de Branly? L'aire congelat o el forn elèctric tendrien, sens dubte, una escala de valoració si qualcú pogués inventar un termòmetre adequat per a això, però els raigs X no havien desenvolupat cap paper en la consciència humana i el propi àtom tan sols havia estat una ficció del pensament. En aquests set anys, l'home s'havia traslladat a un univers nou que mancava d'una escala de mesura comuna amb l'antic. Havia entrat en un món supersensual on no podia mesurar res llevat de col·lisions casuals de moviments imperceptibles per als seus sentits, tal vegada imperceptibles per als seus instruments, però perceptibles entre ells i per a cert raig conegut situat al final de l'escala. Langley semblava preparat per a tot, àdhuc per a una sèrie indeterminable d'universos amalgamats. La física es perd en la metafísica.

Els historiadors pretenen establir seqüències (anomenades relats o històries) assumint en silenci una relació de causa i efecte. Aquestes presumpcions, amagades en el profund de polsoses biblioteques, han estat sorprenents però, en general, inconscients i infantils, per tant, si qualsevol crític insidiós els tragués a la llum, els historiadors probablement respondrien a l'unison que ells mai no haguessin suposat l'obligació de saber de què parlaven. Adams, per exemple, havia tractat inútilment de descobrir què volia dir. Fins i tot havia publicat una dotzena de toms sobre història dels Estats Units sense altra raó que la de persuadir-se de si, mitjançant el procés més rigorós de menció, amb els menors comentaris possibles, fets que semblaven segurs en un ordre que semblava rigorosament conseqüent, pogués establir, respecte a un moment conegut, una seqüència necessària del canvi de l'home. El resultat li havia semblat tan poc satisfactori com a la Universitat de Harvard. Quan va veure la seqüència, altres homes veren quelcom diferent i ningú va veure la mateixa unitat de mesura. Es preocupà poc pels seus experiments i menys pels estadistes, que li semblaven tan ignorants com ell mateix i, per regla general, no més honests, però insistí en una relació de seqüència i, si no podia assolir-la mitjançant un mètode, provava tots els mitjans coneguts per la ciència. Convençut que la seqüència dels homes no conduïa a cap banda i que la seqüència de la seva societat tampoc servia de gaire cosa, mentre que la mera seqüència temporal era artificial i la seqüència d'idees era un caos, se centrà finalment en la seqüència de forces i així succeí que, després de deu anys de treballs, es trobà tombat a la Galeria de Màquines de la Gran Exposició de 1900, amb el seu coll històric trencat per la sobtada irrupció de forces completament noves.

HENRY ADAMS
L'educació d'Henry Adams
La dinamo i la Verge

una de les primeres experiències fílmiques experimentals de l'art americà: "La visió que Sheeler i Strand presenten de la ciutat a *Manhatta* capta aquest sentit d'hipnotitzar la contemporaneïtat i, per fer justícia al seu tema, els dos artistes es varen centrar intensament en temes formals innovadors. En incloure múltiples perspectives, formes abstractes i vistes fragmentades, aïllen els monuments urbans de qualsevol context familiar. Per aconseguir-ho, varen filmar els gratacels del baix Manhattan des d'angles extrems, o bé mirant cap amunt des del carrer o bé esborren l'horitzó i aconsegueixen, també, que els gratacels apareguin en les preses de vista superiors o inferiors a través d'un espai implosionat. A més, cada presa dura només uns segons, cosa que dóna lloc a una progressió temporal inconnexa i confusa. Per tot això, aquestes tècniques cinematogràfiques simulen les impressions intenses, en constant canvi, de l'entorn urbà contemporani" [24].

L'harmonització entre la naturalesa i la màquina traslluïa en aquesta pel·lícula una càrrega d'optimisme, que es va viure en l'edat de la màquina. A vegades, aquest entusiasme va arribar a fregar quasi la religiositat, arriba a la major expressió en la dècada dels vint i acaba amb la depressió de 1929. Tanmateix, va servir per idealitzar el potencial del nou sistema industrial en l'establiment dels principis d'una societat moderna que fos més perfeccionada i que, per tant, fes millorar la condició de la vida dels homes, convertits alhora en productors i consumidors dels seus productes.

o inferiores a través de un espacio implosionado. Además, cada toma dura sólo unos segundos, lo que da lugar a una progresión temporal inconexa y confusa. Por todo ello, estas técnicas cinematográficas desorientan y chocan al espectador, y la vorágine de imágenes espectaculares simulan las impresiones intensas, en constante cambio, del entorno urbano contemporáneo" [24].

La armonización entre la naturaleza y la máquina traslucía en esta película una carga de optimismo, que se vivió en la edad de la máquina. En ocasiones, este entusiasmo llegó a rayar casi en lo religioso, alcanzando su mayor expresión en la década de los veinte y finalizando con la depresión de 1929. Sin embargo, sirvió para idealizar el potencial del nuevo sistema industrial en el establecimiento de los principios de una sociedad moderna que fuera mas perfeccionada y que por lo tanto hiciera mejorar la condición de la vida de los hombres, convertidos a su vez en productores y consumidores de sus productos.

Enlazando con la propia tradición paisajista americana del XIX, éstas se convierten en construcciones sublimes en el paisaje transformado por la presencia de estos: puentes, túneles, autopistas, rascacielos, automóviles, aviones, etc. No obstante esta fascinación por los símbolos de la nueva civilización industrial, inusitados hasta entonces en los dominios de las consideradas "bellas artes", ya desde principios de siglo habían atraído la atención de los fotógrafos, como muestran algunas de las obras de **Alfred Stieglitz** en las que hay una visión esteticista y humanista de la ciudad, que era típica del arte americano de los principios del siglo XX.

ALVIN LANGDON COBURN
Liverpool Cathedral
1919
Impressió de gelatina d'argent
28,7 x 21,8 cm
George Eastman House
Rochester

JOHN GUTMANN
Elevator Garage, Chicago
1936
Impressió de gelatina d'argent
23,6 x 17,8 cm
Ford Motor Co. Collection
Donació de Ford Motor Co. i John
C. Waddell, 1987
Metropolitan Museum
Nova York

RALPH STEINER
Louis Lazowick
ca. 1920-30
Impressió de gelatina d'argent
24,1 x 19,1 cm
Adquisició, John B. Turner Foundation, 1975
Metropolitan Museum, Nova York

162

LEWIS W. HINE
Power House Mechanic
1920
Impressió de gelatina
d'argent
16,8 x 11,7 cm
George Eastman House
Rochester

Ante las fotografías de las grandes turbinas o de los transformadores que dejan a los hombres más peque-ñitos de las pirámides, pienso siempre en lo que de guerrero tienen esos aparatos.

Una gran esclusa en construcción en Norteamérica debía ser contestada por otra gran esclusa en Europa. Ha pasado, sin duda, la época de oponer un acorazado a otro y con sólo eso afrontar el porvenir. Ahora los grandes superdreadnougths son las fábricas, con sus arquitecturas extrañas en que los cañones son chimeneas inmensas u obeliscos en los que se asienta el eje de algo o el puente del obrero vigilante que observa esos relojes despertadores de las fábricas, de cuyas manecillas hay que estar pendientes como el médico que pulsa lo está del segundero.

¿Qué caracol es comparable, joyeleros poéticos y ruines sensibleros que os entusiasmáis con una con-chita o un caracolito y que os pasáis la vida buscándolos a través de las playas inhóspitas, a una gran turbina que es un maravilloso caracol del artificio y un rizo formidable que forma la espiral poderosa e hija del hombre?

La turbina acaracolada y potente provoca la emoción del corazón y lo mueve, lo mueve con voluptuosi-dad nueva en forma de rizo fatal.

Conmovido ante los nuevos hechos del mundo, tengo que comentar los formidables conciertos que se celebran en Moscú para festejar los aniversarios de la revolución bolchevique.

Las locomotoras y las sirenas de fábrica se conciertan en un conjunto altisonante y vivaz. Como elefan-tiásicos profesores de música, las locomotoras forman esos semicírculos en que se reúnen al carbonear en los depósitos de máquinas que hay en los aledaños de las grandes estaciones. A gran presión tocan en solos de pito piezas tan conmovedoras como El túnel, La partida, El miedo de los trenes en el bosque, La petición de auxilio después del descarrilamiento, etc., etc.

Los viejos maquinistas, ennegrecidos por los viajes, abren los escapes y entrelazan los pitidos como cuan-do en el inmenso valle se cruzan unos trenes con otros.

Las sirenas de las fábricas también interpretan piezas escritas para ellas solas. Evocan bosques de chi-meneas, unidas como se reúnen los altos y pingorotudos cráteres en la región del fuego central. Entablan la competencia que siempre se plantea entre unas y otras fábricas, y entran en los trémolos álgidos del trabajo fabril.

¡Qué Marsellesa la que interpretan las locomotoras y las sirenas de fábrica en coro colectivista! Se oye en todos los contornos, y tan sugerente y perforante es esa Marsellesa interpretada por los finos y enca-nutados labios de las máquinas, que la nieve de las estepas rusas queda ranurada y picada como el albo papel de los rollos de pianola, quedando fijada en el paisaje esa música, capaz de conmover, no sólo a los hombres, sino a los panoramas.

Ramón Gómez de la Serna
Maquinismo

Davant les fotografies de les grans turbines o dels transformadors que deixen els homes mes petits que les piràmides, pens sempre en el que tenen de guerrer aquests aparells.

Una gran resclosa en construcció a l'Amèrica del Nord havia d'ésser contestada per una altra gran resclosa a Europa. Ha passat, sens dubte, l'època de contraposar un cuirassat a un altre i amb això únicament enfrontar el pervenir. Ara els grans superdreadnougths són les fàbriques, amb les seves arquitectures estranyes, on els canons són xemeneies immenses, o obeliscs on s'assenta l'eix d'alguna cosa, o el pont de l'obrer vigilant que observa aquests rellotges despertadors de les fàbriques, de les manetes dels quals cal estar pendent, com el metge que polsa ho està de la busca dels segons.

Quin caragol és comparable, joiers poètics i roïns carrinclons, que us entusiasmau amb una copinyeta o un caragolet i que us passau la vida cercant-los a través de platges inhòspites, a una gran turbina que és un meravellós caragol de l'artifici i un rínxol formidable, que forma l'espiral poderosa i filla de l'home?

La turbina caragolada i potent provoca l'emoció del cor i el mou, el mou amb voluptuositat nova en forma de rínxol fatal.

Commogut davant els nous fets del món, he de comentar els formidables concerts que se celebren a Moscou per a festejar els aniversaris de la revolució bolxevic.

Les locomotores i les sirenes de fàbrica es concerten en un conjunt altisonant i viu. Com elefantíacs professors de música, les locomotores formen aquests semicercles en què es reuneixen en carbonejar als dipòsits de màquines que hi ha al voltant de les grans estacions. A gran pressió toquen en sols de xiulet peces tan commovedores com El túnel, La partida, La por dels trens en el bosc, La petició d'auxili després del descarrilament, etc., etc.

Els vells maquinistes, ennegrits pels viatges, obrin les fugides i entrellacen els xiulets com quan a l'immensa vall es creuen uns trens amb els altres.

Les sirenes de les fàbriques també interpreten peces escrites per a elles totes soles. Evoquen boscs de xemeneies unides com es reuneixen els alts i punxeguts cràters a la regió del foc central. Entaulen la competència que sempre es planteja entre unes i altres fàbriques, i entren en els tremolosos àlgids del treball fabril.

Quina Marsellesa interpreten les locomotores i les sirenes de fàbrica en un cor col·lectivista! Se sent per tots els contorns, i tan suggeridora i perforant és aquesta Marsellesa interpretada pels fins i cargolats llavis de les màquines, que la neu de les estepes russes queda allisada i picada com el blanc paper dels rotlles de pianola, quedant fixada en el paisatge aquesta música, capaç de commoure no tan sols els homes sinó també els panorames.

RAMÓN GÓMEZ DE LA SERNA
Maquinisme

Enllaçant amb la pròpia tradició paisatgística americana del segle XIX, aquestes es converteixen en construccions sublims en el paisatge transformat per la presència de ponts, túnels, autopistes, gratacels, automòbils, avions, etc. No obstant aquesta fascinació pels símbols de la nova civilització industrial, inusitats fins aleshores en els dominis de les considerades "belles arts", ja des de principis de segle havien atret l'atenció dels fotògrafs, com mostren algunes de les obres d'**Alfred Stieglitz** en què hi ha una visió esteticista i humanista de la ciutat, que era típica de l'art americà dels principis del segle XX.

Però va prevaler una actitud que va caracteritzar la fotografia americana i alemanya dels anys vint i trenta: la de ser "commemorativa" de les noves icones de la industrialització. Les fotografies en què **Lewis W. Hine** va representar els obrers que construïen els gratacels eren glorificadores de l'heroisme del treballador.

Pero prevaleció una actitud que caracterizó a la fotografía americana y alemana de los años veinte y treinta: la de ser "conmemorativa" de los nuevos iconos de la industrialización. Las fotografías en las que **Lewis W. Hine** representó a los obreros que construían los rascacielos, eran glorificadoras del heroísmo del trabajador.

RAOUL HAUSMANN
Die Schieberger
1920
Dibuix a l'aquarel·la
sobre paper absorbent marró
27,5 x 20 20 cm
Kunsthaus Zürich
Graphische Sammlung

La màquina encausada

A Alemanya, durant el temps de plena eufòria "maquinista", alguns dels més acarnissats detractors del seu aparent caràcter benèfic havien estat els artistes dadà –**Georg Grosz**, **Kurt Schwitters**, **John Heartfield**, **Hanna Höch**, **Raoul Haussman**, etc.– encara que alguns d'ells es varen convertir més tard al credo constructivista. Tanmateix, en la seva vessant crítica a la indústria capitalista, havien imaginat uns destarotats artefactes mecanomòrfics que produïen creacions imprevistes en mesclar paraules i elements diversos.

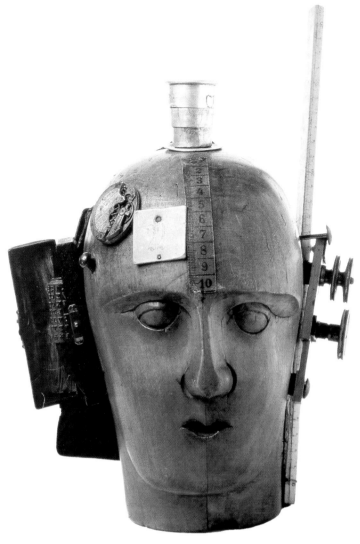

RAOUL HAUSMANN
Cabeza mecánica
1919
Fusta i metall
Acoblament
32,5 x 21 x 20 cm
MNAM, Centre
Georges Pompidou
París

La máquina encausada

En Alemania, durante el tiempo de plena euforia "maquinista", algunos de los más encarnizados detractores de su aparente carácter benéfico habían sido los artistas *Dadá* –Georg Grosz, Kurt Schwitters, John Heartfield, Hanna Höch, Raoul Haussman etc.– aunque algunos de ellos se convirtieron más tarde al credo constructivista. Sin embargo, en su vertiente crítica a la industria capitalista, habían imaginado unos desvencijados artefactos mecanomórficos que producían creaciones imprevistas al jugar mezclando palabras y elementos diversos.

La crisis de 1929 dio la razón a aquellos que habían desconfiado de las virtudes del progreso y de las máquinas, que pasaron a ser juzgadas como una amenaza para el hombre, quien había acabado convertido en su rehén y su víctima.

Charles Chaplin mostró el aspecto negativo de la euforia maquinista en su película *Tiempos modernos* (1936), donde reflejó la dramática situación que vivían los trabajadores de esta industria, que había convertido la actividad del hombre en una rutina de movimientos repetitivos que copiaban los de las máquinas. También reflejó la angustiosa imagen del hombre dominado por la cadena de producción de la fábrica, que le impone un ritmo y una velocidad más propio de una máquina que de un ser humano.

También Céline describió la crueldad de esta mecanización del trabajador industrial, convertido en un componente mecánico más dentro de la producción deshumanizada en su novela *Voyage au bout de la Nuit* (1932).

167

HANNA HOCH
Hochfinanz
1923
Fotomuntatge i collage
53,6 x 31 cm
Galeria Berinson
Berlin

168

RAOUL HAUSMANN
Elasticum
1920
Collage i guaix
31 x 37 cm
Galeria Berinson
Berlín

Què significa la mecanització per a l'home?

La mecanització és un agent, com l'aigua, el foc o la llum. És cega i manca de direcció pròpia. Ha de ser canalitzada. Com les forces de la naturalesa, la mecanització depèn de la capacitat de l'home per fer-ne ús i per protegir-se contra els perills inherents. Ja que la mecanització sorgí enterament de la ment de l'home, és encara més perillosa per a ell, doncs, en ésser menys controlable que les forces naturals, la mecanització reacciona en els sentits i en la ment del seu creador.

Controlar la mecanització exigeix una superioritat sense precedents sobre els instruments de producció. Reclama que tot estigui subordinat a les necessitats humanes.

De bon començament fou evident que la mecanització implicava una divisió del treball. L'obrer no pot fabricar un producte des del principi fins al final, i des del punt de vista del consumidor el producte es fa cada vegada més difícil de dominar. Quan s'espatlla el motor del seu automòbil, sovint el propietari no sap quina és la part que causa l'avaria, i una vaga d'ascensors pot paralitzar tota la vida de Nova York. El resultat és que l'individu es fa cada vegada més depenent de la producció i de la societat com un tot, i les relacions són molt més complexes i es relacionen mútuament molt més que en qualsevol altre societat anterior. Aquesta és una raó per la qual l'home es troba dominat pels mitjans.

Sens dubte la mecanització pot ajudar a eliminar el treball esclavitzant i a aconseguir millors nivells de vida, no obstant, en el futur haurà de ser controlada d'alguna manera si es vol permetre una forma d'existència més independent.

SIEGFRIED GIEDION
La mecanització pren el comandament

¿Qué significa la mecanización para el hombre?

La mecanización es un agente, como el agua, el fuego o la luz. Es ciega y carece de dirección propia. Debe ser canalizada. Como las fuerzas de la naturaleza, la mecanización depende de la capacidad del hombre para hacer uso de ella y para protegerse a sí mismo contra los peligros inherentes. Puesto que la mecanización brotó enteramente de la mente del hombre, es todavía más peligrosa para el, ya que, al ser menos fácilmente controlable que las fuerzas naturales, la mecanización reacciona en los sentidos y en la mente de su creador.

Controlar la mecanización exige una superioridad sin precedentes sobre los instrumentos de producción. Requiere que todo esté subordinado a las necesidades humanas.

Desde un buen principio fue evidente que la mecanización implicaba una división del trabajo. El obrero no puede fabricar un producto desde el principio hasta el fin, y desde el punto de vista del consumidor el producto se hace cada vez más difícil de dominar. Cuando falla el motor de su automóvil, a menudo el propietario de este no sabe que parte es la que causa el fallo, y una huelga de ascensores puede paralizar toda la vida de Nueva York. El resultado es que el individuo se hace cada vez más dependiente de la producción y de la sociedad como un todo, y las relaciones son mucho más complejas y guardan una relación mutua mucho mayor que en cualquier otra sociedad anterior. Esta es una razón por la que el hombre se ve dominado por los medios.

Sin duda la mecanización puede ayudar a eliminar el trabajo esclavizante y a conseguir mejores niveles de vida, sin embargo, en el futuro tendrá que ser controlada de algún modo si se quiere permitir una forma de existencia más independiente.

SIEGFRIED GIEDION
La mecanización toma el mando

IMOGEN CUNNINGHAM
Shedded Wheat Tower
1928
Impressió de gelatina
d'argent
22,6 x 16,6 cm
Ford Motor Co. Collection
Donació de
Ford Motor Co. i
John C. Waddell, 1987
Metropolitan Museum
Nova York

La crisi de 1929 va donar la raó a aquells que havien desconfiat de les virtuts del progrés i de les màquines, que varen passar a ser jutjades com una amenaça per a l'home, qui havia acabat convertit en el seu ostatge i la seva víctima.

Charles Chaplin va mostrar l'aspecte negatiu de l'eufòria maquinista a la pel·lícula *Temps moderns* (1936), en què va reflectir la dramàtica situació que vivien els treballadors industrials, que havia convertit l'activitat de l'home en una rutina de moviments repetitius que copiaven els de les màquines. També va reflectir l'angoixosa imatge de l'home dominat per la cadena de producció de la fàbrica, que li imposa un ritme i una velocitat més propi d'una màquina que d'un ésser humà.

També Céline va descriure la crueltat de la mecanització del treballador industrial, convertit en un component mecànic més dintre de la producció deshumanitzada a la novel·la *Voyage au bout de la Nuit* (1932).

Una vegada més, el temor ancestral a la dominació de l'home per la màquina, el monstre creat per Frankenstein, la primera versió cinematogràfica del qual va ser realitzada el 1932. Aquest temor que el 1968 **Kubrick** va tornar a reviure amb la seva pel·lícula *2001: A Space Odissey*.

El trauma que varen suposar les cambres de gas de Hitler i els efectes devastadors de les bom-

Una vez más, ese temor ancestral a la dominación del hombre por la máquina, el monstruo creado por Frankenstein, cuya primera versión cinematográfica fue realizada en 1931. Este temor que en 1968 **Kubrick** volvió a hacer revivir con su película *2001: A Space Odissey*.

El trauma que supusieron las cámaras de gas de Hitler y los efectos devastadores de las bombas atómicas lanzadas sobre Hiroshima y Nagasaki que pusieron fin a la II Guerra Mundial, transformaron en horror la antigua fe en las virtudes benéficas de la tecnología a la que pensaba que debía ponerse bajo control.

A partir de entonces, en la era *Post-industrial*, la preeminencia

CHARLES CHAPLIN, *Temps moderns,* 1936

bes atòmiques llançades a Hiroshima i Nagasaki, que varen posar fi a la Segona Guerra Mundial, varen transformar en horror l'antiga fe en les virtuts benèfiques de la tecnologia.

A partir d'aleshores, en l'era postindustrial, la preeminència de la iconografia maquinista va ser reemplaçada per la de l'abstracció, encara que també alguns artistes varen tractar d'establir unes relacions més positives amb les màquines, que haurien de ser eines per a la creació i no per a la destrucció.

Gràcies al Pop, els artistes varen transformar la presència de les màquines a manera de "retrats de formes mecàniques" que havien existit fins aleshores, assimilant el propi procés mecànic a la seva producció artística, que va tenir la seva culminació després de la Segona Guerra Mundial, en un context dominat per una cultura visual saturada d'elements de la producció de masses.

Segons la tesi que Caroline A. Jones desenvolupa al llarg del seu llibre *The Machine in the Studio*, en què estudia les característiques de la màquina en l'època postindustrial en l'art americà, una primitiva fase icònica, que va consistir en la representació de les màquines, va ser reemplaçada per una fase *Performative* caracteritzada per aquelles produccions artístiques que impliquen per elles mateixes processos mecànics i va tenir el moment més àlgid després de la Segona Guerra Mundial **[25]**.

de la iconografía maquinista fue reemplazada por la de la abstracción, aunque también algunos artistas trataron de establecer unas relaciones más positivas con las máquinas, que se basaran en que éstas fueran puestas en las manos del hombre para la creación y no para su destrucción.

Gracias al *Pop*, los artistas transformaron la presencia de las máquinas a modo de "retratos de formas mecánicas" que habían existido hasta entonces,

JAMES ROSENQUIST
I Love You with My Ford
1961
Oli sobre llenç
210 x 237,5 cm
Moderna Museet
Estocolm

La gente me decía por la calle lo mismo que el sargento en el bosque: "¡Mire! —me decían—. No tiene pérdida, es justo enfrente."

Y vi, en efecto, los grandes edificios rechonchos y acristalados, a modo de jaulas sin fin para moscas, en las que se veían hombres moviéndose, pero muy lentos, como si ya sólo forcejearan muy débilmente con yo qué sé qué imposible. ¿Eso era Ford? Y, además, por todos lados y por encima, hasta el cielo, un estruendo múltiple y sordo de torrentes de aparatos, duro, la obstinación de las máquinas girando, rodando, gimiendo, siempre a punto de romperse y sin romperse nunca.

"Conque es aquí... —me dije—. No es apasionante..." Era incluso peor que todo lo demás. Me acerqué más, hasta la puerta, donde en una pizarra decía que necesitaban gente.

No era yo el único que esperaba. Uno de los que aguardaban me dijo que llevaba dos días allí y aún en el mismo sitio. Había venido desde Yugoslavia, aquel borrego, a pedir trabajo. Otro pelagatos me dirigió la palabra, a currelar, según decía, sólo por gusto, un maníaco, un fantasma.

En aquella multitud casi nadie hablaba inglés. Se espiaban entre sí como animales desconfiados, apaleados con frecuencia. De su masa subía el olor de entrepiernas orinadas, como en el hospital. Cuando te hablaban, esquivabas la boca, porque el interior de los pobres huele ya a muerte.

Llovía sobre nuestro gentío. Las filas se comprimían bajo los canalones. Se comprime con facilidad la gente que busca currelo. Lo que les gustaba de Ford, fue y me explicó el viejo ruso, dado a las confidencias, era que contrataban a cualquiera y cualquier cosa. "Sólo, que ándate con ojo —añadió, para que supiera a qué atenerme—, no hay que ponerse chulito en esta casa, porque, si te pones chulito, en un dos por tres te pondrán en la calle y te sustituirán, en un dos por tres también, una máquina de las que tienen siempre listas y, si quieres volver, ¡te dirán que nanay!" Hablaba castizo, aquel ruso, porque había estado años en el "taxi" y lo habían echado a consecuencia de un asunto de tráfico de cocaína en Bezons y, para colmo, se había jugado el coche a los dados con un cliente en Biarritz y lo había perdido.

Era cierto lo que me explicaba de que cogía a cualquiera en la casa Ford. No había mentido. Aun así, yo no acababa de creérmelo, porque los pelagatos deliran con facilidad. Llega un momento, en la miseria, en que el alma abandona el cuerpo en ocasiones. Se encuentra muy mal en él, la verdad. Ya casi es un alma la que te habla. Y no es responsable, un alma.

En pelotas nos pusieron, claro está, para empezar. El reconocimiento se hacía como en un laboratorio. Desfilábamos despacio. "Estás hecho una braga —comentó antes que nada el enfermero al mirarme—, pero no importa."

¡Y yo que había temido que no me dieran el currelo en cuanto notaran que había tenido las fiebres de África, si por casualidad me palpaban el hígado! Pero, al contrario, parecían muy contentos de encontrar a feos y lisiados en nuestra tanda.

"Para lo que vas a hacer aquí, ¡no tiene importancia la constitución!", me tranquilizó el médico examinador, en seguida.

"Me alegro —respondí yo—, pero, mire, señor, tengo instrucción yo e incluso empecé en tiempos los estudios de medicina..."

De repente, me miró con muy mala leche. Tuve la sensación de haber vuelto a meter la pata y en mi contra.

"¡No te van a servir de nada aquí los estudios, chico! No has venido aquí para pensar, sino para hacer los gestos que te ordenen ejecutar... En nuestra fábrica no necesitamos a imaginativos. Lo que necesitamos son chimpancés... Y otro consejo. ¡No vuelvas a hablarnos de tu inteligencia! ¡Ya pensaremos por ti, amigo! Ya lo sabes".

Tenía razón en avisarme. Más valía que supiera a qué atenerme sobre las costumbres de la casa. Tonterías ya había hecho bastantes para diez años por lo menos. En adelante me interesaba pasar por un calzonazos. Una vez vestidos, nos repartieron en filas cansinas, en grupos vacilantes de refuerzo hacia los lugares de donde nos llegaban los estrépitos de las máquinas. Todo temblaba en el inmenso edificio y nosotros mismos de los pies a las orejas, atrapados por el temblor, que llegaba de los cristales, el suelo y la chatarra, en sacudidas, vibraciones de arriba abajo. Te volvías máquina tú mismo a la fuerza, con toda la carne aún temblequeante, entre aquel ruido furioso, tremendo, que se te metía dentro y te envolvía la cabeza y más abajo, te agitaba las tripas y volvía a subir hasta los ojos con un ritmo precipitado, infinito, incansable. A medida que avanzábamos, perdíamos a los compañeros. Les sonreíamos un poquito a ésos, al separarnos, como si todo lo que sucedía fuera muy agradable. Ya no podíamos hablarnos ni oírnos. Todas las veces se quedaban tres o cuatro en torno a una máquina.

De todos modos, resistías, te costaba asquearte de tu propia substancia, habrías querido detener todo aquello para reflexionar y oír latir en ti el corazón con facilidad, pero ya no podías. Aquello ya no podía acabar. Era como un cataclismo, aquella caja infinita de aceros, y nosotros girábamos dentro con las máquinas y con la tierra. ¡Todos juntos! Y los mil rodillos y pilones que nunca caían a un tiempo, con ruidos que se atro-

pellaban unos contra otros y algunos tan violentos, que desencadenaban a su alrededor como silencios que te aliviaban un poco.

La vagoneta llena de chatarra apenas podía pasar entre las máquinas. ¡Que se apartaran todos! Que saltasen para que pudiera arrancar de nuevo, aquella histérica. Y, ¡hale!, iba a agitarse más adelante, la muy loca, traqueteando entre poleas y volantes, a llevar a los hombres sus raciones de grilletes.

Los obreros inclinados, atentos a dar todo el placer posible a las máquinas, daban asco, venga pasarles pernos y más pernos, en lugar de acabar de una vez por todas, con aquel olor a aceite, aquel vaho que te quemaba los tímpanos y el interior de los oídos por la garganta. No era por vergüenza por lo que bajaban la cabeza. Cedías ante el ruido como ante la guerra. Te abandonabas ante las máquinas con las tres ideas que te quedaban vacilando en lo alto, detrás de la frente. Se acabó. Miraras donde miraras, ahora todo lo que la mano tocaba era duro. Y todo lo que aún conseguías recordar un poco estaba rígido también como el hierro y ya no tenía sabor en el pensamiento.

Habías envejecido más que la hostia de una vez.

Había que abolir la vida de fuera, convertirla también en acero, en algo útil, no nos gustaba bastante tal como era, por eso. Había que convertirla, pues, en un objeto, en algo sólido, ésa era la regla.

Intenté hablarle, al encargado, al oído, me respondió con un gruñido de cerdo y sólo con gestos me enseñó, muy paciente, la sencillísima maniobra que yo debía realizar en adelante y para siempre. Mis minutos, mis horas, el resto de mi tiempo, como los demás, se consumirían en pasar clavijas pequeñas al ciego de al lado, que las calibraba, ése, desde hacía años, las clavijas, las mismas. Yo en seguida empecé a cometer graves errores. No me regañaron, pero, tras tres días de aquel trabajo inicial, me destinaron, como un fracasado ya, a conducir la carretilla llena de arandelas, la que iba traqueteando de una máquina a otra. Aquí dejaba tres; allí, doce; allá, cinco sólo. Nadie me hablaba. Ya sólo existíamos gracias a una como vacilación entre el embotamiento y el delirio. Ya sólo importaba la continuidad estrepitosa de los miles y miles de instrumentos que mandaban a los hombres.

Cuando a las seis todo se detenía, te llevabas contigo el ruido en la cabeza; yo lo conservaba la noche entera, el ruido y el olor aceite también, como si me hubiesen puesto una nariz nueva, un cerebro nuevo para siempre.

Conque, a fuerza de renunciar, poco a poco, me convertí en otro... Un nuevo Ferdinand. Al cabo de unas semanas. Aun así, volvía a sentir deseos de ver de nuevo a personas de fuera. No las del taller, por supuesto, que no eran sino ecos y olores de máquinas como yo, carnes en vibración hasta el infinito, mis compañeros. Un cuerpo auténtico era lo que quería yo tocar, un cuerpo rosa de auténtica vida silenciosa y suave.

Yo no conocía a nadie en aquella ciudad y sobre todo a ninguna mujer. Con mucha dificultad conseguí averiguar la dirección de la "Casa", un burdel clandestino, en el barrio septentrional de la ciudad. Fui a pasearme por allí algunas tardes seguidas, después de la fábrica, en reconocimiento. Aquella calle se parecía a cualquier otra, aunque más limpia tal vez que la mía.

Había localizado el hotelito, rodeado de jardines, donde pasaba lo que pasaba. Había que entrar rápido para que el guripa que hacía guardia cerca de la puerta pudiera hacer como que no había visto nada. Fue el primer lugar de América en que me recibieron sin brutalidad, con amabilidad incluso, por mis cinco dólares. Y había las chavalas bellas, llenitas, tersas de salud y fuerza graciosa, casi tan bellas, al fin y al cabo, como las del Laugh Calvin.

Y, además, a aquellas podías tocarlas sin rodeos. No pude por menos de volverme un parroquiano de aquel lugar. En él acababa toda mi paga. Necesitaba, al llegar la noche, las promiscuidades eróticas de aquellas criaturas tan espléndidas y acogedoras para recuperar el alma. El cine ya no me bastaba, antídoto benigno, sin efecto real contra la atrocidad material de la fábrica. Había que recurrir, para seguir adelante, a los tónicos potentes, desmadrados, a métodos más drásticos. A mí sólo me exigían cánones módicos en aquella casa, arreglos de amigos, porque les había traído de Francia, a aquellas damas, algunas cosillas. Sólo que el sábado por la noche, no había nada que hacer, había un llenazo y yo dejaba todo el sitio a los equipos de béisbol que habían salido de juerga, con vigor magnífico, tíos cachas a quienes la felicidad parecía resultar tan fácil como respirar.

LOUIS-FERDINAND CÉLINE
Viaje al fin de la noche

La gent, pel carrer, em deia el mateix que el sergent al bosc: "Miri! - em deien- No té pèrdua, és just davant."

I vaig veure, efectivament, els grans edificis rodons i acristallats, com si fossin gàbies inacabables per a mosques, on es veien homes movent-se, però molt a poc a poc, com si tan sols lluitassin feblement contra no sé quin impossible. Això era Ford? I, endemés, per tots els costats i per damunt, fins al cel, un renou múltiple i sord de torrents d'aparells, dur, l'obstinació de les màquines girant, rodant, gemegant, sempre a punt de trencar-se i sense trencar-se mai.

"Així que és aquí... -em vaig dir-. No és apassionant..." Fins i tot era pitjor que tota la resta. Em vaig acostar més, fins a la porta, on a una pissarra deia que necessitaven gent.

Jo no era l'únic que esperava. Un dels qui esperaven em va dir que duia dos dies allà, en el mateix lloc. Havia vingut des de Iugoslàvia, aquell espardenya, a demanar feina. Un altre pocapena m'adreçà la paraula: a pencar, segons deia, sols per gust, un maníac, un fantasma.

En aquella multitud quasi ningú parlava anglès. S'espiaven uns als altres com animals desconfiats, batussats amb freqüència. De la massa pujava una olor d'entrecuixos orinats, com a l'hospital. Quan et parlaven, defugies la boca, perquè l'interior dels pobres put ja a mort.

Plovia sobre la gent. Les fileres es comprimien sota les canals. Es comprimeix amb facilitat la gent que cerca feina. Allò que els agradava de Ford, vingué i m'explicà un vell rus, fet a les confidències, era que contractaven qualsevol i qualsevol cosa. "Només, que has d'anar amb compte -afegí, perquè sabés com anava- no s'han de fer els gallets en aquesta casa, perquè si ho fas, en un tres i no res t'enviaran al carrer i et substituiran, en un tres i no res també, per una màquina de les que sempre estan preparades i, si vols tornar, et diran que res de res!" Parlava trempat, aquell rus, perquè havia estat anys en el "taxi" i l'havien despatxat a conseqüència d'un assumpte de tràfec de cocaïna a Bezons, i, a sobre, s'havia jugat el cotxe als daus amb un client a Biarritz i l'havia perdut.

Era cert allò que m'explicava: prenien qualsevol a la casa Ford. No mentia. Encara així, no m'ho acabava de creure, perquè els pelacanyes deliren amb facilitat. Arriba un moment, a la misèria, que l'ànima abandona el cos en ocasions. Es troba molt malament dins ell, la veritat. Ja quasi és una ànima la que et parla. I una ànima no és responsable.

Ens posaren en pèl, és clar, per començar. El reconeixement es feia com en un laboratori. Desfilàvem a poc a poc. "Estàs fet una pellofa - comentà abans que res l'infermer quan em va mirar-, però no importa."

I jo que havia temut que no em donassin la feina quan s'adonessin que havia tingut les febres d'Àfrica, si per atzar em palpaven el fetge! Però, ben al contrari, semblaven molt contents de trobar lletjos i mutilats a la nostra quinta.

"Pel que faràs aquí, la constitució física no té importància!" em tranquil·litzà de seguida el metge examinador.

"Me n'alegro -vaig contestar-, però miri, senyor, tenc instrucció i fins i tot vaig començar fa temps els estudis de medicina..."

De sobte, em va mirar amb molta mala llet. Vaig tenir la sensació d'haver ficat la pota en contra meva.

"De res et serviran aquí els estudis, al·lot! No has vingut aquí per pensar, sinó per fer els moviments que t'ordenin executar... A la nostra fàbrica no necessitam imaginatius. El que necessitam són ximpanzés... I un altre consell. No ens tornis a parlar pus de la teva intel·ligència! Ja pensarem per tu, amic! Ja ho saps".

Tenia raó en avisar-me. Em convenia més saber a què atenir-me pel que feia els costums de la casa. Bajanades, n'havia fetes per deu anys, com a mínim. D'aquí endavant m'interessava passar per un calces. Una vegada vestits, ens repartiren en fileres lentes, en grups vacil·lants de reforç cap els llocs d'on ens arribaven els sorolls de les màquines. Tot tremolava a l'immens edifici i també nosaltres mateixos dels peus fins a les orelles, atrapats pel tremolor, que arribava dels vidres, del terra i de la ferralla, en sacsejades, en vibracions de dalt a baix. Et converties en màquina a la força, amb tota la carn tremolant, entre aquell renou furiós, terrible, que es ficava a dintre i t'envoltava el cap i més avall, et remenava l'estómac i tornava a pujar fins els ulls amb un ritme precipitat, infinit, incansable. A mesura que avançàvem, perdíem els companys. Els somrèiem una mica, quan ens separàvem, com si tot el que succeís fos molt agradable. Ja no podíem parlar-nos ni sentir-nos. Cada vegada es quedaven tres o quatre entorn d'una màquina.

De tota manera, resisties, et costava fastiguejar-te de la teva pròpia substància, haguessis volgut aturar tot allò per a reflexionar i sentir bategar el teu cor amb facilitat, però ja no podies. Allò ja no es podia acabar. Era com un cataclisme, aque-

lla caixa infinita d'acers, i nosaltres voltàvem dintre amb les màquines i amb la terra. Tots junts! I els mil rodets i pilons que mai queien a un temps, amb renous que s'atropellaven uns contra els altres i alguns tan violents, que desencadenaven al seu entorn com silencis que t'alleugerien una mica.

La vagoneta plena de ferralla quasi podia passar entre les màquines. Què s'allunyassin tots! Que saltassin perquè pogués arrencar de nou, aquella histèrica. I, venga! se sacsejava més endavant, la folla, trontollant entre politges i volants, a portar als homes les seves racions de grillons.

Els obrers inclinats, atents en atorgar tot el plaer possible a les màquines, feien oi, venga passar-los perns i més perns, en lloc d'acabar d'una vegada, amb aquella olor d'oli, aquell baf que et cremava els timpans i l'interior de les orelles per la gargamella. No era per vergonya que acotaven el cap. Cedies davant el renou com davant la guerra. T'abandonaves davant les màquines amb les tres idees que et quedaven vacil·lant allà dalt, darrere del front. S'ha acabat. Mirassis on mirassis, ara tot quant tocava la mà era dur. I tot el que aconseguies recordar una mica estava rígid com el ferro i ja no s'assaboria en el pensament.

Havies envellit de cop, més que la punyeta.

Calia abolir la vida de fora, convertir-la també en acer, en quelcom útil, que no ens agradava gaire tal com era, per això mateix. Calia convertir-la en un objecte sòlid, aquesta era la regla.

Vaig mirar de parlar amb l'encarregat, a cau d'orella, em va respondre amb un gruny de porc i amb gests m'ensenyà, molt pacient, la senzillíssima maniobra que havia de realitzar d'ara en endavant i per sempre. Els meus minuts, les meves hores, la resta del meu temps, com el dels altres, es consumirien passant clavilles, les mateixes. De seguida, vaig començar a cometre greus errors. No em digueren res, però després de tres dies d'aquell treball inicial, em destinaren, ja com un fracassat, a conduir el carretó ple de valones, que anava sotraguejant d'una màquina a una altra. Aquí en deixava tres; allà, dotze; allà, només cinc. Ningú em parlava. Únicament existíem gràcies a una vacil·lació entre l'empardalament i el deliri. Tan sols importava la continuïtat estrepitosa dels milers i milers d'instruments que ordenaven als homes.

Quan a les sis tot s'aturava, te'n duies amb tu el renou al cap; jo el conservava tota la nit, el renou i l'olor d'oli també, com si m'haguessin posat un nas nou, un cervell nou per a sempre.

Així que, a força de renunciar, poc a poc, em vaig convertir en un altre... Un nou Ferdinand. Després d'unes setmanes. Malgrat tot, tornava a sentir desitjos de veure altra vegada persones de fora. No les del taller, certament, que no eren més que ressons i olors de màquines com jo, carns en vibració fins a l'infinit, els meus companys. Desitjava tocar un cos autèntic, un cos color de rosa amb autèntica vida, silenciosa i suau.

No coneixia ningú en aquella ciutat, ni tan sols una dona. Amb molta dificultat vaig aconseguir aclarir l'adreça de la "Casa", un bordell clandestí, en el barri septentrional de la ciutat. Vaig anar-hi a passejar-me algunes tardes seguides, després de la fàbrica, a inspeccionar. Aquell carrer s'assemblava a qualsevol altre, encara que tal vegada era més net que el meu.

Havia localitzat l'hotelet, vorejat de jardins, on passava allò que passava. Calia entrar-hi ràpid perquè el guripa que feia la guàrdia prop de la porta pogués fer com si no hagués vist res. Va ésser el primer lloc d'Amèrica on em reberen sense brutalitat, amb amabilitat fins i tot, pels meus cinc dòlars. Hi havia al·lotes belles, plenes, de bona salut i ben gracioses, quasi tan belles com les del Laugh Calvin.

I, endemés, podia tocar-les sense embuts. No vaig poder menys que fer-me parroquià d'aquest lloc. Allà acabava tota la meva paga. Necessitava, quan arribava la nit, les promiscuïtats eròtiques d'aquelles criatures tan esplèndides i acollidores per a recuperar l'ànima. El cinema ja no em bastava, antídot benigne, sense efecte real contra l'atrocitat material de la fàbrica. Calia recórrer, per tal de seguir endavant, a tònics potents, desbarrats, a mètodes més dràstics. Sols m'exigien canons mòdics en aquella casa, arranjaments d'amics, perquè havia duit de França algunes cosetes per a aquelles senyores. Tan sols el dissabte a la nit no hi havia res a fer, s'omplia de gom a gom i jo deixava el meu lloc als equips de beisbol que havien sortit de gresca, amb vigor magnífic, mascles fornits als quals la felicitat semblava resultar tan fàcil com respirar.

LOUIS-FERDINAND CÉLINE
Viatge a la fi de la nit

L'obra d'art que apareix en aquesta pàgina no és una reproducció d'un dibuix ja existent. Va ésser pensat i realitzat com a part d'una "obra d'art", en el sentit que té el terme quan és emprat pels artistes tècnics i els gravadors en referir-se als dibuixos fets específicament per a la reproducció. Em demanaren que fes un dibuix que pogués ésser reproduït per un motlle en sèrie; per a la qualitat pictòrica de les coses que feia, semblava essencial una major gamma tonal que l'aconseguida mitjançant un motlle en sèrie.

L'única manera d'aconseguir mig to era incorporar-lo al dibuix amb material ja confeccionat. Vaig decidir ficar una pintura existent, de manera que el motlle en sèrie pogués assimilar, utilitzant marques dibuixades, bocins d'impressions de mig to ampliades, Plastitò i tintes mecàniques aplicades pel gravador del procés per a especificar. Les meves pintures, darrerament, han dut totes fulla d'alumini aplicada a algunes zones.

L'editor d'Architectural Design autoritzà un motlle en sèrie addicional, que em permetés de simular aquest aspecte essencial del tema.

En part, com a resultat de l'exposició, Man, Machine and Motion, predisposat per la preocupació per l'art pop del Independent Group i del ICA i, utilitzant directament material estudiat per Reyner Banham a la seva investigació sobre l'estilització en els cotxes, jo havia estat treballant en un grup de pintures i de dibuixos que retrataven el cotxe americà tal i com apareixia en els anuncis de les revistes. La pintura Hommage à Chrysler Corp., de la qual aquesta n'és una versió, és una compilació de temes procedents de les revistes elegants. El motiu principal, el vehicle, es descompon en una antologia de tècniques de presentació. Un episodi, per exemple (encara que

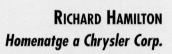
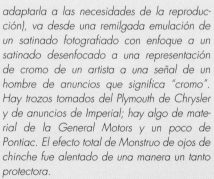

aquesta seqüència ha estat anivellada per a adaptar-la a les necessitats de la reproducció), va des d'una melindrosa emulació d'un setinat fotografiat amb enfocament, a un setinat desenfocat, a una representació de cromo d'un artista, a un senyal d'un home d'anuncis que significa "cromo". Hi ha bocins agafats del Plymouth de Chrysler i d'anuncis d'Imperial; algun material de la General Motors i un poc de Pontiac. L'efecte total de Monstre d'ulls de xinxa fou estimulat d'una manera un xic protectora.

El sex symbol, com sovint succeeix als anuncis, està compromès en la demostració d'afecte pel vehicle. Està construït a partir dels dos elements principals: el diagrama d'Exquisite Form Bra (sostenidor de forma exquisida) i els llavis de Voluptua. Mentre treballava a la pintura, moltes vegades m'acudí que aquesta figura femenina evocava un lleuger ressò de la Victòria Alada de Samotràcia. La reacció davant aquesta il·lusió, si és que existí, fou suprimir-la. La sentència de Marinetti "un cotxe de carreres... és més bell que la Victòria Alada de Samotràcia" la feia impossiblement exhaurida. A pesar del desgrat per la idea, encara persisteix.

La disposició del grup és lleugerament arquitectònica. Una espècie de sala d'exposició a l'Estil Internacional, representat per una insinuació que recorda Mondrian i Saarinen. Resta una cita de Marcel Duchamp d'una sèrie de referències, una mica més directes, que ara provam. També hi ha algunes al·lusions a altres pintures meves.

RICHARD HAMILTON
Homenatge a Chrysler Corp.

La obra de arte que aparece en esta página no es una reproducción de un dibujo ya existente. Fue pensado y realizado como parte de una "obra de arte" en el sentido que tiene el término cuando es usado por los artistas técnicos y los grabadores al referirse a los dibujos hechos específicamente para la reproducción. Me pidieron que hiciera un dibujo que pudiera ser reproducido por un molde en serie; para la calidad pictórica de las cosas que hacía parecía esencial una mayor gama tonal de la que se podía conseguir con un molde en serie.

La única manera de conseguir medio tono era incorporarlo al dibujo con material ya confeccionado. Decidí meter una pintura existente de forma que el molde en serie pudiera asimilar utilizando marcas dibujadas, trozos de impresiones de mediotono ampliadas, Plastitono y tintas mecánicas aplicadas por el grabador del proceso para especificar. Mis pinturas, últimamente, han llevado todas hoja de aluminio aplicada en algunas zonas.

El editor de Architectural Design autorizó un molde en serie adicional que me permitiera simular este aspecto esencial del tema.

En parte como resultado de la exposición Man, Machine and Motion, predispuesto por la preocupación por el arte pop del Independent Group y del ICA y utilizando directamente material estudiado por Reyner Banham en su investigación sobre la estilización en los coches, yo había estado trabajando en un grupo de pinturas y de dibujos que retrataban el coche americano tal como lo daban los anuncios de las revistas. La pintura Hommage à Chrysler Corp., de la cual ésta es una versión, es una compilación de temas procedentes de las revistas elegantes. El motivo principal, el vehículo, se descompone en una antología de técnicas de presentación. Un episodio, por ejemplo (aunque esta secuencia ha sido nivelada para

adaptarla a las necesidades de la reproducción), va desde una remilgada emulación de un satinado fotografiado con enfoque a un satinado desenfocado a una representación de cromo de un artista a una señal de un hombre de anuncios que significa "cromo". Hay trozos tomados del Plymouth de Chrysler y de anuncios de Imperial; hay algo de material de la General Motors y un poco de Pontiac. El efecto total de Monstruo de ojos de chinche fue alentado de una manera un tanto protectora.

El sex symbol, como ocurre tan a menudo en los anuncios, está comprometido en la demostración de afecto por el vehículo. Está construido a partir de los dos elementos principales: el diagrama de Exquisite Form Bra (sostén de forma exquisita) y los labios de Voluptua. Mientras trabajaba en la pintura, muchas veces se me ocurrió que esta figura femenina evocaba un ligero eco de la Victoria Alada de Samotracia. La reacción ante esta alusión, si es que la hubo, fue de suprimirla. La sentencia de Marinetti "un coche de carreras... es más bello que la Victoria Alada de Samotracia" la hacía imposiblemente gastada. A pesar del desagrado por la idea, aún persiste.

La disposición del grupo es ligeramente arquitectónica. Una especie de salón de exposición al Estilo Internacional representado por una insinuación que recuerda a Mondrian y a Saarinen. Queda una cita de Marcel Duchamp de una serie de referencias algo más directas que probamos. También hay algunas alusiones a otras pinturas mías.

RICHARD HAMILTON
Homenaje a Chrysler Corp.

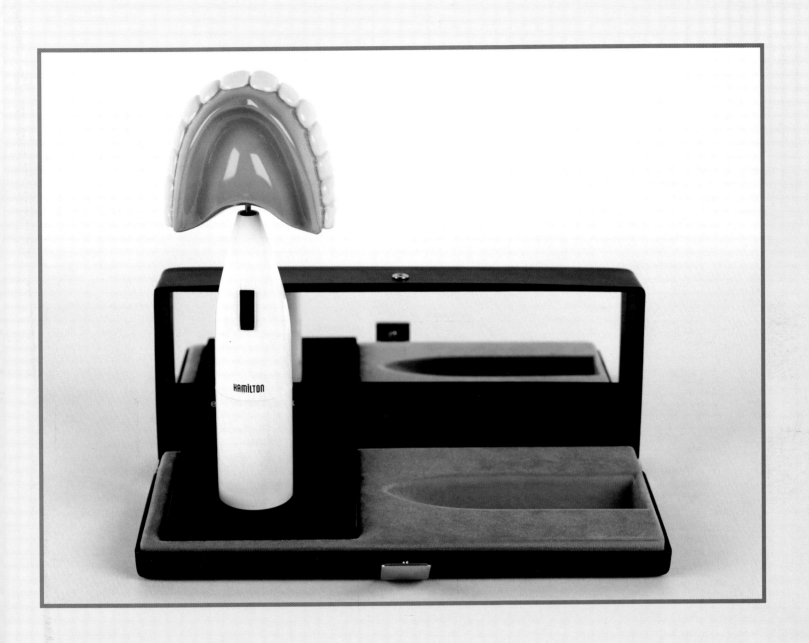

RICHARD HAMILTON
Hommage à Chrysler Corp.
1957
Oli, xapa de metall
i collage sobre fusta
122 x 81 cm
Tate Gallery
Londres

RICHARD HAMILTON
The Critic Laughs
1971-72
Raspall elèctric amb dentadura, estoig
llibre d'instruccions (9/60)
6 x 27 x 11 cm
IVAM Institut Valencià d'Art Modern
Generalitat Valenciana

AW Algú va dir que Bretch volia que tots pensàssim el mateix. Jo vull que tots pensem el mateix. Però Bretch volia aconseguir-ho a través del comunisme. Rússia ho fa perquè ho imposa el seu govern. Aquí succeeix sense que ho imposi el govern, de manera que si funciona sense intentar-ho, per què no pot funcionar sense que un sigui comunista? Tots tenim el mateix aspecte i actuam de la mateixa forma, i això cada vegada s'accentua més. Crec que tots hauríem d'ésser màquines. Crec que tots ens hauríem d'agradar.

– L'Art Pop s'ocupa d'això?

AW Sí. Que ens agradin les coses.

– I que ens agradin les coses vol dir ésser màquines?

AW Sí, perquè sempre feim el mateix. Ho feim una i altra vegada.

– I vostè, hi està d'acord?

AW Sí, perquè tot és fantasia. És difícil ésser creatiu i també és difícil no creure que allò que feim és creatiu, o que és difícil que et tenguin per creatiu; perquè tots parlam sempre d'això i també de la individualitat. Tots som sempre creatius. I té gràcia quan dius que les coses no ho són, com també que la sabata que dibuix per a un anunci l'anomenin una "creació", però el fet de dibuixar-la no ho va ésser. Però supòs que crec en ambdues coses. Tota aquesta gent que no és massa bona hauria d'ésser realment bona. En realitat, tots som massa bons. Per exemple, quants actors hi ha? N'hi ha milions. Tots són molt bons. I, quants pintors hi ha? Milions i tots molt bons. Com es pot dir que un estil és millor que un altre? Un hauria d'ésser capaç de ser abstracte - expressionista la setmana vinent, o artista Pop o realista, sense sentir que es renuncia a res. Crec que els artistes que no són molt bons haurien de considerar-se com tots els altres perquè a la gent li agradassin les coses que no són molt bones. Succeeix ja. Tot el que hem de fer es llegir revistes i catàlegs. En aquest estil o en aquell, aquesta o aquella imatge de l'home, però això no assenyala en realitat cap diferència. Alguns artistes es queden, però per què?

– És l'Art Pop una moda passatgera?

AW Sí, és una moda passatgera, però no hi veig la diferència. Acab de sentir el rumor que G. ha deixat de treballar, però ha renunciat a qualsevol expressió artística. I tots diuen que és una llàstima que A renunciàs al seu estil i que ara faci una cosa diferent. No estic d'acord en absolut. Si un artista no pot fer més cal que ho deixi, i un artista ha de poder canviar el seu estil sense sentir-se malament. He sentit que Lichtenstein ha dit que potser no dibuixi tires còmiques durant un o dos anys. Crec que seria fantàstic, així podria canviar d'estil. I crec que passarà això, que aquesta serà la nova situació. Probablement aquesta és la raó per la qual ara utilitza mampares de seda. Crec que algú hauria de poder pintar tots els meus quadres per mi. No he sabut fer totes les imatges clares i senzilles, ni les mateixes que la primera vegada. Crec que seria magnífic que més persones comencessin mampares de seda, perquè ningú sabés si el quadre era meu o d'una altra persona.

– Canviaria la història de l'art?

AW Sí

– És aquest l'objectiu que persegueix?

AW No. La raó per la qual pint així és perquè vull ser una màquina i sentir que tot el que faig com una màquina és allò que vull fer.

– Era l'art comercial més mecànic?

AW No. Em pagaven per fer-ho i jo feia tot el que em deien. Si em deien que dibuixàs una sabata, la dibuixava, i si em deien que la corregís, la corregia, feia tot el que em deien, la corregia i ho feia bé, havia d'inventar i ara no, després de tanta correcció aquests dibuixos comercials tenien sentiments, tenien un estil. L'actitud dels que contractaven tenia sentiments o alguna cosa a veure amb ells. Sabien què volien, de vegades insistien, resultaven molt emotius. El procés del treball en l'art comercial era mecànic però l'actitud era sensitiva.

– Per què va començar vostè a pintar llaunes de sopa?

AW Perquè la bevia. Vaig menjar el mateix tots els dies durant vint anys, supòs que menjava el mateix una i altra vegada. Algú ha dit que la meva vida em dominava. Em va agradar la idea. Solia voler viure a les Torres Waldon i menjar una sopa i un entrepà, com a l'escena que transcorre en el restaurant de Naked Lunch. Vàrem anar al carrer 42 a veure Dr. No. És una pel·lícula fantàstica, increïble. Sortirem i algú llança una bomba davant nostre, integrats en aquella enorme multitud. I, hi va haver sang. Vaig veure sang a la gent i per totes bandes. Vaig sentir que sagnava profusament. Al periòdic de la setmana passada vaig llegir que hi ha més persones que les llancen (és part de l'escena) i feren altres persones. La meva exposició de París s'anomenarà Mort a Amèrica. Mostraré imatges d'una cadira elèctrica i els cans de Birmingham i restes d'automòbils i algunes imatges suïcides.

– Per què inicià aquestes imatges de Mort?

AW Crec en ella. Va llegir vostè l'Enquirer d'aquesta setmana? Duia "Les restes que feren plorar la policia", un cap tallat en dos, braços i mans llançats a l'entorn. És trist, però estic segur que passa sovint. He conegut molts policies darrerament. Ho fotografien tot, l'únic que no es pot fer és fotografiar-los a ells.

– Quan inicià la sèrie Mort?

AW Supòs que fou la fotografia del terrible accident del gran avió, la primera pàgina d'un periòdic: MOREN 129. També estava pintant les Marilynes. Em vaig adonar que tot el que estava fent hauria d'haver estat Mort. Era Nadal o el Dia del Treball (un dia festiu) i cada vegada que engegava la ràdio, sentia una cosa com "moriran 4 milions". Això fou el que m'impulsà. Però quan veus una imatge horrorosa una i altra vegada, ja no et produeix cap efecte.

Gene Swenson
Entrevista amb Andy Warhol

ANDY WARHOL
Electric Chair
1965
Acrílic sobre tela
56 x 71 cm
The Warhol Museum
Pittsburgh

AW Alguien dijo que Bretch quería que todos pensáramos lo mismo. Yo quiero que todos pensemos lo mismo. Pero Bretch quería lograrlo a través del comunismo. Rusia lo está haciendo porque así lo impone su gobierno. Está ocurriendo aquí por sí solo, sin que lo imponga el gobierno, de modo que si funciona sin intentarlo ¿por qué no puede funcionar sin que uno sea comunista? Todos tenemos el mismo aspecto y actuamos del mismo modo, y esto cada vez se acentúa más. Creo que todos deberíamos ser máquinas. Creo que todos deberíamos gustarnos.

– ¿El Arte Pop se ocupa de todo esto?

AW Sí. Es que nos gusten las cosas.

– ¿Y que nos gusten las cosas es ser máquinas?

AW Sí, porque siempre hacemos lo mismo. Lo hacemos una y otra vez.

– ¿Y usted lo aprueba?

AW Sí, porque todo es fantasía. Es difícil ser creativo y también es difícil no creer que lo que hacemos es creativo o que es difícil que a uno no lo llamen creativo porque todos hablamos siempre de ello y de la individualidad. Todos somos siempre creativos. Y tiene gracia cuando dices que las cosas no lo son, como que al zapato que dibujo para un anuncio lo llamen una "creación" pero el dibujarlo no lo fue. Pero supongo que creo en ambas cosas. Toda esa gente que no es demasiado buena debiera ser realmente buena. En realidad, todos somos demasiado buenos. Por ejemplo: ¿cuántos actores hay? Hay millones de actores. Todos son muy buenos. Y, ¿cuántos pintores hay? Millones y todos muy buenos. ¿Cómo se puede decir que un estilo es mejor que otro? Tendría que ser uno capaz de ser abstracto - expresionista la semana próxima, o artista Pop o realista, sin sentir que uno renuncia a nada. Creo que los artistas que no son muy buenos deberían considerarse como todos los demás para que la gente le gustarán las cosas que no son muy buenas. Está ocurriendo ya. Todo lo que hay que hacer es leer las revistas y los catálogos. Es este estilo o aquel estilo, esta o aquella imagen del hombre, pero eso no marca en realidad ninguna diferencia. Algunos artistas se quedan, pero ¿por qué?

– ¿Es el Arte Pop una moda pasajera?

AW Sí, es una moda pasajera pero no veo cuál es la diferencia. Acabó de oír el rumor de que G. ha dejado de trabajar, pero ha renunciado a cualquier expresión artística. Y todos dicen que es una pena que A renunciara a su estilo y que ahora haga algo diferente. No estoy de acuerdo en absoluto. Si un artista no puede hacer más debe dejarlo y un artista debe poder cambiar su estilo sin sentirse mal. He oído que Lichtenstein ha dicho que puede que no dibujara tiras cómicas durante uno o dos años. Creo que sería estupendo, poder así cambiar de estilo. Y creo que es lo que va a ocurrir, que esa va ser la nueva situación. Probablemente esa es la razón de que ahora use mamparas de seda. Creo que alguien debería poder pintar todos mis cuadros por mí. No he sabido hacer todas las imágenes claras y sencillas ni lo mismo que la primera. Creo que sería tan magnífico que más personas empezaran mamparas de seda para que nadie supiera si mi cuadro era mío o de otra persona.

– ¿Cambiaría la historia del arte?

AW Sí

– ¿Es ese el objetivo que persigue?

AW No. La razón por la que pinto así es que quiero ser una máquina y sentir que todo lo que hago como una máquina es lo que quiero hacer.

– ¿Era el arte comercial más mecánico?

AW No. A mí me pegaban por hacerlo y yo hacía todo lo que me decían. Si me decían que dibujara un zapato, lo dibujaba, y si me decían que lo corrigiera, lo corregía, hacía todo lo que me decían, lo corregía y lo hacía bien, tenía que inventar y ahora no, después de tanta corrección esos dibujos comerciales tenían sentimientos, tenían un estilo. La actitud de los que contrataban tenía sentimientos o algo que ver con ello, sabían lo que querían, insistían, a veces resultaban muy emotivos El proceso del trabajo en el arte comercial era mecánico pero la actitud era sensitiva.

– ¿Por qué empezó usted a pintar latas de sopa?

AW Porque la bebía. Comí lo mismo todos los días durante veinte años, supongo que comía lo mismo una y otra vez. Alguien ha dicho que mi vida me dominaba. Me gustó la idea. Solía querer vivir en las Torres Waldon y comer una sopa y un bocadillo, como en la escena que transcurre en el restaurante de Naked Lunch. Fuimos a la calle 42 a ver Dr. No. Es una película fantástica, increíble. Salimos y alguien tiró una bomba frente a nosotros, integrados en aquella enorme multitud. Y hubo sangre. Vi sangre en la gente y por todas partes. Sentí que sangraba profusamente. En el periódico de la semana pasada leí que hay más personas que las tiran (es parte de la escena) y hiere a otras personas. Mi exposición de París va a llamarse Muerte en América. Mostraré imágenes de una silla eléctrica y los perros de Birmingham y restos de automóviles y algunas imágenes suicidas

– ¿Por qué inició estas imágenes de Muerte?

AW Creo en ella. ¿Leyó usted el Enquirer de esta semana? En él venía "Los restos que hicieron llorar a la policía", una cabeza cortada en dos, brazos y manos tirados en torno a la misma. Es triste, pero estoy seguro de que pasa a menudo. He conocido a muchos policías últimamente. Lo fotografían todo, lo único que no se puede es fotografiarlos a ellos.

– ¿Cuándo inició la serie Muerte?

AW Supongo que fue la fotografía del terrible accidente del gran avión, la primera página de un periódico: MUEREN 129. También estaba pintando las Marilynes. Me di cuenta de que todo lo que estaba haciendo debía haber sido Muerte. Era Navidad o el Día del Trabajo (un día festivo) y cada vez que ponía la radio, oía algo como "van a morir 4 millones". Esto fue lo que me impulsó. Pero cuando ves una imagen horrenda una y otra vez, ya no te produce ni el menor efecto.

GENE SWENSON
Entrevista con Andy Warhol

ANDY WARHOL
Disaster (Car Wreck)
1978
Serigrafía
99 x 125 cm
The Warhol Museum
Pittsburgh

BERND I HILLA BECHER
Gerstohofen bei Augsburg
1988
Bromur d'argent
51,9 x 60,9 cm
IVAM Institut Valencià d'Art Modern
Generalitat Valenciana

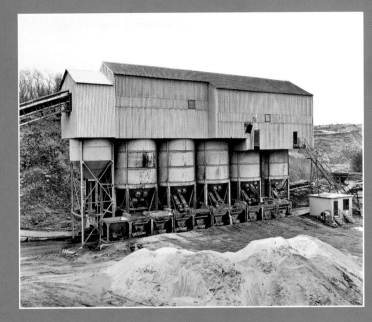

BERND I HILLA BECHER
1 / Kaüsser-Steinmel bei Hachenburg
3 / Stockum-Püschen
1988
Bromur d'argent
51,9 x 60,9 cm
IVAM Institut Valencià d'Art Modern
Generalitat Valenciana

BERND I HILLA BECHER
2 / Dornburg, Westerwald
4 / Nauber, Westerwald
1988
Bromur d'argent
51,9 x 60,9 cm
IVAM Institut Valencià d'Art Modern
Generalitat Valenciana

ROBERT FRANK, *Fear / No Fear*, 1991, Impressió de bromur d'argent de tres negatius Polaroid, 50,8 x 61 cm
IVAM Institut Valencià d'Art Modern, Generalitat Valenciana

asimilando el propio proceso mecánico a su producción artística, que tuvo su culminación después de la II Guerra Mundial, en un contexto dominado por una cultura visual saturada de elementos de la producción de masas.

Según la tesis que Caroline A. Jones desarrolla a lo largo de su libro *The Machine in the Studio;* en el que estudia las características de la maquina en la época post-industrial en el arte americano, una primitiva fase *icónica* que consistió en la representación de las maquinas fue reemplazada por una fase *Performative* caracterizada por aquellas producciones artísticas que implican en ellas mismas procesos mecánicos y tuvo su momento mas álgido después de la II Guerra Mundial [25].

Warhol, Stella, Smithson encarnaron, cada uno a su manera, la nueva estética industrial que dominaba en el tiempo de la producción industrial de bienes de consumo, asimilándose ellos mismos a esa producción mecanizada, ejemplarizada por el deseo manifestado por **Andy Warhol** de ser una máquina, y su estudio, una fábrica, y a sus obras de arte quiso darles la frialdad de los productos industriales.

Robert Smithson reflejó en sus fotografías las huellas del paisaje post-industrial cargado de las frus-

traciones que el optimismo de sus expectativas ha frustrado: "Examina los signos de desintegración industrial de su Nueva Jersey natal. Smithson reproduce los recuerdos de un conjunto abandonado de futuros, una necrópolis de las grandes esperanzas de la era industrial y de las ideologías de avance y progreso que la apuntalaban" [26].

Los alemanes **Bernd** y **Hilla Becher** representaron las preocupaciones de la vanguardia conceptualista de los años setenta con sus rigurosos sistemas de clasificación de tipos industriales, para redefinir una idea de estructura en su descripción de la realidad, que consiste en diseccionar el "imaginario" industrial a través de la utilización de la fotografía documental.

Sus fotografías, formadas por agrupaciones de construcciones industriales del mismo tipo, trataron de confeccionar una tipología de entradas de minas, hornos de explosivos, detentores de gas, fachadas, torres de enfriamiento que en su conjunto reflejan el paisaje industrial desaparecido como un monumento arqueológico no exento de nostalgia, a la memoria de un tiempo histórico determinado.

El cambio de posición en el papel de las máquinas en el mundo dominado por la tecnología que se inició en los sesenta puede situarse coincidiendo con la exposición que llevó a cabo Pontus Hultén en 1968 en el MOMA: *The Machine as seen at the End of the Mechanical Age*. En ella presentaba un recorrido por la fascinación de la máquina sobre el hombre moderno hasta el momento de la eclosión de la tecnología, cuando la máquina le cede su puesto pasando a convertirse en un anacronismo o una reliquia de otra época. Sin embargo, esto es solo una verdad a medias, ya que, en realidad, cuando ocurre que la función productiva es susstituida por una función mítica, es el momento en que la máquina encuentra su más apropiado destino.

Warhol, Stella, Smithson varen encarnar, cadascun a la seva manera, la nova estètica industrial que dominava en el temps de la producció industrial de béns de consum, assimilant-se ells mateixos a aquesta producció mecanitzada, exemplaritzada pel desig manifestat per **Andy Warhol** de ser una màquina, el seu estudi, una fàbrica i a les seves obres d'art va voler donar-los la fredor dels productes industrials.

Robert Smithson va reflectir en les seves fotografies les petges del paisatge postindustrial carregat de les frustracions que l'optimisme de les seves expectatives ha frustrat: "Examina els signes de desintegració industrial de la seva Nova Jersey natal. Smithson reprodueix els records d'un conjunt abandonat de futurs, una necròpolis de les grans esperances de l'era industrial i de les ideologies d'avançament i progrés que l'apuntalaven" [26].

Els alemanys **Bernd i Hilla Becher** varen representar les preocupacions de l'avantguarda conceptualista dels anys setanta amb els seus rigorosos sistemes de classificació de tipus industrials, per redefinir una idea d'estructura en la seva descripció de la realitat, que consisteix a disseccionar l'"imaginari" industrial a través de la utilització de la fotografia documental.

ROBERT FRANK, *Missisippi Bridge at St. Louis*, 1947-48. Bromur d'argent (còpia de 1965). IVAM Institut Valencià d'Art Modern. Generalitat Valenciana

Les seves fotografies, formades per agrupacions de construccions industrials del mateix tipus, varen tractar de confeccionar una tipologia d'entrades de mines, forns d'explosius, detectors de gas, façanes, torres de refredament, etc., que reflecteixen el paisatge industrial desaparegut com un monument arqueològic no exempt de nostàlgia, a la memòria d'un temps històric determinat.

El canvi de posició del paper de les màquines en el món dominat per la tecnologia, que es va iniciar en els seixanta, es pot fer coincidir amb l'exposició que va dur a terme Pontus Hultén el 1968 al MOMA: *The Machine as Seen at the End of the Mechanical Age.* S'hi presentava un recorregut per la fascinació de la màquina sobre l'home modern fins al moment de l'eclosió de la tecnologia, quan la màquina li cedeix el seu lloc i passa a convertir-se en un anacronisme o una relíquia d'una altra època. Tanmateix, això és només una veritat a mitges, ja que, en realitat, quan la funció productiva és substituïda per una funció mítica és el moment en què la màquina troba el destí més apropiat.

NOTAS

[1]   GILLES DELEUZE y FELIX GUATTARI, *El Antiedipo*, Barral editores, Barcelona, 1972.

[2]   PETER WOLLEN, *Raiding the Icebox*, Indiana University Press Bloomington, Indiana 1993, pp. 44, 45.

[3]   PETER WOLLEN, *Raiding the Icebox*, Indiana University Press Bloomington, Indiana 1993, p. 46.

[4]   CAROLINE A. JONES, *The Sex of the Machines*, Picturing Science Producing Art, Routledge, Londres 1998, p. 147.

[5]   ANDRÉ BRETON, *Manifiestos del Surrealismo*, Ediciones Guadarrama, Madrid, 1969, p. 26.

[6]   HAL FOSTER, *Compulsive Beauty*, October, MIT, Cambridge, Massachusetts, 1993, p. 101.

[7]   ROSALYN KRAUSS, *Corpus Delicti* en *L'Amour fou: Photography and Surrealism* ,Washington y New York, 1985, p. 86.

[8]   GILLES DELEUZE y FELIX GUATTARI, *El Antiedipo*, Barral editores, Barcelona,1972, p. 405.

[9]   CAROLINE A. JONES, *Mechanolatry*, cat. *Painting Machines*, Boston University Art Gallery, 1997, p. 25.

[10] K.G. PONTUS HULTÉN, *The Machine as Seen at the End of the Mechanical Age*, MOMA, Nueva York, 1968, p. 11.

[11] MICHEL CARROUGES, *Mode d'emploi*, cat. *Les Machines Celibataires*, Kunsthalle, Bern, 1975, p. 21.

[12] JEANNE SILVERSTHORNE, *Parkett* n° 17, *The critic as four-eyed peg leg*, p.60.

[13] REYNER BANHAM, *Teoría y diseño en la primera era de la máquina*, Paidos, Barcelona, 1977, p. 71.

[14] ERIC MICHAUD, *La fin du salut par l'image*, Critiques d'Art, ed. Jacqueline Chambon, París, 1992, p. 125.

[15] CHRISTINE HAMON-SIREJOLS, *Le constructivisme au theatre*, editions du CNRS, París,1992, p. 144.

[16] VLADIMIR TATLIN, *The Work Ahead of Us*, 1920, cit. *Russian Art of the avant-garde*, ed. por John E.Bowlt, Thames & Hudson, 1988, p. 207.

[17] STEVEN A. MANSBACH, *Charles Sheeler and the Cult of the Machine*, Cambridge, Harvard University Press, 1991, p. 11.

[18] ERIC MICHAUD, *La fin du salut par l'image*, Critiques d'Art, ed. Jacqueline Chambon, París, 1992, p. 138.

[19] ERIC MICHAUD, *La fin du salut par l'image*, Critiques d'Art, ed. Jacqueline Chambon, París, 1992, p. 150.

[20] GILLES DELEUZE y FELIX GUATTARI, *El Antiedipo*, Barral editores, Barcelona, 1972, p. 403.

[21] JOHN STOMBERG, *A United States of the World*, Cat. *Icon to Irony*, Boston University Art Gallery, 1995, p. 18.

[22] *Manifiesto de los primeros futuristas*, 1910, cit. en *Escritos de arte de vanguardia*, p.142, 2° ed., Ediciones Istmo, 1999.

[23] K.G. PONTUS HULTÉN, *The Machine as Seen at the End of the Mechanical Age*, MOMA, Nueva York, 1968, p. 12.

[24] STEVEN A. MANSBACH, *Charles Sheeler and the Cult of the Machine*, p. 51.

[25] CAROLINE A. JONES, *The Machine in the Studio*, The University of Chicago Press, 1996.

[26] J. LINWOOD, *The Epic & The Everyday*, The South Bank Center, Londres, 1994, p. 24.

NOTES

[1] GILLES DELEUZE i FELIX GUATTARI, *El Antiedipo*, Barral editores, Barcelona, 1972.

[2] PETER WOLLEN, *Raiding the Icebox,* Indiana University Press Bloomington, Indiana 1993, pp. 44, 45.

[3] PETER WOLLEN, *Raiding the Icebox,* Indiana University Press Bloomington, Indiana 1993, p. 46.

[4] CAROLINE A. JONES, *The Sex of the Machines*, Picturing Science Producing Art, Routledge, Londres 1998, p. 147.

[5] ANDRÉ BRETON, *Manifiestos del Surrealismo*, Ediciones Guadarrama, Madrid, 1969, p. 26.

[6] HAL FOSTER, *Compulsive Beauty*, October, MIT, Cambridge, Massachusetts, 1993, p. 101.

[7] ROSALYN KRAUSS, *Corpus Delicti* en *L'Amour fou: Photography and Surrealism* ,Washington i New York, 1985, p. 86.

[8] GILLES DELEUZE i FELIX GUATTARI, *El Antiedipo*, Barral editores, Barcelona,1972, p. 405.

[9] CAROLINE A. JONES, *Mechanolatry*, cat. *Painting Machines*, Boston University Art Gallery, 1997, p. 25.

[10] K.G. PONTUS HULTÉN, *The Machine as Seen at the End of the Mechanical Age*, MOMA, Nova York, 1968, p. 11.

[11] MICHEL CARROUGES, *Mode d'emploi*, cat. *Les Machines Celibataires*, Kunsthalle, Bern, 1975, p. 21.

[12] JEANNE SILVERSTHORNE, *Parkett* n° 17, *The critic as four-eyed peg leg*, p.60.

[13] REYNER BANHAM, *Teoría y diseño en la primera era de la máquina*, Paidos, Barcelona, 1977, p. 71.

[14] ERIC MICHAUD, *La fin du salut par l'image, Critiques d'Art*, ed. Jacqueline Chambon, París, 1992, p. 125.

[15] CHRISTINE HAMON-SIREJOLS, *Le constructivisme au theatre*, editions du CNRS, París,1992, p. 144.

[16] VLADIMIR TATLIN, *The Work Ahead of Us*, 1920, cit. *Russian Art of the avant-garde*, ed. por John E.Bowlt, Thames & Hudson, 1988, p. 207.

[17] STEVEN A. MANSBACH, *Charles Sheeler and the Cult of the Machine*, Cambridge, Harvard University Press, 1991, p. 11.

[18] ERIC MICHAUD, *La fin du salut par l'image, Critiques d'Art*, ed. Jacqueline Chambon, París, 1992, p. 138.

[19] ERIC MICHAUD, *La fin du salut par l'image, Critiques d'Art*, ed. Jacqueline Chambon, París, 1992, p. 150.

[20] GILLES DELEUZE i FELIX GUATTARI, *El Antiedipo*, Barral editores, Barcelona, 1972, p. 403.

[21] JOHN STOMBERG, *A United States of the World*, Cat. *Icon to Irony*, Boston University Art Gallery, 1995, p. 18.

[22] *Manifiesto de los primeros futuristas*, 1910, cit. en *Escritos de arte de vanguardia*, p.142, 2° ed., Ediciones Istmo, 1999.

[23] K.G. PONTUS HULTÉN, *The Machine as Seen at the End of the Mechanical Age*, MOMA, Nova York, 1968, p. 12.

[24] STEVEN A. MANSBACH, *Charles Sheeler and the Cult of the Machine*, p. 51.

[25] CAROLINE A. JONES, *The Machine in the Studio*, The University of Chicago Press, 1996.

[26] J. LINWOOD, *The Epic & The Everyday*, The South Bank Center, Londres, 1994, p. 24.

Ni esta exposición ni su catálogo pretenden ofrecer una historia ilustrada de la máquina a través de los tiempos. Es una colección de comentarios sobre tecnología de artistas del mundo occidental Durante muchos siglos parece que se produjeron muy pocas declaraciones de este tipo; en otras épocas han sido muy numerosas. Hablando en términos generales, nuestro propio siglo ha sido mucho más productivo que cualquier otro en este aspecto, lo que puede deberse a que ahora estamos lo suficientemente alejados de las primeras fases del desarrollo de la edad mecánica como para poder ver con mayor claridad algunos de los problemas que existieron y para entender algunas de sus consecuencias, tanto para las personas como para la sociedad. Puede deberse también a que la explotación intensiva de los recursos de la Tierra por una tecnología en rápida expansión ha dado lugar a una situación que ahora está modificando nuestra forma de vida si no perjudicando realmente a nuestra supervivencia.

Además, la tecnología está sufriendo en la actualidad una transición crítica. Estamos rodeados por las manifestaciones externas de la culminación de la edad mecánica. Pero, al mismo tiempo, la máquina mecánica (que puede definirse muy fácilmente como una imitación de nuestros músculos) está perdiendo su posición dominante entre las herramientas de la humanidad, al tiempo que los dispositivos electrónicos y químicos (que imitan los procesos del cerebro y del sistema nervioso) están cobrando cada vez mayor importancia.

Las obras de esta exposición han sido seleccionadas porque parecen demostrar un especial interés de los artistas por determinados aspectos del mundo de las máquinas. Se han clasificado por orden aproximadamente cronológico. Algunas de las primeras se han incluido por su importancia como procedentes de las actuales manifestaciones, o para ilustrar las actitudes existentes en su tiempo respecto a la tecnología.

Dos tipos de mecanismos funcionales (el automóvil y la cámara fotográfica) están representados por unos cuantos ejemplos, sin intención, de nuevo, de resumir la complicada evolución que ambos han sufrido. El coche y la cámara fotográfica (como las motocicletas, los barcos, los aviones y las pistolas) son máquinas con las que muchas personas establecen un fuerte vínculo emocional, como prolongaciones íntimas de sus propios cuerpos. Escogimos el coche tanto porque es, probablemente, la máquina más característica del siglo XX como porque es, con casi absoluta certeza, el aparato mecánico que más afecta a nuestra vida privada diaria. Como tal, no sólo cumple una finalidad práctica sino que se ha convertido en un símbolo de nuestros gustos, nuestras esperanzas y nuestros temores. Seleccionamos la cámara fotográfica porque es un aparato mecánico y químico de retratar que ha sido la base de gran parte de nuestra forma de ver y, por lo tanto, resulta especialmente apropiado en una exposición artística. (También se ha organizado un programa especial cinematográfico como complemento de la exposición LA MAQUINA en Nueva York).

K.G. Pontus Hultén
La Máquina
tal y como la vemos al final de la edad mecánica
Prólogo y reconocimiento

Ni aquesta exposició ni el seu catàleg pretenen oferir una història il·lustrada de la màquina a través dels temps. És una col·lecció de comentaris sobre tecnologia d'artistes del món occidental. Durant molts de segles sembla que es produïren molt poques declaracions d'aquest tipus; en altres èpoques han estat molt nombroses. Parlant en termes generals, el nostre propi segle ha estat molt més productiu que qualsevol altre en aquest aspecte, la qual cosa pot ser a causa que ara estam suficientment allunyats de les primeres fases del desenvolupament de l'edat mecànica, tant com per poder veure amb més claredat alguns dels problemes que existiren i per entendre algunes de les seves conseqüències, tant per a les persones com per a la societat. També es pot deure a què l'explotació intensiva dels recursos de la Terra, per part d'una tecnologia en ràpida expansió, ha donat lloc a una situació que ara està modificant la nostra forma de vida, si més no perjudicant realment la nostra supervivència.

Endemés, la tecnologia està patint en l'actualitat una transició crítica. Estam encerclats per les manifestacions externes de la culminació de l'edat mecànica. Però, al mateix temps, la màquina mecànica (que pot definir-se molt fàcilment com una imitació dels nostres músculs) està perdent la seva posició dominant entre els instruments de la humanitat, al temps que els dispositius electrònics i químics (que imiten els processos del cervell i del sistema nerviós) assoleixen cada vegada més importància.

Les obres d'aquesta exposició han estat seleccionades perquè semblen demostrar un especial interès dels artistes per determinats aspectes del món de les màquines. S'han classificat per ordre aproximadament cronològic. Algunes de les primeres, s'han incloses per la seva importància com a precedents de les actuals manifestacions, o per a il·lustrar les actituds existents en el seu temps respecte a la tecnologia.

Dos tipus de mecanismes funcionals (l'automòbil i la càmera fotogràfica) estan representats per uns quants exemples, sense intenció de resumir la complicada evolució que ambdós han sofert. El cotxe i la càmera fotogràfica (com les motocicletes, els vaixells, els avions i les pistoles) són màquines amb les quals moltes persones estableixen un fort vincle emocional, com perllongaments íntims dels seus propis cossos. Escollim el cotxe tant perquè és, probablement, la màquina més característica del segle XX com perquè és, amb quasi absoluta certesa, l'aparell mecànic que més afecta a la nostra vida privada diària. Com a tal, no tan sols compleix una finalitat pràctica sinó que s'ha convertit en un símbol dels nostres gusts, de les nostres esperances i dels nostres temors. Seleccionam la càmera fotogràfica perquè és un aparell mecànic i químic de retratar, que ha estat la base de gran part de la nostra forma de veure i, per tant, resulta especialment apropiat en una exposició artística. (També s'ha organitzat un programa especial cinematogràfic com a complement de l'exposició LA MÀQUINA a Nova York).

K.G. Pontus Hultén
La Màquina
tal i com la veim a la fi de l'edat mecànica
Pròleg i reconeixement

Crash por supuesto no trata de una catástrofe imaginaria, por muy próxima que pueda parecer, sino de un cataclismo pandémico institucionalizado en todas las sociedades industriales, y que provoca cada año miles de muertos y millones de heridos. ¿Es lícito ver en los accidentes de automóvil un siniestro presagio de una boda de pesadilla entre la tecnología y el sexo? ¿La tecnología moderna llegará a proporcionarnos unos instrumentos hasta ahora inconcebibles para que exploremos nuestra propia psicopatología? ¿Estas nuevas fijaciones de nuestra perversidad innata podrán ser de algún modo benéficas? ¿No estamos asistiendo al desarrollo de una tecnología perversa, más poderosa que la razón?

A lo largo de Crash he tratado el automóvil no sólo como una metáfora sexual sino también como una metáfora total de la vida del hombre en la sociedad contemporánea. En este sentido la novela tiene una intención política completamente separada del contenido sexual, pero aún así prefiero pensar que Crash es la primera novela pornográfica basada en la tecnología. En cierto sentido, la pornografía es la forma narrativa más interesante políticamente, pues muestra cómo nos manipulamos y explotamos los unos a los otros de la manera más compulsiva y despiadada.

Por supuesto, la función última de Crash es admonitoria, una advertencia contra ese dominio de fulgores estridentes, erótico y brutal, que nos hace señas llamándonos cada vez con mayor persuasión desde las orillas del paisaje tecnológico.

J. G. B.

Vaughan murió ayer en un último choque. Mientras fuimos amigos había ensayado su propia muerte en numerosos choques, pero éste fue el único accidente verdadero. Lanzado oblicuamente contra la limusina de la actriz, el automóvil saltó sobre la baranda del paso elevado del aeropuerto de Londres y atravesó el techo de un autobús repleto de pasajeros. Los cadáveres triturados de los turistas, como una hemorragia del sol, aún yacían cruzados sobre los asientos de vinil cuando una hora más tarde me abrí paso entre los técnicos de la policía. Aferrada al brazo de su chófer, la actriz Elizabeth Taylor, con quien Vaughan había soñado morir durante tantos meses, permanecía aparte bajo las luces intermitentes de las ambulancias. Cuando me arrodillé junto al cuerpo de Vaughan, la actriz se llevó al cuello una mano enguantada.

¿Entreveía acaso, en la postura de Vaughan, la clave de la muerte que él había proyectado para ella? En las últimas semanas Vaughan no había pensado sino en la muerte de la actriz, una coronación de heridas que había puesto en escena con la devoción de un jefe de ceremonias. Las paredes de las habitaciones de Vaughan, cerca de los estudios de Shepperton, estaban cubiertas de fotos que él había tomado con el zoom todas las mañanas, cuando la actriz salía del hotel de Londres, desde los puentes de las autopistas que iban al oeste, y desde la azotea del garaje de varias plantas de los estudios. Los detalles amplificados de las rodillas y las manos, de la cara interior de los muslos y la comisura izquierda de la boca, era yo quien se los había reproducido de mala gana en la máquina de mi oficina, alcanzándole las copias como si fueran las actas de una sentencia de muerte. En casa de Vaughan vi cómo él ensamblaba los detalles del cuerpo de la actriz con fotografías de heridas grotescas sacadas de un texto de cirugía plástica.

En esa visión de un choque de autos con la actriz, las imágenes que obsesionaban a Vaughan eran los impactos y las heridas múltiples, el cromo agonizante y la chapa hundida de dos automóviles que se encontraban de frente en choques repetidos e interminablemente reiterados en películas de cámara lenta, las heridas idénticas en los dos cuerpos, la ima-

gen del vidrio del parabrisas que se escarchaba alrededor de la cara de la actriz mientras ella quebraba la matizada superficie como una Afrodita nacida de la muerte, las fracturas múltiples de los muslos aplastados contra el freno de mano, y ante todo las heridas abiertas en los genitales de ella y de él, el útero de la actriz traspasado por el pico heráldico del emblema del fabricante, el semen de Vaughan derramado en el tablero luminoso que registraba para siempre la última temperatura del motor y el nivel de gasolina en el tanque.

Sólo en estas ocasiones, mientras me describía el accidente final, Vaughan parecía tranquilo. Hablaba de estas heridas e impactos con la ternura erótica de un amante que no ve desde hace tiempo a la mujer amada. Mientras examinaba las fotografías, se volvía de lado hacia mí, de manera que la robusta ingle me tranquilizaba con el perfil de un pene casi erecto. Él sabía que mientras siguiera provocándome con su propio sexo —que utilizaba con desenfado, como si en cualquier momento pudiera deshacerse de él— yo nunca lo abandonaría.

Hace diez días, cuando robó mi auto del garaje de mi casa, corrió trepando por la rampa de cemento, como una máquina amenazadora que se aparece de pronto, impulsada por un resorte. Ayer su cuerpo yacía al pie del paso elevado, a la luz de los reflectores de la policía, velado por un delicado encaje de sangre. Las posturas truncas de los brazos y las piernas, la geometría sanguinolenta del rostro, parodiaban de algún modo las fotografías de cuerpos aplastados que recubrían las paredes de su casa. Le miré por última vez la ingle maciza y anegada de sangre. A veinte metros, bajo el resplandor de las luces intermitentes, la actriz trastabillaba del brazo del chófer. Vaughan había soñado morir mientras ella alcanzaba el orgasmo.

J.G. BALLARD
Crash

Per suposat, *Crash* no tracta d'una catàstrofe imaginària, per molt pròxima que pugui semblar, sinó d'un cataclisme pandèmic institucionalitzat a totes les societats industrials, i que provoca cada any milers de morts i milions de ferits. És lícit veure en els accidents d'automòbil un sinistre presagi d'unes noces de malson entre la tecnologia i el sexe? La tecnologia moderna arribarà a proporcionar-nos uns instruments fins ara inconcebibles perquè explorem la nostra pròpia psicopatologia? Aquestes noves fixacions de la nostra perversitat innata podran ser benèfiques d'alguna manera? No estam assistint al desenvolupament d'una tecnologia perversa, més poderosa que la raó?

A través de *Crash* he tractat l'automòbil no tan sols com una metàfora sexual sinó també com una metàfora total de la vida de l'home en la societat contemporània. En aquest sentit la novel·la té una intenció política completament separada del contingut sexual, però encara així m'estim més pensar que *Crash* és la primera novel·la pornogràfica basada en la tecnologia. En cert sentit, la pornografia és la forma narrativa més interessant políticament, ja que mostra com ens manipulam i explotam els uns als altres de la manera més compulsiva i despietada.

Per suposat, la funció darrera de *Crash* és admonitòria, una advertència contra aquest domini de lluentors estridents, eròtic i brutal, que ens fa senyals cridant-nos cada vegada amb més persuasió des de les ribes del paisatge tecnològic.

J. G. B.

Vaughan morí ahir en un darrer xoc. Mentre vàrem ser amics havia assajat la seva pròpia mort en nombrosos xocs, però aquest fou l'únic accident vertader. Llançat obliquament contra la limusina de l'actriu, l'automòbil botà sobre la barana del pas elevat de l'aeroport de Londres i travessà el sostre d'un autobús ple de passatgers. Els cadàvers triturats dels turistes, com una hemorràgia del sol, encara jeien creuats sobre els seients de vinil, quan una hora més tard vaig passar entre els tècnics de la policia. Aferrada al braç del seu xofer, l'actriu Elizabeth Taylor, amb la qual Vaughan havia somiat morir durant tants mesos, romania a part sota els llums intermitents de les ambulàncies. Quan em vaig agenollar vora el cos de Vaughan, l'actriu s'emportà al coll una mà enguantada.

Sospitava tal vegada, en la postura de Vaughan, la clau de la mort que ell havia projectat per a ella? En les darreres setmanes Vaughan no havia pensat sinó en la mort de l'actriu, una coronació de ferides que havia posat en escena amb la devoció d'un cap de cerimònies. Les parets de les habitacions de Vaughan, prop dels estudis de Shepperton, estaven cobertes de fotos que ell havia fetes amb el zoom cada matí, quan l'actriu sortia de l'hotel de Londres; des dels ponts de les autopistes anaven a l'oest, i des del terrat del garatge de vàries plantes dels estudis. Els detalls amplificats dels genolls i de les mans, de la cara interior de les cuixes i de la comissura esquerra de la boca, era jo qui els havia reproduït de mala gana a la màquina de la meva oficina, facilitant-li les còpies com si fossin les actes d'una sentència de mort. A casa de Vaughan vaig veure com ell acoblava els detalls del cos de l'actriu amb fotografies de ferides grotesques tretes d'un text de cirurgia plàstica.

En aquesta visió d'un xoc d'automòbils amb l'actriu, les imatges que obsessionaven Vaughan eren els impactes i les ferides múltiples, el cromo agonitzant i la xapa enfonsada de dos automòbils, que es trobaven de front en xocs repetits i interminablement reiterats en pel·lícules de càmera lenta, les ferides idèntiques en els dos cossos, la imatge del vidre del parabrises que s'escarxava entorn de la cara de l'actriu mentre ella trencava la matisada superfície com una Afrodita nascuda de la mort, les fractures múltiples de les cuixes aixafades contra el fre de mà, i sobretot les ferides obertes als genitals d'ella i d'ell, l'úter de l'actriu traspassat pel pic heràldic de l'emblema del fabricant, el semen de Vaughan vessat en el tauler lluminós, que registrava per a sempre la darrera temperatura del motor i el nivell de benzina en el tanc.

Tan sols en aquestes ocasions, mentre em descrivia l'accident final, Vaughan semblava tranquil. Parlava d'aquestes ferides i impactes amb la tendresa eròtica d'un amant que no veu des de fa temps la dona estimada. Mentre examinava les fotografies, es girava cap a mi, de manera que la robusta engonal em tranquil·litzava amb el perfil d'un penis quasi erecte. Ell sabia que mentre seguís provocant-me amb el seu sexe -que utilitzava amb desimboltura, com si en qualsevol moment pogués desfer-se'n- jo mai no l'abandonaria.

Feia deu dies, quan furtà el meu automòbil del garatge de casa meva, va córrer pujant per la rampa de ciment, com una màquina amenaçant que sorgeix de sobte, impulsada per un ressort. Ahir el seu cos jeia al peu del pas elevat, sota el llum dels reflectors de la policia, vetllat per una delicada randa de sang. Les postures truncades dels braços i de les cames, la geometria sangonosa del rostre, parodiaven en certa manera les fotografies de cossos aixafats que recobrien les parets de casa seva. Li vaig mirar per darrera vegada l'engonal massissa i negada de sang. A vint metres, sota el resplendor dels llums intermitents, l'actriu vacil·lava del braç del xofer. Vaughan havia somiat morir mentre ella assolia l'orgasme.

J.G. BALLARD
Crash

OBRA EXPOSADA

■ **GIACOMO BALLA** ■ *Dinamo Dinamica. Studi per la testata della rivista,* 1913, Tinta xinesa sobre paper,12,5 x 30/12 x 30/12 x 30 cm, Col·lecció particular, Milà.

■ **HANS BELLMER** ■ *La Mitrailleuse en état de grâce,* 1937, Fotografia, vintage, 66 x 66 cm, Ubu Gallery, Nova York, Galerie Berinson, Berlín.

■ **MARGARET BOURKE-WHITE** ■ *March of the Dynamos,* Publicat sota el títol: **Hydro-Generators, Niagara Falls Power Company,** 1928, Impressió de gelatina d'argent, 41,1 x 31 cm, George Eastman House, Rochester.

■ **MARCEL BREUER** ■ *Personatge mecànic,* 1923, Guaix sobre paper, 49 x 27 cm, Galerie Valentien, Stuttgart.

■ **IMOGEN CUNNINGHAM** ■ *Shedded Wheat Tower,* 1928, Impressió de gelatina d'argent, 22,6 x 16,6 cm, Ford Motor Co. Collection. Donació de Ford Motor Co. i John C. Waddell, 1987, Metropolitan Museum, Nova York.

■ **FORTUNATO DEPERO** ■ *Compleso plastico motorumorista a luminosità colorate e spruzzatore,* 1915, Tinta xinesa a la ploma sobre paper, 16 x 17 cm, Museo di Arte Moderna e Contemporanea di Trento e Revereto.

■ **FORTUNATO DEPERO** ■ *Compleso di fili giranti,* 1915, Tinta xinesa a la ploma sobre paper, 21,5 x 29,7 cm, Museo di Arte Moderna e Contemporanea di Trento e Revereto.

■ **FORTUNATO DEPERO** ■ *Pianoforte moto-rumorista,* 1915, Tinta xinesa i aquarel·la sobre paper, 32 x 42 cm, Museo di Arte Moderna e Contemporanea di Trento e Revereto.

■ **FORTUNATO DEPERO** ■ *Bozetto di scenografia per Aniccham del 3000,* 1923-24, Tinta xinesa sobre cartolina, 54,5 x 88,5 cm, Museo di Arte Moderna e Contemporanea di Trento e Revereto.

■ **FORTUNATO DEPERO** ■ *Costumi delle locomotive,* 1924, Tinta xinesa sobre paper, 26,5 x 25,5 cm, Museo di Arte Moderna e Contemporanea di Trento e Revereto.

■ **CÉSAR DOMELA** ■ *Photomontage: Industrial Pipes and Boilers,* 1928, Impressió de gelatina d'argent, 19,4 x 16,5 cm, Ford Motor Co. Collection, donació de Ford Motor Company i John C. Waddell, 1987, Metropolitan Museum, Nova York.

■ **ÓSCAR DOMÍNGUEZ** ■ *Máquina de coser electro-sexual,* 1934, Oli sobre llenç, 99 x 80 cm, Col·lecció particular, Madrid.

■ **MARCEL DUCHAMP** ■ *Roue de bicyclette* (Rèplica), 1913, Roda, banc de fusta, Moderna Museet, Estocolm.

■ **MARCEL DUCHAMP** ■ *Nue descendant un escalier,* 1937, Reproducció de collage, Col·lecció particular, Milà.

■ **MARCEL DUCHAMP** ■ *La Marié,* 1937, Reproducció de collage, Col·lecció particular, Milà.

■ **EL LISSITZKY** ■ *Constructor,* 1924, Impressió de gelatina d'argent, 12,6 x 14,4 cm, Galerie Berinson, Berlín.

■ **MAX ERNST** ■ *Fiat modes-pereat ars,* 1919, 4 litografies sobre paper absorbent groc, 45,5 x 33 cm c.u., Kunsthaus Zürich, Graphische Sammlung.

■ **MAX ERNST** ■ *Hier ist noch alles in der Schwebe,*1920, Collage, fotografia i guaix, 32 x 38,8 cm, Stiftung Hans Arp und Sophie Taeuber-Arp e.V.,Rolandseck.

■ **MAX ERNST** ■ *Die Anatomie,* 1921, Foto-postal (en el revers carta de Max Ernst a Hans Arp, 14 x 9 cm, Stiftung Hans Arp und Sophie Taeuber-Arp e.V., Rolandseck.

■ **PETER FISCHLI I DAVID WEISS** ■ *El curs de les coses,* 1986-87, Pel·lícula (2 fotogrames), 30'

■ **CARL GROSSBERG** ■ *Weisse Röhren,* 1933, Oli sobre fusta, 70 x 90 cm, Col·lecció particular, Munich.

■ **JOHN GUTMANN** ■ *Elevator Garage, Chicago,* 1936, Impressió de gelatina d'argent, 23,6 x 17,8 cm, Ford Motor Co. Collection, donació de Ford Motor Co. i John C. Waddell, 1987, Metropolitan Museum, Nova York.

■ **RAOUL HAUSMANN** ■ *Elasticum,* 1920, Collage i guaix, 31 x 37 cm, Galeria Berinson, Berlín.

■ **RAOUL HAUSMANN** ■ *Die Schieberger,* 1920, Dibuix a l'aquarel·la sobre paper absorbent marró, 27,5 x 20 cm, Kunsthaus Zürich, Graphische Sammlung.

■ **LEWIS W. HINE** ■ *Power House Mechanic,* 1920, Impressió de gelatina d'argent, 16,8 x 11,7 cm, George Eastman House, Rochester.

■ **HANNA HOCH** ■ *Hochfinanz,* 1923, Fotomuntatge i collage, 53,6 x 31 cm, Galeria Berinson, Berlín.

■ **HEINRICH HOERLE** ■ *Tres invàlids,* 1930, Oli sobre fusta, 100 x 50 cm, Col·lecció particular, Munic.

■ **GERMAINE KRULL** ■ *Illustration #37 from Mètal,* ca. 1929, Reproducció fotomecànica, George Eastman House, Rochester.

■ **FRANTISEK KUPKA** ■ *La trepanadora,* ca. 1927-29, Oli sobre llenç, 73 x 85 cm, Museo Thyssen-Bornemisza, Madrid.

■ **ALVIN LANGDON COBURN** ■ *Liverpool Cathedral,* 1919, Impressió de gelatina d'argent, 28,7 x 21,8 cm, George Eastman House, Rochester.

■ **JACQUES-HENRI LARTIGUE** ■ *My brother, Zizou, gets his gilder airborne, Château de Rouzat (Portfolio: Jacques Henri-Lartigue, 1905-1955),*1908, Publicat en 1972, Impressió de gelatina d'argent, 17 x 23,1 cm, George Eastman House, Rochester.

■ **LE CORBUSIER CHARLES-EDOUARD JEANNERET** ■ *Immeuble Villas. Coupe longitulinale de l'immeuble avec titre et côtes,*1922-25, Tinta xinesa i llapis sobre paper vegetal, 51 x 72 cm, Fundació Le Corbusier, París.

■ **LE CORBUSIER CHARLES-EDOUARD JEANNERET** ■ *Immeuble Villas.Perspective partielle sur une façade de l'immeuble,* 1922-25, Tinta xinesa sobre paper vegetal, 42 x 53 cm, Fundació Le Corbusier, París.

■ **LE CORBUSIER CHARLES-EDOUARD JEANNERET** ■ *Nature Morte aux nombreux objects,* 1923, Oli sobre llenç, 114 x 146 cm, Fundació Le Corbusier, París.

■ **LE CORBUSIER CHARLES-EDOUARD JEANNERET** ■ *Pavillon de L'Esprit Nouveau, planta baixa, planta primera, façana,* 1925, Llapis sobre paper vegetal, Fundació Le Corbusier, París.

■ **Man Ray** ■ *Compass*, 1920, Impressió de gelatina d'argent, 30,5 x 24 cm , Zabriskie Gallery, Nova York.

■ **Man Ray** ■ *Typewriter*, 1925, Impressió de gelatina d'argent, 30,2 x 25,2 cm, George Eastman House, Rochester.

■ **Filippo Tommaso Marinetti** ■ *Velocitat elegant*, 1914, Tinta i collage sobre paper, 35 x 26,5 cm, Col·lecció particular, Milà.

■ **Erich Mendelsohn** ■ *Dos alçats per a la fàbrica AEG*, 1914, Plomí, tinta xinesa i llapis, 30,6 x 24 cm, Staatliche Museen zu Berlin. Kunstbibliothek.

■ **Erich Mendelsohn** ■ *Alçat per a la fàbrica AEG*, 1914 , Plomí negre, 31,2 x 24,1 cm, Staatliche Museen zu Berlin, Kunstbibliothek.

■ **Erich Mendelsohn** ■ *Alçat per a la fàbrica AEG*, 1914 , Plomí negre, 30,8 x 24,1 cm, Staatliche Museen zu Berlin, Kunstbibliothek.

■ **Erich Mendelsohn** ■ *Alçat per a la fàbrica AEG*, 1914, Tinta xinesa sobre paper, 10 x 15,4 cm, Staatliche Museen zu Berlin, Kunstbibliothek.

■ **Erich Mendelsohn** ■ *Alçat per a una fàbrica a Wüstegiersdorf (projecte inicial)*, 1922, 14,1 x 22,6 cm, Llapis roig i negre, Staatliche Museen zu Berlin, Kunstbibliothek.

■ **Erich Mendelsohn** ■ *Alçat per a una fàbrica a Wüstegiersdorf*, 1922, 15,9 x 23,5 cm, Llapis roig i negre, Staatliche Museen zu Berlin, Kunstbibliothek.

■ **Erich Mendelsohn** ■ *Alçat per a una estació elèctrica*, 1922, 21,8 x 26,3 cm, Llapis roig i negre, Staatliche Museen zu Berlin, Kunstbibliothek.

■ **Lázsló Moholy-nagy** ■ *Die Erste Fassung des Kinetischen Konstruktiven Systems von s. 204*, 1922, Fotoreproducció, 76,5 x 56,7 cm, Theaterwissenschaftliche Sammlung, Universitat de Colònia.

■ **Lázsló Moholy-nagy** ■ *Lichtrequisit einer electrischen Bühne*, 1922-30, Collage, 65,2 x 44,9 cm, Theaterwissenschaftliche Sammlung, Universitat de Colònia.

■ **Juan Muñoz** ■ *Living in a Round Shoebox*, 1995, Ferro, motor i tècnica mixta, 71 x 132 x 132 cm, Col·lecció de l'artista, Madrid.

■ **Francis Picabia** ■ *Les Iles Marquises*, 1916, Tinta sobre paper, 20 x 26 cm, Col·lecció particular, Milà.

■ **Albert Renger Patzsch** ■ *Sense títol*, 1925-30, Impressió de gelatina d'argent, 23 x 16 cm, Zabriskie Gallery, Nova York.

■ **Albert Renger Patzsch** ■ *Sense títol*, 1925-30, Impressió de gelatina d'argent, 22 x 16,5 cm, Zabriskie Gallery, Nova York.

■ **Albert Renger Patzsch** ■ *Sense títol*, 1925-30, Impressió de gelatina d'argent, 23 x 17 cm, Zabriskie Gallery, Nova York.

■ **Albert Renger Patzsch** ■ *Sense títol*, 1925-30, Impressió de gelatina d'argent, 20,5 x 16 cm, Zabriskie Gallery, Nova York.

■ **Albert Renger Patzsch** ■ *Sense títol*, 1925-30, Impressió de gelatina d'argent, 17 x 23 cm, Zabriskie Gallery, Nova York.

■ **Albert Renger Patzsch** ■ *Fagus Werk, Walter Gropius & Adolf Meyer, Vista de la sala de producció, 1911-1925*, 1928, Impressió de gelatina d'argent, 17,1 x 23 cm, Bauhaus Archive, Berlín.

■ **Alexander Rodchenko** ■ *Moscow, 1927*, 1927, Impressió de gelatina d'argent, 23,6 x 29,2 cm, George Eastman House, Rochester.

■ **Alexander Rodchenko** ■ *Krieg der Zukunft*, 1930, Collage i guaix sobre paper, 51 x 35 cm, Galerie Berinson, Berlín.

■ **Morton Schamberg** ■ *Painting VII (Machine Forms, The Well)*, 1916, Oli sobre llenç, 46,1 x 35,6 cm, Rose Art Museum, Brandeis University, Waltham, Massachusetts, donació de Mr. Samuel Lustgarten.

■ **Charles Sheeler** ■ *Crisscrossed Conveyors, River Rouge Plant, Ford Motor Company*, 1927, Impressió sobre gelatina d'argent, 23,5 x 18,8 cm, Ford Motor Co. Collection, donació de Ford Motor Co. i John C. Waddell, 1987, Metropolitan Museum, Nova York

■ **Mario Sironi** ■ *Aeroplà amb paesaggio*, 1917-1920, Guaix sobre cartolina, 87 x 63 cm, col·lecció particular, cortesia Claudia Gian Ferrari, Milà.

■ **Mario Sironi** ■ *Periferia (Bombardamento)*, ca. 1920, Guaix, carbonet i matita sobre cartolina, 65 x 48 cm, col·lección particular, cortesia Claudia Gian Ferrari, Milà.

■ **Ralph Steiner** ■ *Louis Lazowick*, ca. 1920-30, Impressió de gelatina d'argent, 24,1 x 19,1 cm, adquisició, John B. Turner Foundation, 1975, Metropolitan Museum, Nova York.

■ **Alfred Stieglitz** ■ *The Ferryboat*, 1910, Fotogravat, 21 x 16,5 cm, Philadelphia Museum of Art, col·lecció Dorothy Norman.

■ **Paul Strand** ■ *Double Akeley*, 1922, Impressió de gelatina d'argent. Impressió actual per Richard Benson, 24,2 x 19,1 cm, Aperture Foundation Inc., Paul Strand Archive, Nova York.

■ **Paul Strand** ■ *Lathe Akeley shop, New York*, 1923, Impressió de gelatina d'argent. Impressió actual per Richard Benson, 24,2 x 19,1 cm, Aperture Foundation Inc., Paul Strand Archive, Nova York.

■ **Paul Strand** ■ *Akeley Motion Picture Camera, New York*, 1923, Impressió de gelatina d'argent. Impressió actual per Richard Benson, 24,2 x 19,4 cm, Aperture Foundation Inc., Paul Strand Archive, Nova York.

■ **Paul Strand** ■ *The Lathe*, 1923, Impressió de gelatina d'argent, 24,7 x 19,5 cm, George Eastman House, Rochester.

■ **Jean Tinguely** ■ *Monocouillon*, 1969, Base de ferro, tub de metall i motor elèctric pintat de negre, 175 x 150 x 30 cm, col·lecció particular. cortesia Faggionato Fine Arts, Londres.

■ **Rosemarie Trockel** ■ *Sense títol*, 1985-88, Teixit de llana, 201 x 320 cm (Díptic), Col·lecció d'Art Contemporani Fundació "la Caixa", Barcelona.

■ **Rosemarie Trockel** ■ *56 Brush Strokes*, 1990, 7 dibuixos de tinta xinesa sobre paper japonès, 140 x 70 cm c.u., Monica Spruth Gallery, Colònia.

■ **Andy Warhol** ■ *Electric Chair*, 1965, Acrílic sobre tela, 56 x 71 cm, The Warhol Museum, Pittsburgh.

■ **Andy Warhol** ■ *Disaster (Car Wreck)*, 1978, Serigrafia, 99 x 125 cm, The Warhol Museum, Pittsburgh.

■ **Edward Weston** ■ *Armco Steel, Ohio*, Publicat sota el títol: *Pipes and Stacks: Armco, Middletown, Ohio*, 1922, Publicat per Bret Weston, 1953. Impressió de gelatina d'argent, 24,1 x 19,3 cm, George Eastman House, Rochester.

BIBLIOGRAFIA

WILLIAM C. AGEE, *Morton Livingston Schamberg*, Salander-O'Reilly Galleries, New York, 1982.

JOHN E. BOWLT, *Russian Art of the Avant-garde*, Thames & Hudson, London, 1988.

ANDRÉ BRETON, *Manifiestos del surrealismo*, Guadarrama, Madrid, 1969.

MILTON BROWN, *The Story of the Armory Show*, J.H.Hirshhorn Foundation, New York, 1963.

PETER CONRAD, *The Art of the City: Views and Versions of New York*, Oxford University Press, New York, 1984.

JOHN DOS PASSOS, *The Big Money*, Harcourt Brace & Co., New York, 1933.

HENRY FORD, *My Life and Work*, Doubleday Page & Co., New York, 1922.

HAL FOSTER, *Compulsive beauty*, October MIT, Cambridge, Massachusetts, 1993.

PIERRE FRANCASTEL, *Arte y técnica en los siglos XIX y XX*, Debate, Madrid, 1990.

SIEGFRIED GIEDION, *Space, Time and Architecture: the Growth of a New Tradition*, Harvard University Press, Cambridge, 1954.

CAMILLA GRAY, *The Russian Experiment in Art, 1863-1922*, Thames & Hudson, London, 1962.

CHRISTINE HAMON-SIREJOLS, *Le constructivisme au theatre*, CNRS, París, 1992.

WILLIAM I. HOMER, *Alfred Stieglitz and the American Avant-Garde*, New York Graphic Society, Boston, 1977.

CAROLINE A. JONES, *Painting Machines*, Boston University Press, Boston, 1997.

CAROLINE A.JONES, *Machine in the Studio: Constructing the Postwar America*, University of Chicago Press, Chicago, 1960.

CAROLINE A. JONES, *A Picturing Science/Producing Art*, Routledge, New York, 1998.

FRANCIS D. KLINGENDER, *Art and the Industrial Revolution*, Noel Carrington, London, 1947.

ROSALYN KRAUSS, *L'Amour fou: Photography and Surrealism*, Washington i New York, 1985.

LA METTRIE, *El hombre máquina*, Valdemar, Madrid, 2000.

MARC LE BOT, *Pintura y maquinismo*, Cátedra, Madrid, 1979.

KAREN LUCIC, *Charles Sheeler and the Cult of the Machine*, Harvard University Press, Cambridge, Massachusetts, 1991.

STEVEN A. MANSBACH, *Visions of Totality: Moholy, Doesburg and Lissitzky*, Ann Arbor, Michigan, 1979.

ERIC MICHAUD, *La fin du salut par l'image*, Editions J. Chambon, Nîmes, 1992.

LÁSZLÓ MOHOLY-NAGY, *Vision in Motion*, Paul Theobald, Chicago, 1947.

WINFRIED NERDINGER, *Walter Gropius*, G. Mann Verlag, Berlin, 1985.

DOROTHY NORMAN, *Alfred Stieglitz: An American Seer*, Random House, New York, 1973.

KIM SICHEL, *From Icon to Irony: German and American Industrial*, University of Washington Press, Seattle, 1995.

KAREN TSUJIMOTO, *Images of America: Precisionist Painting and Modern*, San Francisco Museum of Modern Art, San Francisco 1982.

PETER WOLLEN, *Raiding the Icebox*, Indiana University Press, Bloomington, Indiana, 1993.

SELECCIÓ DE TEXTOS

JULIO VERNE, *Veinte mil leguas de viaje submarino*, Alianza Editorial, 6° edición, Madrid, 1997.

JULIO VERNE, *Twenty Thousand Leagues Under the Seas*, Oxford University Press, New York, 1992.

GILLES DELEUZE y FELIX GUATTARI, *El Antiedipo. Capitalismo y esquizofrenia*, Barral Ed., Barcelona, 1998.

JEAN BAUDRILLARD, *El sistema de los objetos*, Siglo XXI editores, 11ª edició, 1990.

E.T.A. HOFFMANN, *El hombre de la arena*, a *Cuentos I*, Alianza editorial, Madrid, 5ª edició, 1999.

E.T.A. HOFFMANN, *The Sandman*, a *The Golden Pot and Others Tales*, Oxford University Press, New York, 1992.

VILLIERS DE L'ISLE ADAM, *La Eva futura*, Valdemar, Madrid, 1998.

MARY W. SHELLEY, *Frankenstein o el moderno Prometeo*, Alianza Editorial, Madrid, 1998.

MARY W. SHELLEY, *Frankenstein or The Modern Prometheus*, Penguin Books, London, 1994.

JOSEF y KAREL CAPEK, *R.U.R. (Rossum's Universal Robots)*, Oxford University Press, New York, 1961.

ERNST JÜNGER, *Abejas de cristal*, Alianza Editorial, Madrid, 2ª edició, 1995.

PHILIP K. DICK, *¿Sueñan los androides con ovejas eléctricas?*, Edhasa, Barcelona, 8ª edició, 1999.

PHILIP K. DICK, *Do androids dream with mechanical sheeps?*, Millenium, London, 1999.

MICHEL CARROUGES, *Les machines célibataires*, Arcanes, París, 1954.

FRANZ KAFKA, *La colonia penitenciaria*, a *La metamorfosis y otros relatos*, Cátedra, Madrid, 1998.

FRANZ KAFKA, *In the Penal Colony*, a *Methamorphosis and Other Stories*, Penguin Books, London, 1992.

ALFRED JARRY, *El supermacho*, Valdemar, Madrid, 1997.

RAYMOND ROUSSEL, *Locus solus*, Gallimard, París, 1965.

HARALD SZEEMAN, *Les màquines fadrines*, a cat. *Les machines célibataires*, Kunsthalle Bern, 1975.

REYNER BANHAM, *Teoría y diseño en la primera era de la máquina*, Ediciones Paidós, Barcelona, 1985.

LEWIS MUMFORD, *Técnica y civilización*, Alianza Editorial, Madrid, 1998.

FERNAND LÉGER, *Funciones de la pintura*, Ediciones Paidós, Barcelona,1990.

HENRY ADAMS, *The Education of Henry Adams*, Penguin Books, London, 1995.

RAMÓN GÓMEZ DE LA SERNA, *Maquinismo*, en *Ismos*, Guadarrama, Madrid, 1975.

SIEGFRIED GIEDION, *La mecanización toma el mando*, Gustavo Gili, Barcelona, 1978.

LOUIS-FERDINAND CÉLINE, *Viaje al fin de la noche*, Edhasa, Barcelona,1999.

RICHARD HAMILTON, *Homenatge a Chrysler Corp.*, a cat. *L'Independent Group: la postguerra britànica i l'estètica de l'abundància*, IVAM, València, 1990.

GENE SWENSON, *Interview with Andy Warhol*, a *Art in Theory, 1900-1990*, Charles Harrison & Paul Wood, Blackwell, Oxford, 1995.

K.G. PONTUS HULTÉN,. *The Machine as Seen at the End of the Mechanical Age*, a cat. *The Machine*, MOMA, New York, 1968.

J.G. BALLARD, *Crash*, Minotauro, 3ª edició, 1996.

J.G. BALLARD, *Crash*, Vintage, London, 1995.

Agraïm a Editors i Autors la seva gentil autorització per la inclusió d'aquests textos en el catàleg.

The thing works everywhere, sometimes without stopping, sometimes intermittently. It breathes, it warms itself, it eats. It shits, it kisses. Quite a mistake to say "the thing". Machines everywhere, and not metaphorically either: machines of machines, with their couplings, their connections. A machine-organ couples with a machine-source: one secretes a discharge which the other intercepts. The breast is a milk-producing machine and the mouth a machine coupled to it. The anorexic's mouth hesitates when faced with the choice of being a feeding machine, an anal machine, a talking machine, a breathing machine. Hence all are "bricoleurs"; to each his little machines. A machine-organ for an energy-machine; always discharges and interceptions.

Deleuze and Guattari / *The Anti-Oedipus*

MACHINES
out of order

Marga Paz

The myth of the machine has come down to us to be finally replaced by a digital technology ousting the old concepts of space and time which brought order to the world.

Looking at history we can see the ways in which it has adapted to the vicissitudes of the different ages by adopting aspects in line with the development of civilization.

In fields ranging from economics to culture everything taking place has moved to the domain of a new virtual reality that has replaced old concepts – as illustrated in one mind-bending scene from the recent sci-fi film *The Matrix* (1999) showing the human being reduced to the level of a power generator feeding a reality that only exists in the virtual world of computers.

Since **Aristotle** – who is attributed with the oldest book written on engineering – to the present day (but in the *Age of Enlightenment* in particular) the idea of *the mechanical* has been used by philosophers as a symbol and metaphor; on occasions even as an allegory, or rather a mirror-image of the human.

But – especially since the *Industrial Revolution* – it has also been a symbol of the *divine*, if that is how we regard the force that rules destinies on earth with the impersonality and efficiency once universally attributed to machines.

In the 19th century *machines* appeared in art as a consequence of the onset of that *Industrial Revolution* which brought such far-reaching changes to the way the world looked. It gave rise to a new situation in all areas – economic, social, political and ideological – from which (quite logically) new relationships between art and technology also appeared.

That 19th-century technological revolution culminated in the so-called "Machine Age" of the 1920s with the creation of a huge number of new machines – cars, aeroplanes, factories, assembly lines, artificial lighting, electrical appliances, bridges, trains, motorways, cameras, etc. – which drastically changed not only the face of cities but also the face of nature.

Reactions to modernization and mechanization almost always took two opposing standpoints: the firm defenders of progress believed them capable of bringing *Utopia*, while for the *anti-machinists* they were the potential agents of destruction of all that is *human*. Two opposite poles already seen in 19th-century literature with, on the one hand, a belief in the benefits of breakthroughs in science and technology for the future, as in the novels of **Jules Verne** – *Twenty Thousand Leagues Under the Seas* (1870) – and, on the other hand, a pessimistic view of that same future with man controlled by machines – as in **Samuel Butler's** *Erewhon* (1872).

One of the most interesting ideas in this respect was put forward by **Deleuze** and **Guattari** in their book *The Anti-Oedipus*, which saw the work of art as a "desiring machine" – little machines with which man "populated" larger social and technical machines (as in **Buster Keaton** films). "When the desiring machines are working they never stop going wrong; they only work when they have gone wrong. Art often takes advantage of this by creating veritable group ghosts that short-circuit social production with a sort of desiring production and include a fault function in the reproduction of technical machines(...) The artist is the lord of objects; in his art he includes broken and burned objects that are faulty so that they will be returned to the regime of the desiring machines for which going wrong, breaking down, is part of the actual way of working." [1]

The machine corps: automatons, robots and replicants

The fantastic – and therefore irrational – side of things appeared at the same time as the rational one, reflecting its darkest, most secret depths. This made machines a corps which was transformed into a place of sublimation, of idealization where the embodiment of desires could be carried out. But it could also become the personification of anguish and terror.

There are numerous forerunners of this machine fetishism, among them the automaton Olympia, which inspired the ballet *Coppélia* based on **E.T.A. Hoffmann's** *The Sandman* (1817); the chance meeting of a sewing-machine and an umbrella in *Les Chants de Maldoror* (1868-70) by the **Compte de Lautréamont**; the invention of the "Andreide" named Hadaly (meaning "ideal") in *The Future Eve* (1885) by **Villiers de L'Isle-Adam**; and **Mary Shelley's** monster in *Frankenstein* (1871), regarded as a symbol of that other side of machines that is terrifying due to its menacing nature.

The Greeks had already used this in their "miracles" – ingenious mechanisms capable of producing spectacular special effects in theatres and temples, such as doors which opened with hot air, containers which filled and emptied automatically, objects which appeared and disappeared, etc.

But over and above all these devices, the one which indisputably captivated people's minds most was the *automaton*, whose astounding feats fascinated the Byzantines and Arabs, who were among its great, original inventors.

During the *Age of Enlightenment* such artifacts simulating human beings fitted in well with the philosophical preoccupations typical of the times. It was then (1747/8) when **Julien La Mettrie** said in his book *L'Homme-machine* that man, and indeed all living things in general, should be regarded as machines.

With the passing of time the automaton's most natural successor proved to be the *robot*, which first made its appearance in the 1920s at the robot mass-production plant in **Karel Capek's** play *R.U.R.*

Being produced in series, robots lost their individuality and ceased to be those half-magical mechanical creatures with minds of their own – Frankenstein's monster, Hoffmann's Olimpia, Villiers de L'Isle Adam's Hadaly – that had been the mechanical embodiment of the materialization of human desires and had abounded in 19th-century art and philosophy [2]

The difference between the two lay in the functions for which each had been devised: in the modern world (although nature had been superseded by industry, the aim of the *automaton* remained true to the old idea of imitating nature and was therefore still associated with the magical) the robot was governed by the new strictly rational, functional and productive technology. Without any doubt, one of the key factors in measuring the growing fascination with *humanoids* in the 20th century was **Fritz Lang's** *Metropolis* (1926), a film which again carried out the operation of linking machine and sexuality essential to the modern cultural conscience (although not exclusive to our age, as Diderot and Descartes proved).

Due to its specific character as a force out of control, *sex* through the robot Maria became a threat to rationality and technology. As Peter Wollen says: "(...) the film revolves around the displacement of the fear of technology-out-of-control on to that of (female) sexuality-out-of-control. When the anarcho-hysteric flood of female sexuality is tamed and the robot witch who provoked it is burned at the stake, then owners and minders of the machines can be reconciled, and progress through technology can be assured. The heart brings the hands and the head (body and mind, labour and capital) together, once the force of female sexuality has been eliminated. The robot vamp, unlike Hadaly, has not transcended her sterility through the maternal gift of a soul. She is completely outside the sphere of the good mother, the True Maria, and utterly opposed to it. She is the incarnation of destructive sexuality, seductive and spellbinding." [3]

In those years the presence of sexuality through mechanical forms denoted a marked instability in the representation of the sexes – as can be seen in the work of **Man Ray** (*L'Homme, La Femme*) and **Picabia** – and then "the almost total victory of the masculine metallization of the human form" replaced other more ambiguous forms which, a few years later, fascism took charge of eradicating. [4]

This was a result of the fact that, both in science and literature, the representation of sexuality, of relationships between the sexes, of the relationship between man and a "superior instance", etc., was that of a simple *mechanism*.

To a large extent, this mechanical conception is due to **Sigmund Freud**, who at the beginning of the 20th century revolutionized previously accepted theories on the mind when, following a neurophysiological rather than a merely mechanical model, he described the working of the human *psyche* as that of a *machine* or an *appliance*.

Freud endowed the new *psychoanalysis* with a scientific and mechanical method which protected it, shielding it from criticism under the wing of science. It was in his essay "The Interpretation of Dreams" (1900) where he first referred to the existence of a psychic appliance as a basic structure in which the processes of the unconscious developed, describing this structure as a psychic place which forms the actual field of analysis.

Influenced by the innovative theories of psychoanalysis, the members of the *Surrealist* group had taken their main source of inspiration from the world of the *unconscious*, a world which lies hidden from man's rationality and must be revealed by means of the manifestations of the unconscious – particularly dreams. "With all justification," the first Surrealism manifesto stated, "Freud has focused his critical work on dreams, for it is indeed inadmissible that such an important part of psychic activity has until now, received so little attention." [5]

For his part, the Surrealist artist saw it as his duty to turn himself into a mere vehicle of transmission of the unconscious through the method known as "Automatism" and allowed the images lodged deep in the unconscious to well to the surface. Thus, in the wake of the ancient automatons, the human body was reconfigured as a machine.

Breton and company appropriated the link between machines and sexuality and made it the foundation for their artistic practices. This can be seen in works promoting a special relationship with the machine which, through its interpenetration with the body, was based mainly on the exploitation of its inherently erotic, fetishistic and castrated character.

This was particularly the case in the Surrealism of the 1930s – **Bellmer**, *Machine-Gunner in a State of Grace* (1937), **Alberto Giacometti**, *Main prise* (1932), **Óscar Domínguez**, *La máquina de coser electro-sexual* (1935), Dalí, *El teléfono Bogavante* (1936), although some of these characteristics had already made their appearance in Dadaist works, among them numerous mechanical compositions from the Dadaist period of **Max Ernst** – *Petite machine construite par lui-même* (1919), *Fiat modes, Pereat Ars* (1919) – and **Man Ray** – *Dancer/Danger (L'impossibilité)* (1920) and *Indestructible Object* (1923).
A good example was the "*dolls*" which **Bellmer** built and photographed in sexually provocative postures in the 1930s and published in *Minotaure 6*. These *poupées* are especially important to that operation of objectivization which proved so attractive to the Surrealists and through which the human body was transformed into a fetish. "In many ways these *poupées* comprise a summa of the surrealism delineated thus far: uncanny confusions of animate and inanimate figures, ambivalent conjunctions of castrative and fetishistic forms, compulsive repetitions of erotic and traumatic scenes, difficult intricacies of sadism and masochism, of desire, delusion, and death." [6]

Bellmer's "construction as dismemberment" [7] was the premonition of another world war looming over the thirties, but it had also been a palpable reality – and not only provoked artistically – in the mutilation of the human body by the effects of a new form of machine-driven warfare.

For there had been unprecedented Dantesque scenes of soldiers' bodies mutilated by the effects of that new form of modern warfare known as World War I.

One testimony to this is a series of war drawings by **Otto Dix** recording the rift caused by the sudden appearance of a new order – and also of a new man – as experienced by most of the artists of the period between the two world wars.

Mechanized men with mutilated limbs as seen in the art of the times: as in the painting *Three Invalids* (1930) by **Heinrich Hoerle,** an artist of the "Group of progressive artists of Cologne". Hoerle regarded himself as an *engineer* as he used a schematic idiom of pictorial signs in the human figures he portrayed in his paintings. Nothing more appropriate than schematization to portray a new "mechanomorphic" man who, like a machine, can be dismembered!

This possibility open to the *fragmentation* of bodies by the effect of machines – which **Ernst Jünger** found in that lake of ears in *The Glass Bees* – produced unavoidable consequences in the development of the conception of man which compelled him to abandon his basic entity as an organism and become a creature capable of being as mechanized as any machine.

Years later the perfecting of human simulation by machines was dealt with by the film director **Ridley Scott** in *Blade Runner* (1984), which, at the height of post-modern culture, became the cult movie of the machinist dream – or nightmare – *par excellence*. Scott's "replicants" were highly perfected, almost human *Nexus 6* robots who, on reaching a state of awareness, rebelled against their condition as machines. Based on **Philip K. Dick's** explicitly entitled novel *Do Androids Dream of Electric Sheep?*, the film created a futuristic world dominated by simulation.

Machine ■ Artist

In the search for "better emotional relationships" on the *post-industrial* scene of the 1950s, **Jean Tinguely** with his "Meta-Matics" substituted the body of the artist for motorized automatic drawing machines. By means of a new relationship consisting of collaboration between machine and artist which watered down the responsibilities of shared tasks, this new artifact became an irrationality-producing machine:

"With **Tinguely** the art of real distinction is achieved through a kind of unhooking as a process of recurrence. A machine sets several simultaneous structures in motion which it then crosses; the first structure involves at least one element that is not functional with respect to it but is with the second and exclusively so. This "game", which Tinguely presents as an essentially jolly one, ensures the process of deterritorialization of the machine and the position of the mechanic as the most deterritorialized part".[8]

Another "painting machine" which replaced the artist in the production of the work of art was that invented by **Rosemarie Trockel** in 1990. Like **Rebeca Horn's**, it took up the legacy of Dada irony which questioned established notions on the role of the artist and the "work of art".
Instead of seeking the pure production of irrationality as **Tinguely** had done, this German artist asked a number of artists – from **Beuys** to **Cindy Sherman** – for locks of hair to make paintbrushes with (each with the artist's name on it). Her machine dipped these brushes into paint and moved them around on a piece of paper, the result being the works she subsequently presented under the title "56 Brush Strokes". "**Trockel** takes on this tradition on the painterly gesture, first by automating it, and then by perversely personalizing it. In turning signature style from an expression of the embodied male individual to a product of what is literally part of the body, she forces some amusing conclusions." [9]

Closed circuits ■ bachelor machines

To **Marcel Duchamp** we owe the invention of the term "bachelor machine": "His meditations on movement and machines led him into previously unexplored regions. He rapidly passed through his preliminary interest in the outward aspect of machines to create a new kind of visual metaphor. This enabled him to express complex ideas that involved, among other things, non Euclidean geometry, chemistry, and alchemy." [10]

Duchamp's work was essential to the machinist concept in 20th-century art. Since his early *Coffee-Mill* (1911), which already contained the ironic physical, poetic and aesthetic references which made up subsequent works – like *Nude Descending a Staircase* (1911) and especially his most famous work, *The Large Glass, or The Bride Stripped Bare by Her Bachelors, Even*

(1915-1923) – he has been the starting point for a large number of theoretical and artistic reflections that are interesting even today.

In 1912 he visited the "Salon de la locomotion aerienne" with **Fernand Léger** and **Constantin Brancusi** and they were fascinated by the latest models of aeroplanes on display. He came to the conclusion that: "Painting is over and done with. Who could do anything better than this propeller? Look, could you do that?"

The forerunners of this kind of machine must be sought in literature: **Kafka** in *In the Penal Colony* (1914) and **Edgar Allan Poe** in *The Pit and the Pendulum* (1843) created the famous machines which gave rise to those of **Alfred Jarry** in *Le Surmâle* and **Roussel** in *Impressions of Africa* (1910) and *Locus Solus* (1914).

Machines which fed on a mixture of erotism and sadism and were studied by **Michel Carrouges** in *Les Machines Célibataires*, which was to become a cult book. Published in the mid-1950s, it is essential to any understanding of the role played by machines in the imagery of the 19th and 20th centuries.

Carrouges had used this term of **Duchamp**'s to catalogue the series of fantastic machines he found in literature, analyzing them in relation to **Duchamp**'s *The Large Glass*, which he used as a guide in the formulation of his theory.

But what is a *celibate machine*? It is in fact no more than a closed circuit through which energy circulates, making reproduction impossible. This type of machine includes an area for discipline (set up by codes and regulated hierarchically) situated above a space containing elements punished for their disobedience.

For **Michel Carrouges** this was a case in which: "Contrary to real machines or even the majority of imaginary – albeit rational and useful – machines like **Jules Verne**'s Nautilus (...), the celibate machine initially takes on the appearance of an impossible, useless, incomprehensible, delirious machine ... The celibate machine can thus be formed by a single, strange and unknown device or apparently heteroclite assembly ... without a meaning in itself, in the form of a unit governed by the physical laws of mechanics and the social laws of utility ... Governed above all by subjective mental laws, the celibate machine is limited to adopting certain mechanical figures designed to simulate certain mechanical effects." [11]

Of the principal Dada artists, **Francis Picabia** was one of the most fervent defenders of the potential of machines, as his machinist works full of sexual connotations reveal. He played a key role in the development of this type of work which became the main theme of his artistic output for a number of years. In one of his numerous writings of 1915 he said: "Machinery is the soul of the modern world", while in the review *291* he called for "a machine age".
Outstanding among his "mechanomorphic" works were his numerous symbolic object-portraits – *Gabrielle Buffet* (1915), *Ici, c'est ici Stieglitz* (1915) – and other metaphors and functions of the human being: *Mécanique* (1916), *Le fiancé* (1916), *Turbine* (1917), *Fille née sans mère* (1917) and *Parade amoureuse* (1917).

The Course of Things (1986-87), a film by the Swiss artists **Peter Fischli** and **David Weiss**, can also be regarded as a closed circuit. During the 30 minutes this strange series of filmed breakdowns lasts, a sequence of calamities form a chain in the creation of an energy circuit with purely mechanical operation.

Their version of the "celibate machine" is due to the feature impressed on their work by its openly mechanical sexuality. However, it adds to this category an element of the *joyeuse* catastrophe that is heir to **Tinguely** (also Swiss). But: "The miniature conflagrations of the film belittle the imperialist's domino theory of world events. Swiss-watch precision, combined with anarchic bourgeois Swiss state. As a parody of technology's breakdown, the calamities reflect the inversion of late capitalism, in which there is no future already here. The film's narrative goes nowhere, nothing changes, all actions are abortions." [12]

The future-making machine

During the *Enlightenment* the machine as the embodiment of rationality was at the centre of the discourse on progress disseminated chiefly through the writings of **Descartes** and **Diderot**.

This ideal of progress guided the union of art and industry – from 1907 one of the *Werkbund's* main aims for the new German architecture. "The central issue of practical thought was the question of mechanization or rather of the relationship between architecture as a design art and mechanical production in all its various stages, from building the factory to advertising the end product. This relationship was the subject of an in-depth study vis-à-vis two critical points: the aesthetics of engineering construction and the aesthetics of design applied to the industrial product." [13]

At the beginning of the 20th century, Germany was the second most industrialized country on earth after the United States – a situation which prompted the appearance of a major form of industrial aesthetics, exceptional examples in this respect being the factory buildings designed by **Erich Mendelsohn**, **Hans Poelzig** and **Bruno Taut**. But particularly significant within that situation in German architecture was **Peter Behrens**'s appointment by AEG to design its buildings and products, etc. and even to take charge of its corporate image.

Later **Walter Gropius**, who had consolidated his architectural training together with **Le Corbusier** and **Mies van der Rohe** at Behrens's studio, worked in collaboration with **Hannes Meyer** on the *Fagus Works* (1911), a building which, as one of the pioneering projects of the *modern movement*, was immediately held as one of the emblems of so-called "industrial aesthetics".

With such a record, it is not surprising that a short time later (1919) he should found the **Bauhaus** school – where he was director until 1928 – his aim being to make it an ideal laboratory in which to develop those principles of the union of art, technology and industry where: "(...) the Bauhaus supports the social need to create moral forms, i.e. functional, logical and beautiful forms initially conceived for industrial mass production to penetrate the overall community by virtue of its evidence." [14]

The **Bauhaus** was one example of the "contamination" of European forms of artistic production by "Americanism": on the one hand there were the landmarks in the new American culture (jazz, the cinema, architecture, **Charles Chaplin**, **Josephine Baker**, etc.) and, on the other, the new industrial production methods based on **Taylor**'s theories on the creation of a new work system requiring the assembly line – something which had proved so enormously efficient when installed in Ford's plants in the United States and subsequently in Krupp's factories in Germany.

"The artistic climate here cannot support anything that is not the latest, the most modern, up-to-the-minute, Dadaism, circus variety, jazz, hectic pace, movies, America, airplanes, the automobile," said **Oskar Schlemmer**, who had created a theatre of machines at the **Bauhaus.**

But this was not an isolated case, for the trend became the rage all over Europe – through architects like **Le Corbusier** and **Mendelsohn** – and even in Russia.

And it was in Russia, by then deeply immersed in the new artistic spirit fomented by the revolution, where a special example of this was to be found in avant-garde theatre and its strong reliance on "biomechanics". This technique consisted of: "(...) an anti-metaphysical current calling for all life on the planet and that of the human species to be driven by the principles of mechanics in its widest sense, that is to say, including the laws of physics and chemistry. The term biomechanics furthermore identified a current contemplating man as a live mechanical entity whose development would have to be known in order to better exploit its possibilities" [15]

Meyerhold's production *The Magnificent Cuckold* (1922), whose machinist sets were designed by **Liubov Popova**, was one of the most interesting stage experiments carried out with this technique; a technique that had had a tremendous effect on European avant-garde theatre since the beginning of the century.

Biomechanics was directly influenced by the rhythm of the mechanized movements which **Taylor** and the scientific organization of society had regulated for the movements of the new worker, as required by the new mass production, and industrialization ensured that it quickly spread everywhere.

The avant-garde movements discovered that the essence of modernity was based precisely on the new urban *dynamic* combined with the *mechanization* of work and everyday life, where man and machine were conceived on the same terms.

As their work shows, artists were not unanimous in their reactions to this phenomenon, their responses ranging from enthusiasm at the beginning (in the Purist, Bauhaus, Constructivist and Futurist movements) to a satirical attitude (Dada), later to anxiety (Surrealism) and, in the wake of World War II, to assimilation.

"Doubtless you have heard the remarks often made by motorists and factory managers: engines are indeed mysterious, they say. It is as if they had a personality, a mind, a soul of their own. You have to please them," said **Marinetti**. He was once again pointing out that machines held a position of privilege in the avant-garde movements of the 20th century: they were a symbol of the change with which the term "avant-garde" had become synonymous; a change brought by the modernization which its presence in the art of the mechanical had demonstrated, just as the case had been with the shaping of the urban landscape it had contributed to creating.

Those countries which enjoyed a high level of development – in Europe and particularly the United States – regarded the machine as the embodiment of man's capacity to adopt the most typically human qualities and to weaken the barriers between each other by means of wide spread automation.

But in 1756 **Voltaire** had already anticipated the staunch supporters of progress who believed in rationalist thought's potential for benefitting mankind when he said: "Reason and industry will progress more and more, useful arts will be improved, the evils which have afflicted men and prejudices which are not their least scourge will gradually disappear among all who govern nations."

Like many others, the *Constructivist* artists in Russia in the time immediately after the 1917 revolution, the Italian *Futurists*, a large number of artists in the Germany of the Bauhaus and Constructivism, and the American photographers of the period between the two world wars, used cold mechanical forms and industrial aesthetics as symbols of the yearned-for modernization of mankind – in whose name, however, there were far too many mistakes and abuses in 20th-century history (as proved by Nazism and Stalinism).

The *Russian Constructivists and the Productivists* – whose ranks included artists such as **Rodchenko**, **El Lissitzky** and **Gabo** – were firmly convinced that it was possible to create a new society. However, when this proved to be an unattainable utopian ideal, they placed their work as artists – which they believed should be dedicated to the pursuit of *the new* – at the service of the Revolution.

Protazanov criticized the utopian dream in *Aelita* (1924), a political science-fiction film in which, in the fantastic dream of an engineer, real-life Russia ultimately triumphs over the planet Mars. **Rabinovitch**'s sets and **Alexandra Exter** wardrobe contributed to the creation of Protazanov's Suprematist universe – which was presumably the utopian world the avant-garde artists dreamt of building for the future.

One of the key figures of the Russian avant-garde was **Vladimir Tatlin**, who made his own contribution to the task these artists had set themselves of modernizing mankind by means of the development of science and industry. His most important creation regarding this aspect of his work was *Monument to the Third International* (1920) for it reflected that task to perfection and became the symbol of the redefinition *par excellence* of art promoted by the Revolution.

Another extremely important work by Tatlin was the glider he called the *Letatlin* (1930). With it he attempted to express his ideas on the interrelation of art, technology and society in addition to his own fascination with machines.

Tatlin himself defended the construction of these innovative projects, in which he put into practice his conviction of the need to create a utilitarian and functional form of art: "In this way an opportunity emerges of uniting purely artistic forms with utilitarian intentions. An example is the project for a monument to the Third International. The results of this are models which stimulate us to inventions in our work of creating a new world, and which call upon the producers to exercise control over the forms encountered in our new everyday life." [16]

For those revolutionary Russian artists the machine was the utopian model for the new social organization, and they thus committed themselves to ensuring that their production reflected the dynamism of the new society and glorified the machine culture.

One of *Constructivism's* strongest supporters and an artist who played an important part in its introduction in Germany was **László Moholy-Nagy**, founder of the Constructivist Group with **Lissitzky** in Berlin in 1922. He held that: "The reality of our century is technology – invention, construction, the maintenance of machines." [17]

The ideas he later discussed in his book *The New Vision* (1929) led him to delve ever deeper into technology through a wide range of experiments whose results are evident in his photographs, photomontages and films and, above all, in his construction of light machines – *Space-light Modulator, (The Light Utensil),* (1922-30) and *Light Utensil for an Electric Stage* (1922-1930).

This Hungarian artist was one of the main figures behind the *machine cult* which appeared at the **Bauhaus** in the phase beginning in 1923, when the school played its part in attempting to implement a "reformation of world art through its work and writings." [18]

In France **Fernand Léger** was another of these artists who believed in the possibility of creating an art based on machines. This was after he had crammed his paintings with "mechanoform" elements, particularly after the impact of his World War I experiences.

For **Le Corbusier**, whose interest in *machine aesthetics* Léger shared, painting was: "Une machine à communiquer des sentiments". **Le Corbusier** and **Ozenfant** had created *Purism* and they had attempted to devise an objective art based on rational assumptions which would form part of the modern world as expressed through machines. Their painting was proof of the admiration inspired by its specific, metallized and polished forms.

Le Corbusier made a decisive contribution to the dissemination of the new "machinist" ideals in his articles published in the review *L'Esprit Nouveau* in 1920 and 1921 and later compiled in the book *Towards a New Architecture* (1923), where he asserted that a great age infused with a new spirit had just begun. This Swiss-born architect believed that thanks to the technique which made possible the standardization of industrial production, the Classical ideals of beauty which Greek architecture had raised to perfection in the form of the Classical temple could be achieved through purifying primary forms – the cube, the cylinder, the sphere, the pyramid – where, he affirmed, beauty lay.

For the 1937 Paris *Universal Exhibition,* one of whose pavilions was that of the *L'Esprit Nouveau,* **Robert Delaunay** decorated the *Railway Palace* and the *Air Palace*, with huge panels displaying features typical of technical and scientific modernity – aeroplanes, the Eiffel Tower, his large wheel of simultaneous discs, locomotives, clocks, etc. which: "(…) are arranged in such a manner that the technique's functional character becomes unrecognizable, transforming it into a magic and fascinating object" [19]. Here for the glorification of technology Delaunay used the media typical of mass art in the purest monumental style.

All of this served to stress that a new mechanized and socially productive man had appeared in the 20th century, and as a result machines had taken on hitherto unknown significance – as can be seen from the numerous occasions on which they were the subject of artists' work: "The machinist painters have insisted that they did not paint machines as substitutes for still lifes or nudes; the machine is not a depicted object just as a drawing of a machine is not a depiction. It is a case of introducing a machine element in such a way that it forms a whole with something else on the full body of the canvas (even with the painting itself) so that the whole thing will work like a desiring machine " [20].

Turned into the cult object of the new 20th-century religion, the machine produced *icons* for its cult which inspired "mechanomorphic" paintings, drawings, architecture, sculpture, music, cinema, literature, etc.

They were icons particularly well represented in photography, which is a mechanical medium in itself. Particularly interesting in the 1920s were the German-born **Albert Renger-Patzsch**'s photographs of fragments of machines which he portrayed with minimalist objectivity in an attempt to depict them as entities in themselves.

His work came close to the realistic principles of the *New Objectivity* for as a staunch supporter of the existence of an aesthetic quality in industrial objects he believed that they should be reproduced as faithfully as possible.

A different approach was taken by **Germaine Krull** with her abstract works made of iron and steel parts reflecting the speed and pace of modern industry in her book *Métal* (1928): "Though abstract, **Krull**'s photographs in *Métal* emphasize the subject's technological identity." [21].

"In the same way as our ancestors sought inspiration in the religious atmosphere that suffused their spirits, we should seek inspiration in the tangible prodigies of modern life, in the swift iron network that covers the earth, in transatlantic liners, in the "Dreadnoughts", in the marvellous aeroplanes that fly through the skies, in the incredible daring of the underwater navigators, in the frantic struggle to conquer the unknown. Can we remain unaffected by the mad hustle and bustle of the big cities, by the new psychology of night life, the feverish figures of the freeloader, the prostitute, the rogue and the drunk? [22]

Italian *Futurism* developed in Milan, a city which around 1900 experienced a drastic transformation into a major industrial centre in which electricity, cars, trams, artificial lighting, telephones, electrical appliances, etc. proved that technology had become an integral part of everyday life in an artificial urban medium.

Marinetti exalted the machine through his promotion of the concept of the *plastic dynamism* in his Manifestos – which contain one of his most famous assertions: "We declare that the world's splendour has been enriched with a new beauty – the beauty of speed. A racing car with its bonnet flanked by exhaust pipes like dragons with fiery breath, a roaring racing car with its machine-gun rattle is more beautiful than the Victory of Samothrace."

However, it can also be said that his view of the machine suffered from a certain degree of superficiality: "They inherited from the Impressionists the tendency to look mainly at the appearance of things. It was the polished metals, bright colors, and noise of machines that the Futurists admired, and the heady sensations of speed and power that they enjoyed. But for the most part (with the great exception of Boccioni, as in his *States of Mind* series) they never tried to reach a deeper understanding of what machines represented in people's emotional lives; nor, in spite of their activism, did they ever clearly analyze what machines were bringing about in terms of social change." [23]

Boccioni together with **Carrá**, **Balla**, **Russollo** and **Severini** formed the first group of painters who signed the "Manifestos of Futurist Painting" (1910). Deeply influenced by their experiences in Paris, they turned to the ideas of Cubism to express such genuinely Futurist concepts in their paintings as movement, speed and transience, their main themes being typographic elements, cars, buildings and fragments of objects, all of which later occupied a place similar to man's.

Through works such as *Periferia con camión* (1914) and *Aeroplano con paesaggio* (1917), **Mario Sironi** was also linked to Futurism during that period. In the paintings of the suburbs which made him famous years later, he was to portray the drama of contemporary man in his solitude and isolation, immersed in a machinist, industrial universe.

Futurist architecture's highest exponent was **Sant'Elia**, who met an untimely death on the battlefield (1916) two months after **Boccioni**. His most interesting projects were for power stations and his *Città Nuova* series, whose plans for a railway station in Milan reveal his clearly modern concept of the city – in the form of a tower of various storeys beneath a complex transportation network and surmounted by advertisements (a feature which was to reappear in **Le Corbusier**'s work).

For *Futurism* at the beginning of the 20th century, the area within the *metropolis* which characterized the new civilization produced by an emergent technological society established a new context for avant-garde art whose compulsory frame of reference for a new formalization of aesthetics lay in the new form of nature artificially created by the effects of industrialization.

The greatest example of the most technologically advanced society of the time was the city of New York. There the arrival of **Picabia** and **Duchamp** during World War I caused a veritable tumult in the art world – whose convictions had already been jolted when European avant-garde art burst on the scene in the form of the *Armory Show* exhibition in 1913.
The presence of the two French artists served as a stimulating influence which prompted the New York *Dada* group to adopt "their most mechanized form", as they had brought their machinist ideas and work from the other side of the Atlantic and found in America the ideal environment in which to develop them fully.

The beauty and precision of Duchamp's and Picabia's machines with their wry, complex, and philosophical blend of the sexual and the mechanical served as a model in the lack of differentiation and the particular sense of beauty in the work of the American artists – as in the case of **Morton Schamberg** and his *Mechanical Abstraction* of 1916.

The *machine aesthetic* had its own peculiar derivation – the result of a mixture of *Realism* and *Cubism* – in the group known as the *Precisionist Painters* of the 1920s and 30s, one of whose main exponents was **Charles Demuth**, who painted *Au cassin and Nicolette* in 1921. The group's most outstanding member was **Charles Sheeler**, as can be seen from his paintings – *Yankee Clipper* (1939), *Suspended Power* (1939) – and his photographs for the great American industrialists (*Criss-Crossed Conveyors, Ford Plant*, 1927). However his works subtly betray the mixed feelings of fascination and concern of some of those American artists of the period between the two world wars concerning the power of the machine.

Sheeler's fascination with the vision of the urban environment had led him to work with **Paul Strand** (who had already photographed the city in 1921) on *Manhatta* or *New York the Magnificent*, with the city of skyscrapers the star of one of the first experimental films in American art: "**Sheeler** and **Strand**'s vision of the city in *Manhatta* captures this sense of mesmerizing contemporaneity, and in order to do justice to their subject, the two artists focused intensely on innovative formal concerns. Incorporating multiple perspectives, abstract shapes, and fragmented views, they dislodged the urban monuments from any familiar context. To achieve this, they filmed the skyscrapers of lower Manhattan from extreme angles – either looking up from street level or looking down from the buildings' rooftops.

"These unconventional perspectives obliterate the horizon and also make the skyscrapers appear to shoot up or down through imploded space. In addition, each shot lasts for only a few seconds, which creates a disconnected and jumbled temporal progression. These cinematic techniques therefore disorient and dazzle the viewer, and the vortex of spectacular images simulate the intense, constantly changing impressions of the contemporary urban environment." [24]

The harmony between nature and machine in the film suggested a certain degree of optimism, a feeling experienced in the machine age. Such enthusiasm occasionally bordered almost on the religious, reaching its highest degree of expression in the 1920s and ending with the crash of 1929 and the depression. However, it served to idealize the potential of the new industrial system in the establishment of the principles of a potentially more perfect modern society in which the standard of living of the people – who would at the same time produce and consume its goods – would be improved.

Linking up with the American landscape painting tradition of the 19th century, these become sublime constructions in a landscape transformed by the presence of bridges, tunnels, highways, skyscrapers, cars, planes, etc. Although this fascination for the symbols of the new industrial civilization was hitherto unfamiliar in the realm of what was considered the "fine arts", such symbols had, since the beginning of the century, attracted the attention of photographers C as in the case of some of **Alfred Stieglitz**'s work which, typical of early 20th-century American art, reflects an aestheticist and humanist view of the city.

But one attitude characteristic of the American and German photography of the 1920s and 30s prevailed – that of being "commemorative" of the new icons of industrialization. In this respect **Lewis W. Hine** glorified the heroism of the worker in his photographs of skyscraper steeplejacks.

The machine prosecuted

Although the *Dada* artists – **Georg Grosz, Kurt Schwitters, Paul Heartfield, Hanna Höch, Raoul Haussman**, etc. – were among the sharpest critics of the apparently beneficial nature of machines at the height of the "machinist" euphoria in Germany, some later converted to the Constructivist creed. However, in their criticism of capitalist industry they had imagined ramshackle "mechanomorphic" artifacts which produced unexpected creations by playing at mixing words and various elements.

The crisis of 1929 proved those who had distrusted the virtues of progress and machines right, and machines were subsequently judged as a threat to man, now their hostage and victim.

Charles Chaplin focused on the negative side of the machinist euphoria in *Modern Times* (1936), a film which reflected the dramatic situation of workers in industry, where man's activity had become a series of repetitive movements imitating those of a machine. It includes the distressing image of a man controlled by a factory production line and forced into a speed and rhythm more typical of a machine than a human being.

Céline also described the cruel mechanization of the industrial worker turned into just another mechanical component within a process of dehumanized production in his novel *Journey to the End of the Night* (1932).

Yet again that ancestral dread of machines controlling men, as with Frankenstein's monster (whose first film version appeared in 1931). The same fear which **Kubrick** revived in his film *2001: A Space Odyssey* in 1968.

The trauma of Hitler's gas chambers and the devastating effects of the atomic bombs dropped on Hiroshima and Nagasaki which brought World War II to an end turned the old faith in the benefits of technology into horror.
From then on in the *Post-industrial* age the pre-eminent machinist iconography was superseded by that of abstraction – although some artists also tried to establish more positive relationships with machines based on the view that these had been placed in man's hands for purposes of creation rather than destruction.

Through *Pop Art* artists transformed the presence of machines – hitherto "portraits of mechanical forms" – by including mechanical processes in their work, a process which reached a peak after World War II in a context dominated by a visual culture steeped in elements from mass production.

According to **Caroline A. Jones**'s theories in her book *The Machine in the Studio*, which studied the characteristics of the machine in the post-industrial period of American art, an original *iconic* phase consisting of the depiction of machines gave way to a *performative* phase of works of art involving mechanical processes which reached its peak after World War II. [25]

Each in their own way, **Warhol**, **Stella** and **Smithson** personified the new industrial aesthetic predominant at the time of the mass production of consumer goods, allowing themselves to be assimilated by that selfsame mechanical production – as in the case of **Andy Warhol**'s wish to become a machine, to turn his studio into a factory and to infuse his works of art with the coldness of the industrial product.

In photographs surveying the signs of industrial disintegration in his native New Jersey, **Robert Smithson** showed a post-industrial landscape weighed down with the frustrations which the optimism of its expectations had thwarted. "Smithson snapped the memory traces of an abandoned set of futures, a graveyard of the high hopes of the industrialised era and of the ideologies of advancement and progress which underpinned it." [26]

The Germans **Bernd** and **Hilla Becher** depicted the preoccupations of the conceptualist avant-garde of the 1970s through their strict classification systems of industrial types in order to redefine an idea of structure in their description of reality which consisted of dissecting the industrial "imaginary" by means of documentary photography.

Their photographs of groups of industrial constructions of the same type attempted to create a typology of "mineheads, blast furnaces, gas-holders, façades, ageing cooling towers" which together reflected a vanishing industrial landscape similar to an archaeological monument not devoid of nostalgia for a certain time in history.

The change of the role of machines in the 1960s in a world dominated by technology can be said to have coincided with **Pontus Hultén**'s exhibition "The Machine as Seen at the End of the Mechanical Age" at the MOMA in 1968, in which he told the story of modern man's fascination with machines until the appearance of technology, a point at which the machine relinquished its position and became an anachronism or a relic of another age. However this is only half the tale, for the time when the productive function is replaced by a mythical function is also the time when the machine encounters its most fitting destiny.

NOTES

[1]   GILLES DELEUZE and FELIX GUATTARI, *El Antiedipo*, Barral editores, Barcelona, 1972

[2]   PETER WOLLEN, *Raiding the Icebox,* Indiana University Press Bloomington, Indiana 1993, pp. 44, 45.

[3]   PETER WOLLEN, *Raiding the Icebox,* Indiana University Press Bloomington, Indiana 1993, p. 46.

[4]   CAROLINE A. JONES, *The Sex of the Machines*, Picturing Science Producing Art, Routledge, London, 1998, p. 147.

[5]   ANDRÉ BRETON, *Manifiestos del Surrealismo*, Ediciones Guadarrama, Madrid, 1969, p. 26.

[6]   HAL FOSTER, *Compulsive Beauty*, October, MIT, Cambridge, Massachusetts, 1993, p. 101.

[7]   ROSALYN KRAUSS, *Corpus Delicti* in *L'Amour fou: Photography and Surrealism*, Washington and New York, 1985, p. 86.

[8]   GILLES DELEUZE and FELIX GUATTARI, *El Antiedipo*, Barral editores, Barcelona, 1972, p. 405.

[9]   CAROLINE A. JONES, *Mechanolatry*, cat. *Painting Machines*, Boston University Art Gallery, 1997, p. 25.

[10]   K.G. PONTUS HULTÉN, *The Machine as Seen at the End of the Mechanical Age*, MOMA, New York, 1968, p. 11.

[11]   MICHEL CARROUGES, *Mode d'emploi*, cat. *Les Machines Celibataires*, Kunsthalle, Bern, 1975, p.21.

[12]   JEANNE SILVERSTHORNE, *Parkett*, n° 17, *The critic as four-eyed peg leg*, p. 60.

[13]   REYNER BANHAM, *Teoría y diseño en la primera era de la máquina*, Paidós, Barcelona, 1977, p. 71.

[14]   ERIC MICHAUD, *La fin du salut par l'image*, Critiques d'Art, ed. Jacqueline Chambon, Paris, 1992, p. 125.

[15]   CHRISTINE HAMON-SIREJOLS, *Le constructivisme au theatre*, editions du CNRS, Paris,1992, p. 144.

[16]   VLADIMIR TATLIN, *The Work Ahead of Us*, 1920, cit. *Russian Art of the avant-garde*, ed.by John E.Bowlt, Thames & Hudson, 1988, p. 207.

[17]   STEVEN A. MANSBACH, *Charles Sheeler and the Cult of the Machine*, Cambridge, Harvard University Press, 1991, p. 11.

[18]   ERIC MICHAUD, *La fin du salut par l'image*, Critiques d'Art, ed. Jacqueline Chambon, Paris, 1992, p. 138.

[19]   ERIC MICHAUD, *La fin du salut par l'image*, Critiques d'Art, ed. Jacqueline Chambon, Paris, 1992 p. 150.

[20]   GILLES DELEUZE and FELIX GUATTARI, *El Antiedipo*, Barral editores, Barcelona, 1972, p. 403.

[21]   JOHN STOMBERG, *A United States of the World*, Cat. *Icon to Irony*, Boston University Art Gallery, 1995, p. 18.

[22]   *Manifiesto de los primeros futuristas*, 1910, cit. en *Escritos de arte de vanguardia*, p. 142, 2° ed., Ed. Istmo, 1999.

[23]   K.G. PONTUS HULTÉN, *The Machine as Seen at the End of the Mechanical Age*, MOMA, New York, 1968, p. 12.

[24]   STEVEN A. MANSBACH, *Charles Sheeler and the Cult of the Machine*, Cambridge, Harvard University Press, p. 51.

[25]   CAROLINE A. JONES, *The Machine in the Studio*, The University of Chicago Press, 1996.

[26]   J. LINWOOD, *The Epic & The Everyday*, The South Bank Center, London, 1994, p. 24.

Dr. Aronnax,' said Captain Nemo, pointing to the instruments hanging on the walls of his room, 'these are the instruments needed for sailing the Nautilus. Here, as in the salon, I have them always in view, telling me my position and exact direction in the middle of the ocean. Some of them you already know, such as the thermometer, which tells me the temperature inside the Nautilus; the barometer, which measures the weight of the air and hence forecasts changes in the weather; the hygrometer, which registers the amount of moisture in the air; the storm-glass, whose mixed-up contents separate out to herald the arrival of storms; the compass, which shows me the course to take; the sextant, which indicates my latitude by the altitude of the sun; the chronometers, which enable me to calculate my longitude; and lastly the telescopes, for day and night use, which I use to examine every point on the horizon when the Nautilus is on the surface.'

'These are the usual navigational equipment, and I am aware of their functions. But I can see others which must correspond to the special requirements of the Nautilus. Isn't that dial with the moving needle a pressure-gauge?'

'Yes indeed. It is in contact with the water outside, and by telling me the pressure, indicates what depth my vessel is at.'

'And are these a new kind of sounding instrument?'

'They're thermometric sounding devices registering the temperature at various depths.'

'And these other instruments whose purpose I cannot begin to guess?'

'Before going any further, Dr Aronnax, I must explain a few things. So please pay attention to what I have to say.'

Captain Nemo paused briefly and then continued:

'There is one agent which is powerful, responsive, easy to use, suitable for all kinds of work, and which reigns supreme on board. It does everything. It provides me with heat and light; it is the soul of my machines. That agent is electricity.'

'Electricity!' I exclaimed, somewhat surprised.

'Yes indeed.'

'But captain, the great speed you move at seems to have little to do with the power of electricity. Until now the dynamic capacity of electricity has remained very limited, only capable of producing small forces!'

'Dr Aronnax,' answered Captain Nemo, 'my electricity is not the commonly used sort, and that is all that I wish to say on the matter.'

'I will not press the point, monsieur, but merely remain astonished at the outcome. A single question, however, which needs no answer if it seems indiscreet. The elements that you use to produce this astonishing agent must be used up quickly. Zinc, for example: how do you replace it since you no longer have any contact with land?'

'Your question will be answered,' replied Captain Nemo. 'First let me tell you that there are zinc, iron, silver, and gold deposits on the bottom of the sea whose extraction would certainly be possible. But I decided to owe nothing to the metals of the earth and simply derive the means to produce my electricity from the sea itself.'

'From the sea?'

'Yes, sir, and I had plenty of choices. For example, I could have established a circuit between wires sunk at different depths, and hence obtained electricity from the difference in temperature between them; but I decided to employ a more practical method.'

'Yes?'

'You are aware of the composition of sea water. In 1,000 grams, 96.5 per cent is water and about 2.66 per cent sodium chloride, with small quantities of magnesium and potassium chloride, magnesium bromide, magnesium sulphate, lime sulphate, and lime carbonate. You will see that sodium chloride is found in considerable proportions. Now, it is this sodium which I extract from sea water to give me my constituents.'

'Sodium?'

'Yes. Mixed with mercury it forms an amalgam which replaces zinc in Bunsen batteries. The mercury is never used up. Only the sodium is consumed, and the sea itself provides me with more. Also, sodium batteries must be regarded as producing the most energy, for their electro-motive power is double that of zinc ones.'

'I fully understand the suitability of sodium in your present circumstances. It is to be found in the sea. So far so good. But it must still be produced, or rather extracted. How do you do this? Clearly you could use your batteries; but if I am not mistaken, the sodium utilized by the electrical apparatus would be greater than the quantity extracted. You would be consuming more than you were producing!'

'Consequently I do not use batteries for extraction, but simply the heat from coal.'

'Coal or sea coal?' I persisted.

'Let's say sea coal if you like.'

'And you are able to work underwater coalmines?'

'Dr Aronnax, you will see me at work. I will only ask for a little patience, since you have plenty of time to be patient. Just remember one thing. I owe everything to the sea: it produces electricity and electricity gives the Nautilus heat, light, and movement — in a word, life.'

'But not the air you breathe?'

'Oh, I could manufacture all the air I need for my consumption, but that would be pointless since I go back up to the surface whenever I want.

But even if electricity does not provide me with air for breathing, it does work the powerful pumps that store air in special tanks, thus allowing me to remain at the deepest levels as long as I wish.'

'Captain, I can only admire this. You have evidently discovered the real dynamic power of electricity that people will undoubtedly discover one day.'

'I do not know whether they will,' replied Captain Nemo rather coldly. 'But in any case, you are already familiar with the first application that I have made of such an invaluable tool. It is this agent which gives us light more continuously than the sun could. Look at this clock: it is an electric one, and keeps time more accurately than the best chronometers. I have divided it into 24 hours, like Italian clocks, since for me there is neither night nor day, sun nor moon, but only the artificial light which I carry with me to the bottom of the seas. Look, it is now ten in the morning.'

'I see.'

'Another application of electricity: this dial before our eyes serves to indicate the speed of the Nautilus. An electric circuit connects it to the propeller of the log, and its needle shows me the actual speed of the engine.'

JULES VERNE
Twenty Thousand Leagues under the Seas

"Let us take the name 'celibate machine' to describe this machine that is successor to the paranoic machine and the miraculous machine and has forged a new alliance between the desiring machine and the organless body in order to generate a new mankind or a glorious organism. It is virtually the same as saying that the subject is produced as a remainder beside the desiring machines or that he himself becomes mixed up with this third type of productive machine and the residual reconciliation it accomplishes: here we have a low-consumption conjunctive synthesis in the fascinated form of a 'So that's what it was!'"

Under the name "celibate machines" Michel Carrouges cited a number of fantastic machines which he discovered in literature. The examples he gives are extremely varied and seem at first glance impossible to place in a single category: Duchamp's Bride Stripped Bare..., the machine in Kafka's In The Penal Colony, Raymond Roussel's machines, those in Jarry's Surmâle, certain machines of Edgar Allan Poe's, Villier's The Future Eve, etc. However, the different characteristics which form the whole (of varying degrees of importance according to the example considered) are as follows: first, the celibate machine attests to the existence of an ancient paranoic machine with its torments, its shadows, its old law. And yet it is not a paranoic machine. Everything differentiates it from the latter with its mechanisms, its carriage, scissors, needles, magnets, radios..., and even in the torment or death it causes, it displays something new — a power as great as the sun's. Second, this transfiguration cannot be explained by the miraculous character that the machine owes to the inscription it contains, although it does in fact contain the greatest inscriptions (cf. Edison's recordings in The Future Eve). There is a current use of the new machine — a pleasure we might describe as auto-erotic, or rather as automatic — in which marriage is contracted in a new alliance, a new birth, a dazzling form of ecstasy, as if eroticism released other limitless powers.

The question becomes: what does the celibate machine produce; what is produced through it? The answer appears to be: intense quantities. There is a schizophrenic experience in these intense quantities in a pure state, at an almost intolerable point — a celibate misery and glory felt at the highest point like a cry suspended between life and death, a sensation of intensive passing, states of pure and raw intensity stripped bare of both shape and form. Hallucinations and delirium are often mentioned; but the hallucinatory datum (I see, I hear) and the delirious datum (I think...) presuppose a deeper "I feel" which supplies the hallucinations with their object and the delirium of thought with its content. An "I feel that I'm turning into a woman", "that I'm turning into God", etc., that is neither delirious nor hallucinatory but will project the hallucination or turn the delirium inwards. Delirium and hallucination are secondary to the truly primary emotion which at first feels no more than intensities, fluxes, passings.

GILLES DELEUZE&FELIX GUATTARI
The Anti-Oedipus Capitalism and Schizophrenia

If for the unconscious the robot is the ideal object epitomizing all objects, it is not simply because it is an imitation of man in all his functional efficiency, but because, additionally, it is not perfect enough to be man's double. For despite being like a man, it is still quite evidently an object and therefore a slave. The robot is always basically a slave. It can have all the attributes that are man's sovereignty except one and that is a sex. It is in this limitation where its fascination and symbolic value lie. Through its multi-functionality it bears testimony to man's phallic domination of the world, but it also bears testimony – being controlled, dominated, governed, asexual – to the fact that the phallus is a slave, that sexuality is domesticated and free from care. No more remains than an obedient functionality, incarnate (so to speak) in an object which looks like him, which subjects the world but is subjected by me: that threatening part of myself which I can be proud of (just as I would be proud of an all-powerful slave in my image and after my likeness) is now conjured up.

We know where the tendency to take all objects to the robot stage comes from. It is there where it performs its unconscious psychological function. It is there where it comes to an end. For the robot no possible evolution exists. It is fixed in man's likeness and in functional abstraction. It is also the end of active genital sexuality, for the sexuality projected into the robot is neutralized, de-primed, exorcised, also fixed in the object that it fixes. Narcissistic abstraction: the science fiction universe is a sexless universe.

The robot is interesting in other ways. Because it is the mythological end of the object, it contains all the ghosts which people our deeper relationships with the world around us.

If the robot is a slave, the slave theme is always linked, even in the legend of the sorcerer's apprentice, to that of rebellion. The rebellion of robots, in whatever form, is not an unusual theme in science-fiction stories. It is always implicit. The robot is like a slave, very good and very bad at one and the same time; as good as harnessed power, as bad as power unleashed. Man, like the sorcerer's apprentice, has good reason to fear the resurrection of the power he has conjured up or harnessed in his image, for that power is his own sexuality which then turns against him, and which he fears. Released, unleashed, rebellious, sexuality becomes man's mortal enemy: it is what is expressed by the many unpredictable variations of robots, by their evil mutation or simply the distress of this brutal transformation that is always possible. Thus man clashes with his own deepest inner forces and finds himself face to face with his double (now endowed with his own energy) whose appearance, according to the legend, means death. An insurrection of enslaved phallic energy. Such is the meaning of the robots' mechanical treachery (as well as the functional disorder of the environment). It is at this point that two possible solutions appear in sci-fi stories: man either tames the "evil" forces and there is a return to "moral" order, or the power incarnate in the robot destroys itself, taking automatism to suicide. The theme of the robot who loses his balance, of the robot's self-destruction, is also a common one in science-fiction and corollary to rebellion. A secret apocalypse of objects, of the Object, fuels the reader's passion. One feels tempted to compare it to the moral condemnation of science's satanic character: technology brings about its own fall and man returns to good old mother nature.

JEAN BAUDRILLARD
The System of Objects

As soon as he climbed the stairs and approached the landing, he heard an extraordinary hubbub which seemed to be coming from Spalanzani's study. There were sounds of feet stamping, glass tinkling, and blows falling on the door, mingled with curses and imprecations. 'Let go! Let go! Scoundrel! Villain! You staked your whole life? Ha, ha, ha! — that wasn't part of our wager — I made the eyes, I — did — I made the clockwork — stupid wretch, you and your clockwork — you confounded brute of a half-witted clockmaker — get out — Satan — stop — you tinker — you devilish creature — stop — get out — let go!'

The voices howling and raving in such confusion were those of Spalanzani and the horrible Coppelius. In rushed Nathanael, gripped by nameless fear. The Professor had seized a female figure by the shoulders, while the Italian Coppola was holding it by the feet, and both were tugging at it for dear life, while quarrelling violently over it. Nathanael started back, filled with deep horror, on recognizing the figure as Olimpia; wild fury flared up in him, and he tried to tear his beloved from the hands of the enraged combatants, but at that moment Coppola turned round with gigantic strength, wrested the figure from the Professor's hands, and struck him such a terrible blow with it that he staggered and fell backwards over the table covered with phials, retorts, bottles, and glass cylinders, all of which were broken to smithereens. Coppola then threw the figure over his shoulder and rushed downstairs with a frightful yell of laughter, so that the figure's feet, which were hanging down in an unsightly way, gave a wooden rattling and rumbling as they knocked against the steps.

Nathanael stood stock still. He had perceived only too clearly that Olimpia's deathly pale wax face had no eyes, just black caverns where eyes should be; she was a lifeless doll. Spalanzani was writhing on the floor; his head, chest, and arms had been cut by broken glass, and blood was gushing out as though from a fountain. But he summoned all his strength and cried:

'After him, after him! Why are you standing there? Coppelius — he's stolen my best automaton — twenty years' work — I staked my life on it — the clockwork — language — walk — all mine — the eyes — he stole your eyes. The cursed scoundrel, the damned villain — after him — fetch Olimpia — here are her eyes!'

Thereupon Nathanael noticed a pair of bloody eyes lying on the floor and staring at him. Spalanzani picked them up with his unscathed hand and threw them at Nathanael, so that they struck him on the chest. Madness seized him with its red-hot claws and entered his heart, tearing his mind to pieces. 'Hey, hey, hey! Fiery circle, fiery circle! Spin, spin, fiery circle! Come on! Spin, wooden dolly, hey, spin, pretty wooden dolly...' and with these words he flung himself on the Professor and clutched him by the throat. He would have throttled him, but the hubbub had attracted a large number of people who forced their way into the room and pulled the frenzied Nathanael to his feet, thus rescuing the Professor, whose wounds were promptly bandaged. Siegmund, despite his strength, was unable to restrain the lunatic, who kept bellowing in a frightful voice: 'Spin, wooden dolly', and brandishing his fists. At last the united efforts of several people managed to overcome Nathanael by throwing him to the ground and tying him up. His words were swallowed up in a horrible animal-like bellowing. Raving in a hideous frenzy, he was taken to the madhouse.

Before continuing, kind reader, with the story of the unfortunate Nathanael, let me assure you, just in case you should feel any sympathy for the skilful mechanic and automaton-maker Spalanzani, that he made a complete recovery from his wounds. He was, however, obliged to leave the University, since Nathanael's story had created a stir, and public opinion considered it monstrously deceitful to foist a wooden doll instead of a living person upon respectable tea-parties (Olimpia had attended some and made quite a hit). Legal scholars described it as a subtle fraud which deserved a condign punishment inasmuch as it had been practised upon the public, and so adroitly conducted that nobody (except for the sharpest students) had observed it, although everyone was now trying to display sagacity by referring to all kinds of suspicious-looking details. These details, however, threw virtually no light on the matter.

For could anyone's suspicions have been aroused by the fact that, according to one elegant habitué of tea-parties, Olimpia had defied convention by sneezing more than she yawned? Her sneezing, explained this exquisite gentleman, was the sound of the concealed mechanism winding itself up, for there had been an audible creaking. The professor of poetry and eloquence took a pinch of snuff, snapped his box shut, cleared his throat, and said in solemn tones: 'My most esteemed ladies and gentlemen! Don't you see what lies behind all this? The entire matter is an allegory — an extended metaphor! You take my meaning! Sapienti sat!'

But many esteemed gentlemen were not so easily reassured: the story of the automaton had made a deep impression on their minds, and a detestable distrust of human figures became prevalent. In order to make quite sure that they were not in love with wooden dolls, several lovers demanded that their beloved should fail to keep time in singing and dancing, and that, when being read aloud to, she should sew, knit, or play with her pug-dog; above all, the beloved was required not merely to listen, but also, from time to time, to speak in a manner that revealed genuine thought and feeling. The bonds between some lovers became firmer and pleasanter; others quietly dissolved. 'One really can't take the risk', said some. At tea-parties there was an incredible amount of yawning, but no sneezing, in order to avert any suspicion.

As mentioned earlier, Spalanzani was obliged to disappear in order to evade a criminal prosecution for fraudulently introducing an automaton into human society. Coppola had likewise vanished.

E.T.A. HOFFMANN
The Sandman

Edison loosened the veil Hadaly wore around her waist and said:

"The Andreide consists of four parts:

"1. The inner life-system, which controls the balance, the faculty of walking, the voice, gestures, feelings, the future expressions of the face and the intimate regulatory movement or, in other words, the SOUL.

"2. The plastic intermediary, i.e. the metal covering insulated from the flesh and the epidermis forming a framework of articulations upon which the inner system rests and to which it is affixed.

"3. The false flesh covering and adhered to the intermediary, which imitates the features and lines of the body with its own unique fragrance, the relief of the skeleton, the contours of the veins and arteries, the musculature, the sex and all the bodily proportions.

"4. The epidermis, with all the details of colour, porosity, lines, the brilliance of the smile, unconscious facial gestures, faithful and exact lip movement during pronunciation; the hair and the capillary system; the ocular ensemble, with an individual gaze; and the dental and ungual systems."

Edison spoke these words in the monotonous tone with which a geometrical theorem is expounded whose quod erat demostrandum is practically contained in the proposition. On hearing such a tone, Lord Ewald assumed that the engineer was not only on the point of solving the theoretical problems posed by his monstrous statements but that he had already done so and was about to prove it to him.

Shocked by the electrologist's appalling self-possession, the English nobleman, on hearing these surprising statements, felt all the ice of science reaching out at his heart. However, he did not interrupt, for he was a man of deep serenity. Edison's voice became much more serious and melancholic.

"I do not wish to give you any surprises, milord. Why should I? The facts, as you can see, are amazing enough in themselves without the need for me to wrap them in further, unrelated mystery. You shall bear witness to the childhood of an ideal being, for you are about to hear a description of Hadaly's organism. On what other Juliet could such an examination be performed without her Romeo swooning?

"Indeed, if lovers could look back at the true beginnings of their loved ones and their form when they first began to move, their passion would be plunged into sentiments in which the dismal would struggle with the absurd and the inconceivable.

"In its first moments of existence the Andreide does not present the shocking sight inherent in the spectacle of the birth of the human organism. Everything about it is adorable, ingenious, alarming. Behold!"

He rested the scalpel on an apparatus positioned at the level of the Andreide's cervical vertebrae.

"In humans the centre of life is here, at this point. It is where the spinal cord begins. A single prick would cause instant death, for the nerves which control our breathing meet precisely here and the slightest injury would cause asphyxiation. You will see I have followed nature's example if you observe that the two insulated inductors at this point are connected with the working of the Andreide's golden lungs.

"Let us examine the general features of this organism. I will go into greater detail later.

"The mysterious energy produced by these metal disks causes heat, movement and force to be circulated throughout Hadaly's body via a network of bright threads — exact copies of our nerves, veins and arteries. By means of these small glass disks between the current and the bunches of threads, movement is initiated or concluded in one of the limbs or in the whole body. This electromagnetic motor, which is one of the most powerful in existence and whose size and weight I have made as small as possible, is the point where all the inductors meet.

"The legacy of Prometheus — the spark — runs around this magic rod to produce respiration. It induces a current in this magnet between the breasts which attracts the nickel plate connected to the metal sponges. That sheet returns to its original position thanks to the regular interposition of this insulator. I have anticipated the deep sighs to which sadness subjects the heart. Given Hadaly's sweet, quiet nature, she should not be without such a charming feature. Women know how easy it is to imitate those melancholic sighs. Any actress can spin off a dozen sighs at a time, each one perfect.

"Here are two gold phonographs, placed at an angle whose vertex is at the centre of the thorax; these are Hadaly's lungs. They convey the metal sheets of her harmonious conversations to each other just as rolls of paper pass through the cylinders of a press. Each tin strip contains hours of conversation which include the ideas of the greatest poets, the most subtle metaphysicians and the most profound novelists of the century, whom I approached and, for a small fortune, persuaded to tell me their hitherto unpublished wonders.

"Thus we might say Hadaly's intelligence is a combination of the intelligence of others.

"Behold the two almost imperceptible tempered steel needles as they ride the grooves in the cylinders, which turn thanks to the incessant movement caused by the mysterious spark. They await the voice of Miss Alice. Little does she know that they will capture her voice when, like a great actress, she recites scenes with mysterious, unknown roles, which Hadaly will be able to repeat forever.

"Beneath the lungs is the cylinder on which the gestures, poise, facial expressions and postures of "Hadaly the loved one" are recorded. It is similar to the cylinders with metal pins on their surface that are found in musical boxes and barrel organs, and, just as (after prior calculation) the notes of a dance or a piece of opera are reproduced by these pins raising the tuned teeth of a comb-like steel plate, the cylinder in question, being beneath a similar type of comb attached to all of the Andreide's nerves, will dictate the gestures, facial expressions and postures of the woman within her. This cylinder's inductor is, one might say, our amazing apparition's sympathetic nervous system.

"The said cylinder is capable of producing seventy general movements. That is approximately the repertoire of the normal well-bred woman. Our movements, except those which are nervous or convulsive, are almost always the same; the various situations in life add nuances and cause them to appear different. Having broken down the derivative movements, I have calculated that twenty-seven or twenty-eight movements constitute an interesting personality. On the other hand, let us bear in mind that a woman who gesticulates excessively is an intolerable creature. I have attempted to capture only the harmonious movements, eliminating all those which are jarring or pointless.

"The selfsame movement as that generated by fluid connects Hadaly's golden lungs with her sympathetic nervous system. A score of hours of thought-provoking dialogues are indelibly recorded on those sheets by means of galvanoplasty, while her responses are recorded on the pins — inserted with a micrometre — of the cylinder. The movement of the phonographs plus that of the cylinder produces a homogeneous simultaneity of word, gesture, lip movement, gaze and a chiaroscuro of subtle expression.

"In this manner, all is adjusted to perfection, for although mechanically it is more difficult than recording a melody and its musical accompaniment on the cylinder of a barrel organ, with patience it is possible to compute the integral calculus and magnification of the lenses to achieve the required concordance."

VILLIERS DE L'ISLE ADAM
The Future Eve

I sat one evening in my laboratory; the sun had set, and the moon was just rising from the sea; I had not sufficient light for my employment and I remained idle, in a pause of consideration of whether I should leave my labour for the night or hasten its conclusion by an unremitting attention to it. As I sat, a train of reflection occurred to me which led me to consider the effects of what I was now doing. Three years before, I was engaged in the same manner and had created a fiend whose unparalleled barbarity had desolated my heart and filled it forever with the bitterest remorse. I was now about to form another being of whose dispositions I was alike ignorant; she might become ten thousand times more malignant than her mate and delight, for its own sake, in murder and wretchedness. He had sworn to quit the neighbourhood of man and hide himself in deserts, but she had not; and she, who in all probability was to become a thinking and reasoning animal, might refuse to comply with a compact made before her creation. They might even hate each other; the creature who already lived loathed his own deformity, and might he not conceive a greater abhorrence for it when it came before his eyes in the female form? She also might turn with disgust from him to the superior beauty of man; she might quit him, and he be again alone, exasperated by the fresh provocation of being deserted by one of his own species.

Even if they were to leave Europe and inhabit the deserts of the new world, yet one of the first results of those sympathies for which the daemon thirsted would be children, and a race of devils would be propagated upon the earth who might make the very existence of the species of man a condition precarious and full of terror. Had I a right, for my own benefit, to inflict this curse upon everlasting generations? I had before been moved by the sophisms of the being I had created; I had been struck senseless by his fiendish threats; but now, for the first time, the wickedness of my promise burst upon me; I shuddered to think that future ages might curse me as their pest, whose selfishness had not hesitated to buy its own peace at the price, perhaps, of the existence of the whole human race.

I trembled and my heart failed within me, when, on looking up, I saw by the light of the moon the daemon at the casement. A ghastly grin wrinkled his lips as he gazed on me, where I sat fulfilling the task which he had allotted to me. Yes, he had followed me in my travels; he had loitered in forests, hid himself in caves, or taken refuge in wide and desert heaths; and he now came to mark my progress and claim the fulfilment of my promise.

As I looked on him, his countenance expressed the utmost extent of malice and treachery. I thought with a sensation of madness on my promise of creating another like to him, and trembling with passion, tore to pieces the thing on which I was engaged. The wretch saw me destroy the creature on whose future existence he depended for happiness, and with a howl of devilish despair and revenge, withdrew.

I left the room, and locking the door, made a solemn vow in my own heart never to resume my labours; and then, with trembling steps, I sought my own apartment. I was alone; none were near me to dissipate the gloom and relieve me from the sickening oppression of the most terrible reveries.

Several hours passed, and I remained near my window gazing on the sea; it was almost motionless, for the winds were hushed, and all nature reposed under the eye of the quiet moon. A few fishing vessels alone specked the water, and now and then the gentle breeze wafted the sound of voices as the fishermen called to one another. I felt the silence, although I was hardly conscious of its extreme profundity, until my ear was suddenly arrested by the paddling of oars near the shore, and a person landed close to my house.

In a few minutes after, I heard the creaking of my door, as if some one endeavoured to open it softly. I trembled from head to foot; I felt a presentiment of who it was and wished to rouse one of the peasants who dwelt in a cottage not far from mine; but I was overcome by the sensation of helplessness, so often felt in frightful dreams, when you in vain endeavour to fly from an impending danger, and was rooted to the spot. Presently I heard the sound of footsteps along the passage; the door opened, and the wretch whom I dreaded appeared. Shutting the door, he approached me and said in a smothered voice, 'You have destroyed the work which you began; what is it that you intend? Do you dare to break your promise? I have endured toil and misery; I left Switzerland with you; I crept along the shores of the Rhine, among its willow islands and over the summits of its hills. I have dwelt many months in the heaths of England and among the deserts of Scotland. I have endured incalculable fatigue, and cold, and hunger; do you dare destroy my hopes?'

'Begone! I do break my promise; never will I create another like yourself, equal in deformity and wickedness.'

MARY W. SHELLEY
Frankenstein or the Modern Prometheus

HELENA. There's nothing about that in the lesson books.

DOMAIN. [Standing up] The lesson books are full of paid advertisement, and rubbish at that. For example, it says there that the Robots were invented by an old man. But it was young Rossum who had the idea of making living and intelligent working machines. What the lesson books say about the united efforts of the two great Rossums is all a fairy tale. They used to have dreadful rows. The old atheist hadn't the slightest conception of industrial matters, and the end of it was that young Rossum shut him up in some laboratory or other and let him fritter the time away with his monstrosities, while he himself started on the business from an engineer's point of view. Old Rossum cursed him, and before he died he managed to botch up two physiological horrors. Then one day they found him dead in the laboratory. That's the whole story.

HELENA. And what about the young man?

DOMAIN. Well, any one who's looked into anatomy will have seen at once that man is too complicated, and that a good engineer could make him more simply. So young Rossum began to overhaul anatomy and tried to see what could be left out or simplified. In short—but this isn't boring you, Miss Glory?

HELENA. No; on the contrary, it's awfully interesting.

DOMAIN. So young Rossum said to himself: A man is something that, for instance, feels happy, plays the fiddle, likes going for walks, and, in fact, wants to do a whole lot of things that are really unnecessary.

HELENA. Oh!

DOMAIN. Wait a bit. That are unnecessary when he's wanted, let us say, to weave or to count. Do you play the fiddle?

HELENA. No.

DOMAIN. That's a pity. But a working machine must not want to play the fiddle, must not feel happy, must not do a whole lot of other things. A petrol motor must not have tassels or ornaments, Miss Glory. And to manufacture artificial workers is the same thing as to manufacture motors. The process must be of the simplest, and the product of the best from a practical point of view. What sort of worker do you think is the best from a practical point of view?

HELENA. The best? Perhaps the one who is most honest and hard-working.

DOMAIN. No, the cheapest. The one whose needs are the smallest. Young Rossum invented a worker with the minimum amount of requirements. He had to simplify him. He rejected everything that did not contribute directly to the progress of work. In this way he rejected everything that makes man more expensive. In fact, he rejected man and made the Robot. My dear Miss Glory, the Robots are not people. Mechanically they are more perfect than we are, they have an enormously developed intelligence, but they have no soul. Have you ever seen what a Robot looks like inside?

HELENA. Good gracious, no!

DOMAIN. Very neat, very simple. Really a beautiful piece of work. Not much in it, but everything in flawless order. The product of an engineer is technically at a higher pitch of perfection than a product of nature.

HELENA. Man is supposed to be the product of nature.

DOMAIN. So much the worse. Nature hasn't the least notion of modern engineering. Would you believe that young Rossum played at being nature?

JOSEF & KAREL CAPEK
R.U.R. (Rossum's Universal Robots)

Actually, the enthusiasm that had filled me when I first saw Zapparoni's garden should have put me on my guard, as the impression it made on me was not a good one. I had been careless despite my experience. But, who does not have experience?

The brutal exhibition of severed organs had dismayed me. Yet it was right for the context. Did it not form part of technical perfection and the elation which crowns it? Have there ever been, in any chapter of universal history, more shattered bodies, more severed limbs, than in our own age? Man has waged war since the beginning of time, but in all the Iliad I do not remember a single reference to the loss of an arm or a leg. The myths reserve amputation for non-humans, for monsters like Tantalus or Procrustes.

One has only to stand outside a railway station in any square to see that other rules apply to us. Since Larrey we have made progress, and not only in the field of surgery. Among our optical illusions is that of attributing such injuries to accidents. In fact, accidents are the result of injuries sustained at the beginning of our world, and the increase in amputations yet another sign of the triumph of the "dissective" way of thinking. The loss took place long before it was visible. The shot was fired long ago; wherever it later appears as scientific progress, the hole will remain — even on the moon.

Human perfection and technical perfection are incompatible. If we desire the one we must sacrifice the other; it is at the taking of this decision where the road forks. Whoever discovers this will work more cleanly, in one way or another.

Perfection tends towards the measurable and the perfect towards the incommensurable. Thus the perfect mechanism is surrounded by an aura with a disturbing — yet also fascinating — light. It inspires fear but also a titanic pride broken only by catastrophe, not by comprehension.

Fear — and also the enthusiasm inspired in us by the contemplation of perfect mechanisms — is the exact counterpart of the pleasurable sensation produced by the contemplation of a perfect work of art. We sense an attack on our integrity, on our balance. But the fact that our arms and legs are in danger is not the worst of all.

ERNST JÜNGER
The Glass Bees

On his way to work Rick Deckard, as lord knew how many other people, stopped briefly to skulk about in front of one of San Francisco's larger pet shops, along animal row. In the center of the block-long display window an ostrich, in a heated clear-plastic cage, returned his stare. The bird, according, to the info plaque attached to the cage, had just arrived from a zoo in Cleveland. It was the only ostrich on the West Coast. After staring at it, Rick spent a few more minutes staring grimly at the price tag. He then continued on to the Hall of Justice on Lombard Street and found himself a quarter of an hour late to work.

As he unlocked his office door his superior Police Inspector Harry Bryant, jug-eared and red-headed, sloppily dressed but wise-eyed and conscious of nearly everything of any importance, hailed him. "Meet me at nine-thirty in Dave Holden's office." Inspector Bryant, as he spoke, flicked briefly through a clipboard of onionskin typed sheets. "Holden," he continued as he started off, "is in Mount Zion Hospital with a laser track through his spine. He'll be there for a month at least. Until they can get one of those new organic plastic spinal sections to take hold."

"What happened?" Rick asked, chilled. The department's chief bounty hunter had been all right yesterday; at the end of the day he had as usual zipped off in his hovercar to his apartment in the crowded high-prestige Nob Hill area of the city.

Bryant muttered over his shoulder something about nine-thirty in Dave's office and departed, leaving Rick standing alone.

As he entered his own office Rick heard the voice of his secretary, Ann Marsten, behind him. "Mr. Deckard, you know what happened to Mr. Holden? He got shot." She followed after him into the stuffy, closed-up office and set the air-filtering unit into motion.

"Yeah", he responded absently.

"It must have been one of those new extra-clever andys the Rosen Association is turning out," Miss Marsten said. "Did you read over the company's brochure and the spec sheets? The Nexus-6 brain unit they're using now is capable of selecting within a field of two trillion constituents, or ten million separate neural pathways." She lowered her voice. "You missed the vidcall this morning. Miss Wild told me; it came through the switchboard exactly at nine."

"A call in?" Rick asked.

Miss Marsten said, "A call out by Mr. Bryant to the W.P.O. in Russia. Asking them if they would be willing to file a formal written complaint with the Rosen Association's factory resprensentative East".

"Harry still wants the Nexus-6 brain unit withdrawn from the market?" He felt no surprise. Since the initial release of its specifications and performance charts back in August of 1991 most police agencies which dealt with escaped andys had been protesting. "The Soviet police can't do any more than we can," he said. Legally, the manufacturers of the Nexus-6 brain unit operated under colonial law, their parent auto-factory being on Mars. "We had better just accept the new unit as a fact of life," he said. "It's always been this way, with every improved brain unit that's come along. I remember the howls of pain when the Sudermann people showed their old T-14 back in '89. Every police agency in the Western Hemisphere clamored that no test would detect its presence, in an instance of illegal entry here. As a matter of fact, for a while they were right." Over fifty of the T-14 android as he recalled had not been detected for a period in some cases up to an entire year. But then the Voigt Empathy Test had been devised by the Pavlov Institute working in the Soviet Union. And no T-14 android – insofar, at least, as was known – had managed to pass that particular test.

"Want to know what the Russian police said?" Miss Marsten asked. "I know that, too." Her freckled, orange face glowed.

Rick said, "I'll find out from Harry Bryant." He felt irritable; office gossip annoyed him because it always proved better than the truth. Seating himself at his desk he pointedly fished about in a drawer until Miss Marsten, perceiving the hint, departed.

From the drawer he produced an ancient, creased manila envelope. Leaning back, tilting his important-style chair, he rummaged among the contents of the envelope until he came across what he wanted: the collected, extant data on the Nexus-6.

A moment's reading vindicated Miss Marsten's statement; the Nexus-6 did have two trillion constituents plus a choice within a range of ten million possible combinations of cerebral activity. In 45 hurdredths of a second an android equipped with such a brain structure could assume any one of fourteen basic reaction-postures. Well, no intelligence test would trap such an andy. But then, intelligence tests hadn't trapped an andy in years, not since the primordial, crude varieties of the '70s.

The Nexus-6 android types, Rick reflected, surpassed several classes of human specials in terms of intelligence. In other words, androids equipped with the next Nexus-6 brain unit had from a sort of rough, pragmatic, no-nonsense stand-point evolved beyond a major –but inferior– segment of mankind. For better or worse. The servant had in some cases become more adroit than its master. But new scales of achievement, for example the Voigt-Kampff Empathy Test, had merged as criteria by which to judge. An android, no matter how gifted as to pure intellectual capacity, could make no sense out of the fusion which took place routinely among the followers of Mercerism –an experience which he, and virtually everyone else, including subnormal chickenheads, managed with no difficulty.

He had wondered as had most people at one time an-other precisely why an android bounced helplessly about when confronted by an empathy-measuring test. Empathy, evidently, existed only within the human community, whereas intelligence to some degree could be found throughout every phylum and order including the arachnida. For one thing, the emphatic faculty probably required an unimpaired group instinct; a solitary organism such as a spider, would have no use for it; in fact it would tend to abort a spider's ability to survive. it would make him conscious of the desire to live on the part of his prey. Hence all predators, even highly developed mammals such as cats, would starve. Empathy, he once had decided, must be limited to herbivores or anyhow omnivores who could depart from a meat diet. Because, ultimately, the emphatic gift blurred the boundaries between hunter and victim, between the successful and the defeated. As in the fusion with Mercer, everyone ascended together or, when the cycle had come to an end, fell together into the trough of the tomb world. Oddly, it resembled a sort of biological insurance, but double-edged. As long as some creature experienced joy, then the condition for all other creatures included a fragment of joy. However, if any living being suffered, then for all the rest the shadow could not be entirely cast off. A herd animal such as man would acquire a higher survival factor through this; an owl or a cobra would be destroyed.

Evidently the humanoid robot constituted a solitary predator. Rick liked to think of them that way; it made his job palatable. In retiring –i.e. killing– an andy he did not violate the rule of life laid down by Mercer. You shall kill only the killers, Mercer had told them the year empathy boxes first appeared on Earth. An in Mercerism, as it evolved into a full theology, the concept of The Killers had grown insidiously. In Mercerism, an absolute evil plucked at the threadbare cloak of the tottering, ascending old man, but it was never clear who or what this evil presence was. A Mercerite sensed evil without understanding it. Put another way, a Mercerite was free to locate the nebulous presence of The

Killers wherever he saw fit. For Rick Deckard an escaped humanoid robot, which had killed its master, which had been equipped with an intelligence greater than that of many human beings, which had no regard for animals, which possessed no ability to feel emphatic joy for another life form's success or grief at its defeat – that, for him, epitomized The Killers.

PHILIP K. DICK
Do Androids Dream of Electric Sheep?

'Can you follow the sequence? The harrow begins to write; as soon as it has completed the first draft of the inscription on the man's back, the layer of cotton-wool rolls and turns the body slowly on to its side, to give the harrow a fresh area to work on. Meanwhile the raw parts already inscribed come to rest against the cotton-wool, which being specially prepared immediately staunches the bleeding and makes all ready for a new deepening of the script. Then as the body is turned further round these teeth here at the edge of the harrow tear the cotton-wool away from the wounds, fling it into the pit, and the harrow can set to work again. So it goes on writing, deeper and deeper, for the whole twelve hours. For the first six hours the condemned man survives almost as before, he merely suffers pain. After two hours the felt stub is removed, for the man no longer has the strength to scream. Here in this electrically heated bowl at the head of the bed we put warm rice porridge, of which the man can, if he feels inclined, take as much as his tongue can reach. Not one of them misses the opportunity. I am aware of none, and my experience is considerable. Not until the sixth hour does the man lose his pleasure in eating. At that point I usually kneel down here and observe this phenomenon. The man rarely swallows the last morsel; he simply rolls it round in his mouth and spits it into the pit. I have to duck then, or he would spit it in my face. But how still the man grows at the sixth hour! Enlightenment dawns on the dullest. It begins around the eyes. From there it spreads out. A spectacle that might tempt one to lay oneself down under the harrow beside him. Nothing further happens, the man simply begins to decipher the script, he purses his lips as if he were listening. You've seen that it isn't easy to decipher the script with one's eyes; but our man deciphers it with his wounds. It is a hard task, to he sure; he needs six hours to accomplish it. But then the harrow impales him completely and throws him into the pit, where he splashes down on the watery blood and the cotton-wool. With that the judgement is done, and we, the soldier and I, shovel some earth over him.'

The voyager, inclining an ear to the officer, was watching the machine at work with his hands in his pockets. The condemned man was watching likewise, but uncomprehendingly. He was bending forward a little with his eye on the waving needles when the soldier, at a sign from the officer, slashed through his shirt and trousers from behind with a knife, so that they slipped off him; he tried to catch at them as they fell to cover his nakedness, but the soldier hoisted him in the air and shook the last rags from his body. The officer stopped the machine, and in the silence that followed the condemned man was laid under the harrow. The chains were loosed, and in their place the straps were fastened; in the first moment this seemed almost a relief to the condemned man. And now the harrow lowered itself a little further, for he was a thin man. When the needle-points touched him a shudder ran over his skin; while the soldier was busy with his right hand, he stretched out his left hand in some unknown direction; but it was towards the spot where the voyager was standing. The officer was constantly looking sideways at the voyager, as if trying to read from his face how the execution, which he had by now at least superficially explained, was impressing him.

The strap that was intended for the wrist tore apart; presumably the soldier had pulled it too tight. The officer's help was needed, the soldier showed him the broken piece of strap. So the officer went across to him and said, with his face turned to the voyager: 'The machine is so very complex, something is bound to rip or break here and there; but one mustn't allow that to cloud one's overall judgement. In any case, we can find a replacement for the strap without delay; I shall use a chain; admittedly that's bound to affect the delicacy of the vibrations as far as the right arm is concerned.' And while he was fastening the chain he added: 'The resources for maintaining the machine are now severely limited. Under the former commandant I had free access to a special fund set aside for the purpose. There used to be a store here which kept spare parts of every possible kind. I confess that I was almost extravagant in that respect; in the past I mean, not now, as the new commandant claims, but then everything merely serves him as an excuse to attack the old arrangements. Now he has the machine fund under his personal control, and if I send for a new strap the old broken one is required as evidence, the new one takes ten days to arrive and when it comes it's of inferior quality and hardly fit for anything. But how I'm supposed to operate the machine without a strap in the meantime, that's something nobody cares about.'

FRANZ KAFKA
In the Penal Colony

–"Look, I'm going to kill the beast," said Marcueil, very calmly.

–"What beast? You are drunk, my old... my young friend," said the general.

"The beast," said Marcueil.

Before them, tubby, in the moonlight, crouched an iron thing with something like elbows on its knees and headless, armoured shoulders.

–"The dynamometer!" exclaimed the general, laughing.

–"I'm going to kill it," Marcueil repeated obstinately.

–"My young friend," said the general. "When I was your age and even younger, when I was a student at the Stanislas Polytechnic, I often took down signs, unscrewed urinals, stole buckets of milk, locked drunks in corridors. But I never stole an automatic distributor! You're drunk... But take care, there's nothing in there for you, my young friend!"

–"It's full, full of strength, and full of numbers," said André Marcueil to himself.

–"Well," said the general indulgently, "I'd like to help you break it, but how? By kicking it, or thumping it? Would you like me to lend you my sabre? To cut it in two!

–"Break it? Oh no," said Marcueil. "I want to kill it."

–"In that case, think of the fine for violation of a public utility!" said the general.

"–To kill it... with a permit," said Marcueil. And he put his hand in his waistcoat pocket and took out a French ten-centime coin.

The vertical slot in the dynamometer gleamed.

–"It is female," said Marcueil solemnly. "...But it's very strong."

The coin made a clicking sound, as if the massive machine had put itself mockingly on guard.

André Marcueil seized the thing like an iron armchair by both arms and pulled without any apparent effort:

–"Come on, dear," he said.

His words ended with a great shriek of tortured metal. Broken springs writhed on the floor as if they were the beast's entrails; the face grimaced and the needle whirred two or three times like some creature at bay seeking a way of escape.

–"Run for it," said the general. "This animal, to my surprise, has chosen an instrument that wasn't solid."

Both now very sober, although Marcueil had not thought to throw down the two handles which looked like shining gloves, they ran through the railings and up the avenue to the car.

The sun was rising, like a light form some other world.

ALFRED JARRY
The Supermacho

The chronometric regulation of the valve required a great dedication. Certain violent impulses could have dragged along the roller in its idle times and sometimes a partial deflating will be needed, independent of the aerial pilgrimages, for the sole purpose of increasing the weight of the unit to obtain a stronger stability. This peculiarity would have direct consequences on the working of the lens, obliged to dazzle the yellow amalgam longer to compensate for the hydrogen losses.

At the bottom, the work of two washers dedicated to the attraction and then the loosening of the teeth would be easier to perfect. On the other hand, the placing of three chronometers dedicated to the internal supports of the nails obliged Canterel to do terrible calculations. As for the mirrors, their displacements, that are perfectly regular, would only be intended to follow the route of the sun. Mechanically, its general orientation would change a little each day due to the daily modification in the apparent route of the radiant star, because of the inclination of the plane of the equator over the ecliptic.

The apparatus should continue stationary at sun-rise and at sun-set and never receive any contact because the chronometers would be previously set until and including the next day. The spheres, purposely left visible, would allow us to constantly know whether the movements, free from the least perturbation, would continue to show the same and right hour.

Canterel completed his preparations at dawn and then filled the aerostat with a balancing and fundamental amount of hydrogen obtained in a routine way without taking anything from the acid substance. Taking advantage of all possible caprices of the wind, the roller would reach its mosaic at night-fall on the tenth day, strictly reproducing, in a larger size, the model performed in oil, except four narrow outer strips that would be missing on each side, without causing any damage to the overall theme with their insignificant absence, chosen conscientiously with preference over any other. Necessarily useless, the teeth first destined to the far end of the board were eliminated as waste, and the master, who had publicly announced his projects, caused the gates of his domains to open so there were witnesses who could see at any hour the small promenades of the instrument and control the complete absence of tricks. A rope laid over some small stakes was spread around the place, forming a suitable polygonal obstacle to keep visitors at a sufficient distance to avoid the slightest disturbance to the gusts of wind. Lastly, the girl was placed above a blinking Isabel, where it was expected to use the first favourable breath, motu proprio.

The experience, almost reaching its end, would already last seven days and until now the ambulant utensil, thanks to the wonderful adaptation *of its chronometers, had always moved teeth or roots to the desired places. Sometimes the routes would occur quite quickly due to the effect of the capricious and continuous pace of the wind, and also, quite frequently the breeze would prolong endlessly in a constant direction and the apparatus would wait for hours for the time to come to undertake the flight once again. From time to time there were strange things forming small groups and after Canterel had spoken, a number of people would come up shyly to spy the next ascent of the aerostat.*

RAYMOND ROUSSELL
Locus Solus

"Bachelor apparatus" and "Bachelor machines" are the terms used by Marcel Duchamp for the bottom part of his Large Glass: The Bride Stripped Bare by Her Bachelors (1915–1923, Museum of Philadelphia, United States). Since its creation, The Large Glass has been the object of always new interpretative assays: Breton's interpretation is hermetic – erotic, that of Schwarz alchemist, and the recent one by Jean Clair is raised as reading about "a voyage from the third to the fourth dimension". What is true is that The Large Glass may be deciphered at different levels: as a closed circuit and as the action from a superior zone, those of the bride and the inscription, on a lower zone, that of the bachelors. In principle, the thing functions as follows: at the top of The Large Glass there is an amorphous form, that corresponds to the Gestaltian world of the fourth dimension and which Duchamp calls the Milky Way or superior Inscription. In this way the female skeleton of the bride is suspended, representing a possible project of this tetra-dimensional form. One of its elements descends down very low, to the bottom edge of the upper part. In the lower part we find ourselves in the world of the perspective, of the third dimension, of the "bachelors". The bachelors, the malic Moulds are globes and form the "Cemetery of the uniforms and livery" mounted in a chariot. The stereotype movements and energy given out from all of this is transmitted via a sieve to "The Chocolate Grinder". This represents "masturbation". "Ejaculation" (not executed in The Large Glass) releases the "voyeurist" energy which, by the "Boxing Match" (not executed either) again penetrates the upper part of The Large Glass and once more activates the mechanism of the "Bride's campus". This closed circuit where, depending on what zone is considered, the energy is modified (which, in the description by Marcel Duchamp, refers to a modification in the state of the conglomerate) is only a machine in the symbolic plane; and visually, only the lower part, that of the bachelors, that correspond to a social hierarchy, includes mechanical components. Without the upper, more diffused, more feminine part, relating to the fourth dimension however, the world of bachelors and the machines that are its projections, does not work. It must be observed here, and not without surprise, that between around 1850 and 1925, a complete series of artists (and writers in particular) represented the working of inter-sex relations, the relationship of man with a superior instance, in the form of a simple mechanism. Freud himself defined psyche as an "apparatus".

HARALD SZEEMAN
The Bachelor Machines

The Faguswerke of Alfeld, that Gropius and Meyer started to project in 1911, and whose construction would last until 1913, is frequently considered the first building in the so-called Modern Movement, the end of the pioneer phase of modern architecture. There is little doubt that this high esteem is partly due to Gropius' personal relations with the historians of the Modern Movement, and also partly to the accidents of the photograph: by means of a hostile selection of photographs this project can be made to appear as no more "modern" than the Eppenhausen district, for example, built by Behrens in 1907. The modernity of this group of buildings is indeed visible only in those parts on the two sides where the mechanical workshop and the power station depict south facing glazed walls. Because of the highly marked contrast between these two blocks and the conventional neo-classic regularity of the other buildings, one can suppose that – like the informal structure of the plant and the marked sculptural forms of the dust extractor plant – these have been an unthought of consequence of the Innerste Wesen in the functional programme. The rest of the factory coincides with the scope and intentions in the practice of current ideas at the time at the Werkbund, but these glazed glass blocks, with their large windows that continuously stand out over three stories and join up the angles of the buildings, without corner blocks, are highlighted as important innovations, although they were not perhaps projected until the beginning of 1913, when Gropius and Meyer were already working at the Werkbund pavilion for the Cologne Exhibition (1914).

REYNER BANHAM
Theory and Design in the First Era of the Machine
The Factory Aesthetics

No complaints about mechanization; rather we should be glad about precision! Artists are ready to restamp the dark side and the danger of a mechanical age on the bright side of an exact form of metaphysics. If today's artists love machines and technology and organization; if they prefer precision to the vague and confused, then instinctive salvation from chaos and our anxiety to express things is the same as pouring new wine into old skins: it is the formulation of the impulses of the present and of the man of today, giving them a form that will be unique and unprecedented.

OSKAR SCHLEMMER
Writings on Art: Painting, Theatre, Dance, Letters and Diaries
Diary, April 1926

The Cubists were possibly the first school to overcome this association of the ugly and the mechanical: not only did they maintain that beauty could be produced through a machine, but they even highlighted the fact that it had been produced. The first real expression of Cubism dates back to the 17th century: Jean Baptiste Bracelle, in 1624, made a series of Bizarreries that would completely describe Cubist mechanical men in their concept. This anticipated in art, like Glanville in science, our later interests and inventions. What did the Cubists do? They extracted from the organic setting, those precise elements that could be exposed in abstract geometric symbols: They transposed and readjusted the contents of vision with the same freedom as the inventor readjusted organic functions: they even created mechanical equivalents of organic objects on fabric or metal: Léger painted human figures that seemed to have been worked with a mechanical lathe, and DuchampVillon modelled a horse as if it were a machine. This entire rational experience process in abstract mechanical forms was followed up by the constructivists. Artists such as Grabo and MoholyNagy put abstract sculpture pieces together, made up of glass, metal plates, spring spirals, wood, that were non-utility equivalents of the apparatus used by the physicist at his laboratory. In form they created the semblance of mathematical equations and physic formulas, and with this new sculpture they tried to respect the laws of equilibrium or to derive dynamic equivalents of solid sculpture of the past making a part of the object rotate in space.

The final value of these efforts did not perhaps lie in art itself, because the machines and original instruments were as stimulating as their counterpart, and the new sculpture pieces were as limited as the machines. No: the value of these efforts lay in a growing sensitiveness towards the mechanical ambient that was produced in those who understood and appreciated this art. The aesthetic experiment would occupy a place comparable with the scientific experience: it was an attempt at using a certain space of physical apparatus in order to isolate a phenomenon subject to experimentation to determine the values of certain relations: the experiment was a guide for thinking and a way to planning action. Like the abstract paintings of Braque, Picasso, Léger, Kandinsky, these constructivist experiments made the response of the machine a different one as an aesthetic object. With the help of simple constructions, analysing the effects produced, they showed what should be looked for and what values to expect. The calculation, the invention, the mathematical organisation played a special role in these new visual effects produced by the machine, whilst the continuous illumination of the sculpture and canvas made possible with electricity, radically modified the visual relation. Lastly, by an abstract process, the new paintings lastly, with certain painters such as Mondrian, consist of a pure geometric formula, with a simple residue of visual content.

Perhaps the most complete and also the most brilliant interpretations about the capacity of the machine were found in Brancusi's sculpture, because he exhibited form, method and symbol at the same time. Brancusi's work would foremost show the importance of the matter, with its specific weight, form, texture, colour and finish: when he models in wood, he is still obliged to conserve the organic form of the tree, insisting rather than reducing the part given by nature, whereas when he models in marble, he brings out the entire gentle satin-like texture, in the smoother forms and more similar to an egg. Respect for the matter extends beyond the concept of the topic discussed: the individual is immersed, as in science, in class; instead of representing the impersonated face of a mother and child in marble, he puts two blocks of marble next to the other with just the slightest surface depression to mark the face features; it is through the relations of volumes that he depicts the generic idea of mother and child; the idea in its most tenuous form. So also, in his famous bird, he treats the object itself, in the model in metal, as if it were an engine piston: the sharpness is so dainty, the polish so fine as if it were to adapt to the most complicated piece of machinery, where only a few specks of dust could impede its perfect action: looking at the bird itself, because this is no special bird, but generic of its most ornithological appearance, the function of the flight. The same occurs with his marble or metal fish, resembling experimental forms developed at an aviation laboratory, floating on the surface without faults of a mirror. This is the equivalent in art of the mechanical world that surrounds us on all sides. With his additional perfection of the symbol, of the highly polished metal forms, the global world and spectator himself are likewise reflected: thus the old separation between subject and object is now figuratively closed. The stupid customs officer in the United States who wanted to classify Brancusi's sculpture as a plumber's apparatus or machinery was really paying him a compliment. In Brancusi's sculpture the idea of the machine is objectified and assimilated in equivalent works of art.

In the perception of the machine as source of art, the new painters and sculptors explained the whole problem and liberated art from the romantic prejudice against the machine as necessarily hostile to the world of feelings. At the same time they intuitively started to interpret the new concepts of time and space that distinguish the present Renaissance era. The progress of this development may perhaps be followed better in photography and in cinema: the specific arts of machines.

LEWIS MUMFORD
Technique and Civilisation

Every artist possesses an offensive weapon that enables him to mistreat tradition. Seeking radiance and intensity, I have occasionally turned to the machine as others have turned to the human nude or the still life. We should never allow ourselves to be dominated by the theme. The artist must stand before the canvas, not above or behind it. The manufactured object exists, solid and colourful, clear and precise, beautiful in itself, and I have suffered from the most merciless rivalry with it that any artist has ever had to endure. It is a question of life or death, a tragic situation, although a completely new one. I have never wasted my time copying a machine. I invent images of machines as others paint landscapes with their imagination. For me the mechanical element is not an a priori attitude, but a means of achieving a sensation of strength and power. The painter is torn between two areas – one that is realist, the other invention – which consequently become the objective and the subjective. We might say that it is a question of painting with one's head up in the clouds and one's feet firmly on the ground. It is necessary to retain whatever is usable of the theme and to get the most out of it. I try to create a beautiful object with mechanical elements.

Creating a beautiful object in painting implies a break with sentimental painting. A good workman would never dare to use a part that was not well-finished, shining or polished. The slightest flaw and the whole machine would break down. The painter must try to accomplish a complete, well-finished painting. The primitives strove for this. They had a professional conscience. Painting is judged to a tenth of a metre, but mechanics is measured to a tenth of a millimetre. The artist places his sensitivity at the service of the work in hand. There are workers and engineers. Rousseau was a worker, Cézanne an engineer.

FERNAND LÉGER
Functions of Painting
The Aesthetics of the Machine: Geometric Order and the True

His chief interest was in new motors to make his airship feasible, and he taught Adams the astonishing complexities of the new Daimler motor, and of the automobile, which, since 1893, had become a nightmare at a hundred kilometres an hour, almost as destructive as the electric tram which was only ten years older; and threatening to become as terrible as the locomotive steam-engine itself, which was almost exactly Adam's own age.

Then he showed his scholar the great hall of dynamos, and explained how little he knew about electricity or force of any kind, even of his own special sun, which spouted heat in inconceivable volume, but which, as far as he Knew, might spout less or more, at any time, for all the certainty he felt in it. To him, the dynamo itself was but an ingenious channel for conveying somewhere the heat latent in a few tons of poor coal hidden in a dirty engine-house carefully kept out of sight; but to Adams the dynamo became a symbol of infinity. As he grew accustomed to the great gallery of machines, he began to feel the forty-foot dynamos as a moral force, much as the early Christians felt the Cross. The planet itself seemed less impressive, in its old-fashioned, deliberate, annual or daily revolution, than this huge wheel, revolving within arm's-length at some vertiginous speed, and barely murmuring –scarcely humming an audible warning to stand a hair's-breadth further for respect of power– while it would not wake the baby lying close against its frame. Before the end, one began to pray to it; inherited instinct taught the natural expression of man before silent and infinite force. Among the thousand symbols of ultimate energy, the dynamo was not so human as some, but it was the most expressive.

Yet the dynamo, next to the steam-engine, was the most familiar of exhibits. For Adams's objects its value lay chiefly in its occult mechanism. Between the dynamo in the gallery of machines and the engine-house outside, the break of continuity amounted to abysmal fracture for a historian's objects. No more relation could he discover between the steam and the electric current than between the Cross and the cathedral. The forces were interchangeable if not reversible, but he could see only an absolute fiat in electricity as in faith. Langley could not help him. Indeed, Langley seemed to be worried by the same trouble, for he constantly repeated that the new forces were anarchical, and especially that he was not responsible for the new rays, that were little short of parricidal in their wicked spirit towards science. His own rays, with which he had doubled the solar spectrum, were altogether harmless and beneficent; but Radium denied its God– or, what was to Langley the same thing, denied the truths of his Science. The force was wholly new.

A historian who asked only to learn enough to be as futile as Langley or Kelvin, made rapid progress under this teaching, and mixed himself up in the tangle of ideas until he achieved a sort of Paradise of ignorance vastly consoling to his fatigued senses. He wrapped himself in vibrations and rays which were new, and he would have hugged Marconi and Branly had he met them, as he hugged the dynamo; while he lost his arithmetic in trying to figure out the equation between the discoveries and the economies of force. The economies, like the discoveries, were absolute, supersensual, occult; incapable of expression in horsepower. What mathematical equivalent could he suggest as the value of a Branly coherer? Frozen air, or the electric furnace had some scale of measurement, no doubt, if somebody could invent a thermometer adequate to the purpose; but X-rays had played no part whatever in man's consciousness, and the atom itself had figured only as a fiction of thought. In these seven years man had translated himself into a new universe whic had no common scale of measurement with the old. He had entered a supersensual world, in which he could measure nothing except by chance collisions of movements imperceptible to his senses, perhaps even imperceptible to his instruments, but perceptible to each other, and so to some known ray at the end of the scale. Langley seemed prepared for anything, even for an indeterminable number of universes interfused– physics stark mad in metaphysics.

Historians undertake to arrange sequences –called stories, or histories– assuming in silence a relation of cause and effect. These assumptions, hidden in the depths of dusty libraries, have been astounding, but commonly unconscious and childlike; so much so, that if any captious critic were to drag them to light, historians would probably reply, with one voice, that they had never supposed themselves required to know what they were talking about. Adams, for one, had toiled in vain to find out what he meant. He had even published a dozen volumes of American history for no other purpose than to satisfy himself whether, by the severest process of stating, with the least possible comment, such facts as seemed sure, in such order as seemed rigorously consequent, he could fix for a familiar moment a necessary sequence of human movement. The result had satisfied him as little as at Harvard College. Where he saw sequence, other men saw something quite different, and no one saw the same unit of measure. He cared little about his experiments and less about his statesmen, who seemed to him quite as ignorant as himself and, as a rule, no more honest; but he insisted on a relation of sequence, and if he could not reach it by one method, he would try as many methods as science knew. Satisfied that the sequence of men led to nothing and that the sequence of their society could lead no further, while the mere sequence of time was artificial, and the sequence of thought was chaos, he turned at last to the sequence of force; and thus it happened that, after ten years' pursuit, he found himself lying in the Gallery of Machines at the Great Exposition of 1900, his historical neck broken by the sudden irruption of forces totally new.

HENRY ADAMS
The Education Of Henry Adams
The Dynamo and the Virgin

Whenever I see photographs of great turbines or transformers that dwarf men even more than the pyramids do, I think of the "warrior" aspect of such things.

The answer to a great lock under construction in North America must always be another great lock in Europe. There is no doubt that the age has passed of setting one battleship against another, the future resting on that alone. Today's great Superdreadnoughts are the factories with their strange forms of architecture, the cannons huge chimneys or obelisks supporting the axis of something or other; or the bridge of the vigilant worker who watches the factory's alarm clocks, forced to pay as much attention to the hour and minute hands as a physician taking a patient's pulse must to the second hand.

What snail can compare, you poetic lovers of gems or you pathetic over-sentimental fools who take delight in the tiny shells and snails you waste your lives looking for on inhospitable beaches, to the great turbine that is a wonderful snail of human artifice, a fantastic loop forming a mighty spiral that is the child of man?

The powerful, snail-like turbine fills the heart with excitement and moves it, moves it with a new voluptuousness in the form of a deadly loop.

Moved by the new developments in the world, I feel I must mention the incredible concerts that are held in Moscow to celebrate the anniversaries of the Bolshevik revolution.

Train whistles and factory sirens harmonize in a shrill, lively ensemble. Like elephantine music teachers, engines form those semi-circles where they come together to stock up with coal at the engine sheds near the great railway stations. In high-pressure whistle solos they play tunes like The Tunnel, Departure, The Fear of the Trains in the Forest, Asking for Help after Derailment, etc., etc.

Black from their journeys, the old drivers open the valves and mingle their whistles as trains do in the immense valleys when they pass each other.

The factory sirens also play tunes written especially for them. They evoke forests of chimneys standing together like the high, steep craters in the central region of fire. They vie with each other in the eternal rivalry between factories and enter into the icy tremolos of manufacturing work.

What a Marseillaise is played by the engines and the factory sirens in collectivist chorus! Heard everywhere, so suggestive and piercing is that Marseillaise played by the thin, tubular lips of the machines that the snows of the Russian steppe become furrowed and pock-marked like the white paper of pianola rolls, and that music capable of moving not only men but also panoramas is etched in the landscape.

RAMÓN GÓMEZ DE LA SERNA
Mechanization

What does mechanization mean for man?

Mechanization is an agent, like water, fire or light. It is blind and lacks direction. It must be channelled. Like the forces of nature, mechanization depends on man's capacity to make use of it and to defend himself against inherent dangers. As mechanization sprang entirely from the human mind, it is even more dangerous for man, since by being less easily controllable than the forces of nature, it reacts on the senses and the mind of its creator.

Controlling mechanization demands unprecedented superiority over the tools of production. It requires that all be subordinated to human needs.

From the beginning it was obvious that mechanization implied a division of labour. A single worker is unable to manufacture a product from first to last, and from the consumer's point of view products are becoming more and more difficult to control. When a car engine breaks down, the owner often has no idea which part is to blame. And a strike of lift attendants in New York could bring life there to a complete standstill. The result is that the individual becomes more and more dependent on production and society as a whole; relations are much more complex and involve mutual relationships much more relevant than in any previous society. That is one reason why man feels controlled by the media.

There is no doubt that mechanization can help to eradicate drudgery and provide higher standards of living, but somehow it will have to be controlled in the future if a more independent way of life is to be permitted.

SIEGFRIED GIEDION
Mechanization Takes Command

The people in the street said the same as the sergeant had said in the wood: "Look," they said, "you can't miss it. It's just over there."

And I could see the massive glass buildings like bottomless flytraps where you could see men moving around, albeit very slowly, as if struggling feebly with God alone knew what. That was Ford's? And everywhere, to left and right and even above the place, right up to the sky, there was a muffled din of machinery, hard with the stubbornness of machines turning, rolling, groaning, always on the verge of but never quite breaking down.

"So this is it," I said to myself. "Not very exciting..." It was even worse than all the rest. I went closer, up to the door, where, on a slate, it said they needed men.

I wasn't the only one waiting. One of the men in the queue said he'd been there for two days and was still in the same place. He'd come from Yugoslavia, the dope, to ask for a job. Another poor devil spoke to me and said he'd come to work there just for the love of it. What a lunatic, what a bullshitter.

Hardly anybody in the crowd spoke English. They eyed each other like suspicious animals used to beatings. They gave off a smell of pissy crotches, like people in hospital. When they spoke to you, you kept out of range of their mouths because poor people smell like death inside. It rained on us. The queues squeezed together under the gutters. People looking for work squeeze together easily. What they liked about Ford's, the old Russian explained to me in a confidential manner, was that they took on anybody and anything. "Just be careful," he added, so that I knew where I stood, "not to get cocky here, 'cos if you get cocky you'll be out on your ear before you know it and they'll replace you with one of those machines they've always got ready. And, if you try to come back they'll say 'no chance.'" The Russian spoke fluently because he'd driven a "taxi" for years and they'd sacked him because of something to do with cocaine trafficking in Bezons. On top of that, he'd staked his car in a dice game with a customer in Biarritz and lost it.

It was true what he'd said about them taking on anybody at Ford's. He hadn't lied. But even so, I wasn't completely convinced because poor devils like him can't help talking nonsense. When you're destitute there comes a time when the soul sometimes leaves the body because it feels bad inside it. It's almost the soul that talks to you then. And a soul can't be held responsible for anything.

They made us strip naked to start with of course. They carried out the medical examination as if we were in a laboratory. We moved forward slowly. "You're in a right state," the nurse said as soon as he saw me. "But it doesn't matter."

And to think that I'd thought they wouldn't give me the job if they examined my liver and saw I'd had African fever. But, it was just the opposite. They seemed quite happy to find there were ugly, maimed men in our group.

"A good constitution isn't important for what you're going to do here," the doctor who examined us told me right away.

"I'm glad," I answered, "but, look, sir, I've been to school and I even started studying medicine..."

Suddenly, he gave me a nasty look. I had the feeling I'd put my foot in it again and that it would be the worse for me.

"Education's no good to you here, boy! You haven't come here to think, but to make the movements they tell you to make... We don't need people with imagination at this factory. What we need is chimpanzees... And another thing; don't say anything else about how clever you are! We'll do the thinking for you, my friend. so now you know."

He was right to warn me. So much the better for me if I knew how they did things there. I'd done enough stupid things for the last ten years at least. From now on the best thing I could do was pretend to be a wimp. Once we'd put our clothes back on they split us up into weary lines, into jerky reinforcement groups heading towards the places where the noise of the machines was coming from. Everything shook in the huge building; even we shook from head to toe, caught up in the vibrations that bounced off the window panes, the floor and the scrap metal, jol-

ting us. You turned into a machine, all your flesh quivering, with that awful, tremendous noise that got inside you, wrapped itself around your head and lower down, shook your guts and came back up to your eyes in a fast, infinite, constant rhythm. As we advanced, we left some of our mates behind. When we split up we smiled at them a bit as if everything that was happening was all very nice. By now we couldn't speak to or hear each other. Every time we reached a machine three or four stayed behind at it.

But you held on; it's hard for you to turn your own stomach. You felt like stopping everything to hear your heart beating inside you, but that wasn't possible any more. There was no end to all this. It was like a cataclysm, that infinite box of steel pieces, and we were turning inside it with the machines and with the earth. All together! And the thousand rollers and drop weights that never fell at the same time, with sounds that beat against each other, some so violent that they produced something like silences around themselves, bringing a little relief.

The truck filled with scrap could hardly get between the machines. Everybody out of the way! Jump out of the way so that the hysterical thing can start up again. And, wow, the crazy thing was going to start shaking further down the line, as it clanked between pulleys and flywheels, to take the men their shackles.

Intent on giving all the pleasure they could to the machines, the hunched workers revoltingly fed the machines with bolt after bolt, instead of putting an end once and for all to the smell of oil, the steam that got down your throat to burn out your eardrums inside your ears. It was not in shame that they hung their heads. You gave in to the din as you gave in to war. You surrendered to the machines and held onto the two or three ideas that were left in your head, there behind your forehead. It was no good. Wherever you looked, everything your hand touched was hard. And everything you managed to remember was as stiff as iron and had lost all its flavour in your mind.

All at once you'd aged like hell.

You had to forget about life in the outside world, to turn it into steel too, into something useful. You didn't like it the way it was, that was why. So you had to turn it into an object, something solid. Those were the rules.

I tried to shout something into the foreman's ear. He answered with a pig-like grunt and showed me very patiently with signs the very simple movements I was to make from then on and for ever more. All my minutes, my hours, the rest of my life, like everybody else's, would be spent passing small pegs to the blind man at my side who had been gauging the same old pins for years. I began making serious mistakes right away. No-one pulled me up about it, but after three days at that first job they set me — the dead loss — to pushing the cart full of rivet plates which clanked from one machine to another. I left three at one machine, twelve at another, only five at another. Nobody spoke to me. By now we only existed thanks to a kind of state between numbness and delirium, and all that mattered was the noisy continuity of the thousands and thousands of instruments that controlled the men.

When everything stopped at six o'clock, you took the din away with you in your head. I had it there all night. And the smell of oil too; it was as if they'd given me a new nose, a new brain, for the rest of my life.

So by surrendering, little by little, I became another me... A new Ferdinand. After a few weeks. But even so I again began to feel the desire to see people from the outside world. Not from the factory, of course, for they were no more than echoes and smells of machines like me, flesh perpetually quivering, my workmates. It was a real body I wanted to touch, a real pink, living body, silent and soft.

I knew no-one in the city, no women especially. With a great deal of difficulty I managed to find out the address of the "House", a clandestine brothel in the north of the city. I went for a walk there a few evenings running after I'd knocked off at the factory, to reconnoitre. The street looked like any other, perhaps cleaner than mine.

I'd located the little house surrounded by gardens where the action was. I had to slip in quickly so that the rogue on the door could pretend he hadn't noticed anything. It was the first place in America where I hadn't been greeted with nastiness. I was even greeted nicely, with my five dollars. And there were the girls: beautiful, plump, firm with health and grace, almost as beautiful, when it comes to it, as those at the Laugh Calvin.

And you could touch them without beating about the bush. I soon became a regular customer. I spent all my wages there. When night fell I felt a need to recover my soul through the promiscuity of those wonderful, welcoming creatures. The cinema, that good old antidote, was not enough any more, for it could not counteract the barbarity of the factory. To keep going I needed to resort to powerful, wild tonics, to more drastic methods. They charged me low rates there, on the basis of friendly arrangements, because I'd brought the ladies a few little things from France. Except on Saturday nights. There was nothing I could do about it when the place got crowded, so I gave up my place to the baseball teams who were out on the tiles. They were big muscular types full of incredible vigour, for whom happiness seemed as easy as breathing.

LOUIS-FERDINAND CÉLINE
Journey to the End of the Night

The work of art on this page is not a reproduction of an already existing drawing. It was thought up and realised as forming part of a "work of art" in the sense of the term used by technical artists and engravers when referring to drawings done specifically for reproduction. They asked me to do a drawing that could be reproduced by a mass-produced mould; the pictorial quality of the things I did seemed to call for a bigger tone range compared with what could be obtained from a mass-produced mould.

The only way to achieve a half tone was to incorporate it in the drawing with ready-made material. I decided to use an existing paint so the *mass-produced mould could be assimilated using sketched marks, pieces of half-tone enlarged impressions, Plastitone and mechanical dies applied by the engraver of the specified process. My paintings have lately all carried aluminium sheet not used in other zones.*

The editor of Architectural Design authorised an additional mass produced mould that would allow me to simulate this core aspect of the theme. Partly as a result of the exhibition Man, Machine and Motion, encouraged by the concern for the pop art of the Independent Group and the ICA and directly using material studied by Revner Banham in his research on car styling, I had been working on a group of paintings and drawings that would portray the American car as depicted in magazine advertisements. The painting Hommage à Chrysler Corp., of which it is a version, is a compilation of themes from glossy magazines. The leitmotif, the vehicle, is broken down in an anthology of presentation techniques. An episode, for example (although this sequence has not been evened out to adapt it to the needs of the reproduction) extends from a demure emulation of a gloss photographed with focus on an out-of-focus gloss on a chrome representation of an artist or sign of an ad man that signifies "chrome". There are pieces taken from Chrysler's Plymouth and adverts of the Imperial; there is some material from General Motors and a bit of Pontiac. The total effect of Monster with bug's eyes was encouraged in a rather protective manner.

The sex symbol, as often occurs in adverts, is compromised in showing affection for the vehicle. It is built from two core elements: the diagram of Exquisite Form Bra and the lips of Voluptua. Whilst I was working on the painting, it often struck me that this female figure mildly evoked an echo of Victoria Alada de Samotracia. The reaction towards this allusion, if any, was to suppress it. The words by Marinetti, "A racing car is more beautiful than the Victoria Alada de Samotracia" made it impossibly wasted. In spite disliking the idea, it still persists.

The arrangement of the group is mildly architectonic. A kind of International Style exhibition hall represented by an insinuation that recalls Mondrian and Saarinen. There is a mention by Marcel Duchamp about a number of rather more direct references that we are trying out. There are also some allusions to other paintings of mine.

RICHARD HAMILTON
Hommage à Chrysler Corp.

AW   Someone said that Brecht wanted everybody to think alike. I want everybody to think alike. But Brecht wanted to do it through Communism, in a way. Russia is doing it under government. It's happening here all by itself without being under a strict government; so if it's working without trying, why can't it work without being Communist? Everybody looks alike and acts alike, and we're getting more and more that way. I think everybody should be a machine. I think everybody should like everybody.

   –   Is that what Pop Art is all about?

AW   Yes, It's liking things.

   –   And liking things is like being a machine?

AW   Yes, because you do the same thing every time. You do it over and over again.

   –   And you approve of that?

AW   Yes, because it's all fantasy. It's hard to be creative and it's also hard not to think what you do is creative or hard not to be called creative because everybody is always talking about that and individuality. Everybody's always being creative. And it's so funny when you say things aren't, like the shoe I would draw for an advertisement was called a `creation' but the drawing of it was not. But I guess I believe in both ways. All these people who aren't very good should be really good. Everybody is too good now, really. Like, how many actors are there? There are millions of actors. They're all pretty good. And how many painters are there? Millions of painters and all pretty good. How can you say one style is better than another? You ought to be able to be an Abstract-Expressionist next week, or a Pop artist, or a realist, without feeling you've given up something. I think the artists who aren't very good should become like everybody else so that people would like things that aren't very good. It's already happening. All you have to do is read the magazines and the catalogues. It's this style or that style, this or that image of man – but that really doesn't make any difference. Some artists get left out that way, and why should they?

   –   Is Pop Art a fad?

AW   Yes, it's a fad, but I don't see what difference it makes. I just heard a rumor that G. quit working, that she's given up art altogether. And everyone is saying how awful it is that A. gave up his style and is doing it in a different way. I don't think so at all. If an artist can't do any more, then he should just quit; and an artist ought to be able to change his style without feeling bad. I heard that Lichtenstein said he might not be painting comic strips a year or two from now – I think that would be so great, to be able to change styles. And I think that's what's going to happen, that's going to be the whole new scene. That's probably one reason I'm using silk screens now. I think somebody should be able to do all my paintings for me. I haven't been able to make every image clear and simple and the same as the first one. I think it would be so great if more people took up silk screens so that no one know whether my picture was mine or somebody else's.

   –   It would turn art history upside down?

AW   Yes.

   –   Is that your aim?

AW   No. The reason I'm painting this way is that I want to be a machine, and I feel that whatever I do and do machine-like is what I want to do.

   –   Was commercial art more machine-like?

AW   No, it wasn't. I was getting paid for it, and did anything they told me to do. If they told me to draw a shoe, I'd do it, and if they told me to correct it, I would – I'd do anything they told me to do, correct it and do it right I'd have to invent and now I don't; after all that 'correction', those commercial drawings would have feelings, they would have a style. The attitude of thow who hired me had feeling or something to it; they knew what they wanted they insisted; sometimes they got very emotional. The process of doing word in commercial art was machine-like, but the attitude had feeling to it.

–   Why did you start painting soup cans?

AW   Because I used to drink it. I used to have the same lunch every day, for twenty years, I guess, the same thing over and over again. Someone said my life has dominated me; I liked that idea. I used to want to live at the Waldon Towers and have soup and a sandwich, like that scene in the restaurant in Naked Lunch. We went to see Dr. No at Forty-second Street. It's a fantastic movie, so cool. We walked outside and somebody threw a cherry bomb right in front of us, in this big crowd. And there was blood. I saw blood on people and all over. I felt like I was bleeding all over. I saw in the paper last week that there are more people throwing them –it's just part of the scene – and hurting people. My show in Paris is going to be called Death in America. I'll show the electric-chair pictures and the dogs in Birmingham and car wrecks and some suicide pictures.

–   Why did you start these Death pictures?

AW   I believe in it. Did you see the Enquirer this week? It had 'The Wreck that Made Cops Cry' – a head cut in half, the arms and hands just lying there. It's sick, but I'm sure it happens all the time. I've met a lot of cops recently. They take pictures of everything, only it's almost impossible to get pictures from them.

–   When did you start with the Death series?

AW   I guess it was the big plane crash picture, the front page of a newspaper: 129 DIE. I was also painting the Marilyns. I realized that everything I was doing must have been Death. It was Christmas or Labor Day –a holiday– and every time you turned on the radio they said something like, '4 million are going to die'. That started it. But when you see a gruesome picture over and over again, it doesn't really have any effect.

GENE SWENSON
Interview with Andy Warhol

This exhibition and its catalogue make no attempt to provide an illustrated history of the machine through the ages. It is a collection of comments on technology by artists of the Western world. During many centuries, there seem to be few such statements; at other times, they have been quite numerous. Generally speaking, our own century has been more productive than any other in this respect. This may be because we are now far enough removed in time from the early stages in the development of the mechanical age to be able to see more clearly some of the problems involved and to realize some of the implications, both for individuals and for society. It may also be because intensive exploitation of the earth's resources by a rapidly expanding technology has created a situation that is now altering our way of life if not actually endangering our survival.

Moreover, technology today is undergoing a critical transition. We are surrounded by the outward manifestations of the culmination of the mechanical age. Yet, at the same time, the mechanical machine – which can most easily be defined as an imitation of our muscles – is losing its dominating position among the tools of mankind; while electronic and chemical devices – which imitate the processes of the brain and the nervous system – are becoming increasingly important.

The works in this exhibition have been selected because they seem to demonstrate a particular interest by artists in aspects of the world of machines. They have been ranged in roughly chronological order. Some of the earlier items have been included for their relevance as precedents for manifestations today, or to illustrate attitudes of their time toward technology.

Two kinds of functional mechanisms – the automobile and the camera – are represented by a few examples, again with no intention of summarizing the complicated evolution that either of them has undergone. The car and the camera (like motorcycles, boats, aircraft, and guns) are machines with which many people feel a strong emotional tie, as intimate extensions of their bodies. The car was chosen both because it is probably the most typical machine of the twentieth century and because it is almost certainly the mechanical device that most affects our private, everyday lives. As such, it not only fulfils a practical purpose but has become a symbol, a focus for our fantasies, our hopes, and our fears. The camera, together with some photographs and films, was chosen because it is a picture-making, mechano-chemical device, which has provived the basis for much of our way of seeing and is therefore particularly appropriate in an art exhibition. (A special film program has also been organized to complement the showing of THE MACHINE in New York).

K.G. PONTUS HULTÉN
The Machine
As Seen at the End of the Mechanical Age
Foreword and Acknowledgment

Crash is such a book, an extreme metaphor for an extreme situation, a kit of desperate measures only for use in an extreme crisis. *Crash*, of course, is not concerned with an imaginary disaster, however imminent, but with a pandemic cataclysm that kills hundreds of thousands of people each year and injures millions. Do we see, in the car crash, a sinister portent of a nightmare marriage between sex and technology? Will modern technology provide us with hitherto undreamed-of means for tapping our own psychopathologies? Is this harnessing of our innate perversity conceivably of benefit to us? Is there some deviant logic unfolding more powerful than that provided by reason?

Throughout *Crash* I have used the car not only as a sexual image, but as a total metaphor for man's life in today's society. As such the novel has a political role quite apart from its sexual content, but I would still like to think that *Crash* is the first pornographic novel based on technology. In a sense, pornography is the most political form of fiction, dealing with how we use and exploit each other, in the most urgent and ruthless way.

Needless to say, the ultimate role of *Crash* is cautionary, a warning against that brutal, erotic and overlit realm that beckons more and more persuasively to us from the margins of the technological landscape.

J.G.B

Vaugham died yesterday in his last car-crash. During our friendship he had rehearsed his death in many crashes, but this was his only true accident. Driven on a collision course towards the limousine of the film actress, his car jumped the rails of the London Airport flyover and plunged through the roof of a bus filled with airline passengers. The crushed bodies of package tourists, like a haemorrhage of the sun, still lay across the vinyl seats when I pushed my way through the police engineers an hour later. Holding the arm of her chauffeur, the film actress Elizabeth Taylor, with whom Vaughan had dreamed of dying for so many months, stood alone under the revolving ambulance lights. As I knelt over Vaughan's body she placed a gloved hand to her throat.

Could she see, in Vaughan's posture, the formula of the death which he had devised for her? During the last weeks of his life Vaughan thought of nothing else but her death, a coronation of wounds he had staged with the devotion of an Earl Marshal. The walls of his apartment near the film studios at Shepperton were covered with the photographs he had taken through his zoom lens each morning as she left her hotel in London, from the pedestrian bridges above the westbound motorways, and from the roof of the multi-storey car-park at the studios.

The magnified details of her knees and hands, of the inner surface of her thighs and left apex of her mouth, I uneasily prepared for Vaughan on the coppying machine in my office, handing him the packages of prints as if they were the instalments of a death warrant. At his apartment I watched him matching the details of her body with the photographs of grotesque wounds in a textbook of plastic surgery.

In his vision of a car-crash with the actress, Vaughan was obsessed by many wounds and impacts, by the dying chromium and collapsing bulkheads of their two cars meeting head-on in complex collisions endlessly repeated in slow-motion films, by the identical wounds inflicted on their bodies, by the image of windshield glass frosting around her face as she broke its tinted surface like a death-born Aphrodite, by the compound fractures of their thighs impacted against their handbrake mountings, and above all by the heraldic beak of the manufacturer's medallion, his semen emptying across the luminescent dials that registered for ever the last temperature and fuel levels of the engine.

It was only at these times, as he described this last crash to me, that Vaughan was calm. He talked of these wounds and collisions with the erotic tenderness of a long-separated lover. Searching through the photographs in his apartment, he half turned towards me, so that his heavy groin quietened me with its profile of an almost erect penis. He knew that as long as he provoked me with his own sex, which he used casually as if he might discard it for ever at any moment, I would never leave him.

Ten days ago, as he stole my car from the garage of my apartment house, Vaughan hurtled up the concrete ramp, an ugly machine sprung from a trap. Yesterday his body lay under the police arc-lights at the foot of the flyover, veiled by a delicate lacework of blood. The broken postures of his legs and arms, the bloody geometry of his face, seemed to parody the photographs of crash injuries that covered the walls of his apartment. I looked down for the last time at his huge groin, engorged with blood. Twenty yards away, illuminated by the revolving lamps, the actress hovered on the arm of her chauffeur. Vaughan had dreamed of dying at the moment of her orgasm.

J.G. BALLARD
Crash

CATÀLEG

PRODUCCIÓ EDITORIAL
Ediciones del Umbral

CONCEPTE
Marga Paz

DISSENY I MAQUETA
Javier Caballero

EQUIP EDITORIAL
Edmundo Aragón
Mona Campos
Christian Camarero
Ágata Martínez

TRADUCCIÓ AL CATALÀ
Maria Rosa Planas i Ferrer
Jeroni Salom

TRADUCCIÓ A L'ANGLÈS
Nigel Williams

FOTOGRAFIA
Archivo Bauhaus, Javier Caballero, Prudence Cuming Associates Ltd., F. Depero,
Juan García Rosell, Benjamín Hasenclever, Dietmar Katz,
Martí Gasull, Wolfgang Morell, Moderna Museet,
Ernst Reinhold, Lynn Rosenthal, Michele Rubicondo, Jeff Struges.

FOTOMECÀNICA
TPA

IMPRESSIÓ
Gráficas Deva

ENQUADERNACIÓ
Ramos

ISBN: 84-7664-701-8
Dipòsit legal: M-46461-2000

MÀQUINES

S'ACABÀ D'IMPRIMIR EL VINT-I-QUATRE DE NOVEMBRE DE 2000

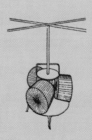